Grundstücksmiete

Von

Dr. Fritz Kiefersauer

1929

München, Berlin und Leipzig

J. Schweitzer Verlag (Arthur Sellier)

Kiefersauer, Grundstücksmiete

I. Teil

Mieterschutz und Wohnungsmangel

II. Teil

Mietzinsbildung und Mietzinssteuer

Ergänzungsband

1929

München, Berlin und Leipzig

J. Schweitzer Verlag (Arthur Sellier)

Printed in Germany.
Druck von Dr. F. P. Datterer & Cie., Freising-München.

Vorwort.

Der vorliegende Ergänzungsband zur 3. Auflage der Grundstücksmiete gibt den Stand des gesamten Reichs- und bayerischen Landesrechtes vom 1. Januar 1929 wieder. Die Arbeit beschränkt sich im wesentlichen auf die Kommentierung der durch die beiden Novellen zum MSchG. und RMG. vom Jahre 1928 neueingeführten Vorschriften, wobei besonderer Wert auf die Erörterung des reichsrechtlichen Übergangsrechts bei landesrechtlicher Lockerung des Mieterschutzes und der Mietzinsbildung gelegt wurde.

Die Anlage des Bändchens entspricht dem ursprünglichen Gesamtplan der Grundstücksmiete Bd. I u. II; sie ist auch der zusammenfassenden Darstellung der Wohnungsnotgesetzgebung in Staudingers Kommentar zum BGB., 9. Aufl. 1928 Bd. II 2 S. 347 ff. zugrunde gelegt. Auf diese Systematik wird hier besonders hingewiesen.

Mindelheim, im Januar 1929.

Dr. Fritz Kiefersauer.

Inhaltsübersicht.

Reichsrecht und Bayerisches Landesrecht nach dem Stande vom 1. Januar 1929.

Literatur.

Brumby, Miet- und Wohnungsrecht bis 1930. Berlin 1928.
Ebel-Lilienthal, Reichsmietengesetz und die Preuß AusfVO., 4. Aufl. Berlin 1928.
— Mieterschutz und Mieteinigungsämter, 3. Aufl. Berlin 1928.
Freidt-Schubart-Thiele, Kündigungsverfahren und Mieterschutz. Berlin 1928.
Hertel, Novelle zum Mieterschutz. Oppeln 1928.
Kiefersauer, Wohnungsnotgesetzgebung in Staudingers Kommentar zum BGB., 9. Aufl. 1928, Band II 2. Teil S. 347 ff.
Krieg, Mietrecht und Wohnungsmangelgesetzgebung, 4. Aufl. Berlin 1928.
Krüger-Herbot, Das gesamte Mietnotrecht in Preußen, 2. Aufl. Berlin 1928.
Stern, Reichsmietengesetz, 3. Aufl. Berlin 1928.
— Das geänderte Mieterschutzgesetz. Berlin 1928.
— Dr. Bruno, Systematische Darstellung der neuen Bestimmungen des Reichsmietengesetzes und Mieterschutzgesetzes, Heft 4 der Schriften des Zentralverbandes Deutscher Haus- und Grundbesitzervereine.
Thiele, Raumwucherrecht. Berlin 1928.
Vidal-Habamczik, Die Novellen zum Mieterschutzgesetz und Reichsmietengesetz. Hamburg 1928.

A. Mieterschutzrecht.

I. Reichsrecht.

Außer dem nachstehend abgedruckten Mieterschutzgesetz und der Verordnung über das Kündigungsschreiben gilt unverändert fort die „Anordnung für das Verfahren vor dem Mieteinigungsamt und der Beschwerdestelle“ vom 19. Sept. 1923 RGBl. I S. 889, erläutert in der Grundstücksmiete Teil I S. 210.

1. Gesetz über Mieterschutz und Mieteinigungsämter.

In der Fassung*) der Bekanntmachung vom 17. Februar 1928 (RGBl. I S. 25).

Vorbemerkung.

Abgesehen von Änderungen der §§ 5, 10, 22, 23 und 33 des MSchG. in der Fassung vom 30. Juni 1926 bringt das Gesetz vom 13. Februar 1928 zwei wesentliche Neuerungen:

I. Die Einführung des Kündigungsverfahrens §§ 1, 1a mit 1o. War der Vermieter bisher, abgesehen von den Fällen der §§ 19 bis 26, 32 bis 34, gezwungen, zum Zwecke der Herbeiführung der Beendigung des Mietverhältnisses gegen den Willen des Mieters die Aufhebungsklage einzureichen, so kann er vom 1. April 1928 ab statt der Klageerhebung durch Einreichung der Kündigungserklärung die Auflösung des Mietverhältnisses anstreben. Ob der Vermieter den Weg des Kündigungsverfahrens beschreiten

---

*) Das Gesetz, in der Fassung vom 30. Juni 1926, RGBl. I S. 347, sollte nach § 54 am 1. Juli 1927 außer Kraft treten. Die Geltungsdauer des Gesetzes ist zweimal verlängert worden, durch Art. I des Gesetzes vom 30. Juni 1927 (RGBl. I S. 131) bis 31. Dez. 1927 und durch Art. I des Gesetzes vom 24. Dez. 1927 (RGBl. I S. 513) bis 15. Febr. 1928. Durch Gesetz vom 13. Febr. 1928 (RGBl. I S. 17) wurde das Mieterschutzgesetz sachlich geändert und zugleich bestimmt, daß das neue Mieterschutzgesetz, dessen neue Fassung von der Reichsregierung auf Grund des Art. II des Abänderungsgesetzes zum Reichsmietengesetz vom 14. Feb. 1928 (RGBl. I S. 21) bekanntgegeben wurde, am 1. April 1928 in Kraft tritt. Das Mieterschutzgesetz gilt bis 31. März 1930 (§ 54).

oder sofort die Aufhebungsklage erheben will, steht in seinem Belieben; das neue Kündigungsverfahren ist nicht obligatorisch.

Das Aufhebungsverfahren besteht daneben in vollem Umfang weiter. Man kann das Kündigungsverfahren als ein Vorverfahren der Mietaufhebungsklage bezeichnen, weil es nur dann zum Ziele, d. i. zur Mietaufhebung führt, wenn der Mieter der Kündigung nicht Widerstand leistet, andernfalls das Kündigungsverfahren in das Aufhebungsverfahren übergeleitet wird.

Die Einführung des Kündigungsverfahrens bedeutet keine Änderung des materiellen Mieterschutzrechtes, sondern nur eine Änderung des Verfahrens nach Wahl des Vermieters. Von der Kündigung im Sinne des BGB. unterscheidet sich die Kündigung im Rahmen des Kündigungsverfahrens nicht nur durch die formelle Behandlung des Kündigungsschreibens, insbes. durch die Notwendigkeit der amtlichen Zustellung, sondern vor allem durch den Mangel der rechtsgestaltenden Wirkung der Kündigung: die Willenserklärung des Vermieters bewirkt nicht wie jene des BGB. einseitig die Auflösung des Mietverhältnisses. Dies gilt zweifellos dann, wenn der Mieter Widerstand leistet. In diesem Falle verliert die Kündigungserklärung ihre rechtsgestaltende Kraft; das Kündigungsverfahren wird in das Mietaufhebungsverfahren übergeleitet, der Aufhebungsanspruch gilt mit dem Zeitpunkt der Zustellung des Kündigungsschreibens als rechtshängig und erst durch das rechtsgestaltende Aufhebungsurteil wird das Mietverhältnis aufgelöst. Aber auch wenn der Mieter gegen das formell behandelte Kündigungsschreiben nichts unternimmt, ist die Auflösung des Mietverhältnisses trotz der Kündigungserklärung des Vermieters und trotz der amtlichen Zustellung der Kündigung an den Mieter noch an eine weitere formelle Voraussetzung gebunden: der Vermieter muß den Erlaß eines Räumungsbefehls (§ 1 f) erwirken; ohne diesen ist die Kündigung kraftlos (§ 11). Das bedeutet eine eigenartige Rechtslage: die Zustellung des Kündigungsschreibens und die Rechtskraft des Räumungsbefehls bewirken rechtsgestaltend die Aufhebung des Mietverhältnisses, obwohl der Räumungsbefehl nur die Herausgabe der Räume anordnet und nur stillschweigend die Beendigung des Mietverhältnisses voraussetzt (ebenso Hertel, MietG. 1928, 126; anders Günther, MietG. 1928, 19 und Vidal-Habamczik S. 49). Von einer Rückgabe des Kündigungsrechts an den Vermieter kann bei dieser Rechtsgestaltung wohl nicht mehr gesprochen werden.

Unberührt bleiben auch nach der Neuregelung nachstehende Rechte des Vermieters:

1. Das Recht der Kündigung nach dem BGB., soweit entweder das Mieterschutzgesetz reichsrechtlich oder landesrechtlich keine Anwendung findet, §§ 32—34, 52 MSchG. oder, soweit ausdrücklich die Kündigung zugelassen ist, §§ 19—26 MSchG.; hiefür bedarf es weder des formalen Verfahrens des §§ 1 a ff.

noch der Begründung nach §§ 2 mit 4 MSchG. Wegen der besonderen Beschränkungen des Übergangsrechts vgl. § 52 e und Erl. hierzu;

2. das Recht auf Grund der §§ 2—4 MSchG. im Wege der Aufhebungsklage die Lösung des Mietverhältnisses zu fordern;
3. das Recht der Berufung auf die Beendigung des Mietverhältnisses nach Ablauf der Mietzeit bei einem für bestimmte Zeit eingegangenen Mietverhältnis; Begründung und Form wie beim Kündigungsverfahren § 1 Abs. 1, § 1 n MSchG.

II. Die nicht minder wichtige Einführung reichsgesetzlicher Mindestforderungen für die landesrechtliche Lockerung des Mieterschutzes auf Grund des § 52 MSchG.; der Schutz des Mieters beim Übergang zum freien Mietrecht wird im Anschluß an die Ermächtigung der Landesbehörden zur Lockerung des Mieterschutzes reichsrechtlich geregelt und damit ein Übergangsrecht geschaffen (§ 52 b bis 52 e).

1. Abschnitt.

Mieterschutz.

a) Beendigung von Mietverhältnissen durch Kündigung oder Zeitablauf.

§ 1.

I Mietverhältnisse über Gebäude oder Gebäudeteile können vom Vermieter unter den Voraussetzungen gekündigt werden, unter denen nach den §§ 2 bis 4 auf Aufhebung eines Mietverhältnisses geklagt werden kann.[1,2] Dem Vermieter steht gleich, wer nach dem Abschluß des Mietvertrags das Eigentum an dem Grundstück erwirbt. Für die Beendigung des gekündigten Mietverhältnisses gilt der § 5 Abs. 1 entsprechend.[3]

II Ohne Vorliegen der im Abs. 1 bezeichneten Voraussetzungen kann der Vermieter die Beendigung eines Mietverhältnisses durch Kündigung[4] nur in den Fällen herbeiführen, in denen es nach den §§ 19 bis 26, 32 bis 34 für die Beendigung des Verhältnisses der Erhebung einer Aufhebungsklage nicht bedarf.

1. Das Kündigungsrecht des Mieters, das seit dem 1. April 1928 möglich ist, wird vom Gesetz an zwei Voraussetzungen gebunden,

a) an das Vorliegen bestimmter Kündigungsgründe, die den Klaggründen für die Mietaufhebungsklage entsprechen.

Als Kündigungsgründe kommen hiernach im wesentlichen in Betracht.

α) erhebliche Belästigung, erhebliche Gefährdung des Mietraums durch unangemessenen Gebrauch oder Sorgfaltsvernachlässigung sowie unbefugte Raumüberlassung, § 2,

β) Zahlungsverzug in bestimmtem Umfang, § 3,

γ) dringendes Interesse des Vermieters an der Raumerlangung, § 4.

Das Vorliegen eines dieser Gründe muß im Kündigungsschreiben vom Vermieter dargetan sein.

b) an die Einhaltung eines bestimmten Verfahrens. Da die formelle Behandlung der Kündigung eine wesentliche Voraussetzung für die Rechtswirksamkeit der Kündigungserklärung bildet, bezeichnet man die Neuregelung richtiger als Einführung des Kündigungsverfahrens (s. Vorbemerkung). Das Kündigungsverfahren zerfällt in nachstehende Abschnitte: A. Die Kündigungserklärung des Vermieters und der sich anschließenden Verfahren.

I. Der Vermieter hat für die Kündigung einen amtlichen Vordruck zu verwenden und Urschrift mit Abschrift(en) beim Amtsgericht einzureichen. Die Einreichung des Kündigungsschreibens gilt ohne weiteres als Zustellungsgesuch.

II. Behandlung des Kündigungsschreibens.

1. Negativ: Zurückweisung durch den Urkundsbeamten wegen Mängel des Gesuchs, z. B. Fehlen des Vordrucks, der Kündigungsgründe. Innerhalb Wochenfrist verliert die Kündigung ihre Kraft, wenn der Vermieter nicht innerhalb der Frist Erinnerung beim Amtsgericht einreicht. Endgültige Entscheidung: Zurückweisung der Erinnerung oder Anordnung der Zustellung des Kündigungsschreibens.

2. Positiv: Anordnung der Zustellung des Kündigungsschreibens samt Rechtsbelehrung an den Mieter; Benachrichtigung des Vermieters von der Zustellung durch die Geschäftsstelle des Amtsgerichts.

III. Verhalten des Mieters.

1. Mieter stellt keinen Antrag § 1 f: Weiterführen des Verfahrens ist Sache des Vermieters; Einleitung des Räumungsverfahrens innerhalb Monatsfrist notwendig, sonst verliert die Kündigung ihre Kraft § 11.

2. Mieter tilgt bei einer lediglich auf § 3 gestützten Kündigung den Mietzinsrückstand durch Zahlung oder Aufrechnung: Kündigung verliert ihre Kraft § 1 h Abs. 2.

3. Mieter erklärt innerhalb der Widerspruchsfrist lediglich dem Vermieter gegenüber die Ablehnung der Räumung: Weiterführen des Verfahrens durch Antrag auf Erlaß des Räumungsbefehls ist Sache des Vermieters. Folgen der Unterlassung: Kündigung wird kraftlos. Besonderheit: Nachprü-

fung der Kündigungsgründe im Einspruchsverfahren gegen den Räumungsbefehl § 1 h Abs. 1.

4. Anträge sind innerhalb zweier Wochen seit Zustellung des Kündigungsschreibens zu stellen.

a) Widerspruch. Er ist der normale Rechtsbehelf des Mieters gegen die Kündigung; der Widerspruch ist schriftlich beim Amtsgericht oder zu Protokoll der Geschäftsstelle zu erheben. Die Erhebung des Widerspruchs ist auch nach Fristablauf zulässig, solange der Räumungsbefehl noch nicht erlassen ist. Von der Erhebung des Widerspruchs wird der Vermieter benachrichtigt; unterläßt dieser die Weiterführung des Verfahrens — Antrag auf Gütetermin binnen zwei Wochen seit Benachrichtigung —, so verliert die Kündigung ihre Kraft §§ 1 d, 1 e. Andernfalls tritt die Überleitung des Kündigungsverfahrens in das Mietaufhebungsverfahren ein.

b) Mieter beantragt — ohne Widerspruch zu erheben — vor Erlassung des Räumungsbefehls

α) die Gewährung einer zeitlich bestimmten Räumungsfrist § 1 k. Der Vermieter wird von dem Antrag verständigt. Erklärt er sich mit dem Antrag des Mieters einverstanden, so wird ein befristet vollstreckbarer Räumungsbefehl erlassen. Erklärt der Vermieter sich nicht einverstanden oder schweigt er, so wird vom Gericht von Amts wegen der Gütetermin anberaumt,

β) die Gewährung einer zeitlich nicht bestimmten Räumungsfrist: der Antrag gilt als Widerspruch, Gütetermin wird anberaumt § 1 k Abs. 3,

γ) die Sicherung eines Ersatzraumes: wie im vorigen Fall (β).

B. Der Räumungsbefehl des Urkundsbeamten der Geschäftsstelle.

I. Gesuch des Vermieters um Erlassung des Räumungsbefehls. Bei Ablehnung: sofortige Beschwerde binnen zwei Wochen zum AG. oder LG. § 1 f.

II. Zustellung des Räumungsbefehls ist Sache des Vermieters; die Geschäftsstelle hat zu vermitteln, sofern der Vermieter nicht selbst einen Gerichtsvollzieher beauftragt § 1 f.

III. Der Räumungsbefehl steht dem im Aufhebungsverfahren ergangenen Versäumnisurteil gleich; Notwendigkeit der Rechtsmittelbelehrung § 1 g.

IV. Verhalten des Mieters.

1. Einspruch; er ist zulässig innerhalb einer Woche ab Zustellung des Räumungsbefehls. Im Termin zur Verhandlung über den Einspruch wird regelmäßig der im Kündigungsschreiben geltend gemachte Aufhebungsgrund nicht nachgeprüft. Ausnahmsweise findet eine solche Nachprüfung statt, wenn der Mieter

a) den Widerspruch unverschuldet unterlassen hat oder
b) wenn er innerhalb der Widerspruchsfrist dem Vermieter gegenüber erklärt hat, daß er die Herausgabe des Mietraums ablehne (oben A III 3).

2. Der Mieter läßt die Einspruchsfrist verstreichen: der Räumungsbefehl ist rechtskräftig geworden und ist nach Erteilung der Vollstreckungsklausel vollstreckbar.

V. Verhalten des Vermieters.

Die Kündigung des Vermieters verliert ihre Kraft § 1 l,

1. wenn das Gesuch um Erlassung des Räumungsbefehls endgültig zurückgewiesen ist,
2. wenn der Vermieter nicht binnen einem Monat seit Ablauf der Widerspruchsfrist um die Erlassung des Räumungsbefehls nachgesucht hat.

2. Das Kündigungsverfahren ist zulässig auch gegenüber dem Zwangsmieter, da auch aus dem Zwangsmietvertrag Mietrechte für Mieter und Vermieter entspringen. In allen Fällen dagegen, wo nach den §§ 2—4 die Aufhebungsklage nicht zum Ziele führt, ist auch das Kündigungsverfahren unzulässig. Das Kündigungsverfahren setzt den Bestand eines rechtsgültigen Mietverhältnisses voraus; wo es an dieser Voraussetzung fehlt, z. B. wenn das Rechtsverhältnis durch rechtskräftiges Mietaufhebungsurteil beendet, die Zwangsvollstreckung aber von der Sicherung eines Ersatzraumes abhängig gemacht ist, ist für das Kündigungsverfahren kein Raum. Die Durchführung des Kündigungsverfahrens hinsichtlich eines Teiles des Mietgegenstandes ist nur im Rahmen des § 4 Abs. 2 möglich, also nur bei dringendem Eigenbedarf des Vermieters. Darüber hinaus ist die Teilkündigung wie nach BGB. unstatthaft, wenn die einheitliche Vermietung eines einheitlichen Mietgegenstandes in Frage steht (Grundstücksmiete, 2. Aufl. S. 39; Ebel-Lilienthal 3. Aufl. S. 44; anders RG. III 42/26, RG. 114, 243).

3. Die Aufhebung des Mietverhältnisses als Folge des Kündigungsverfahrens erfolgt — in der Regel — zu dem Zeitpunkt, zu dem nach Vertrag oder beim Mangel einer Vertragsbestimmung nach § 565 BGB. die Kündigung zulässig sein würde; ausnahmsweise kann der Vermieter in den Fällen der §§ 2, 3 die sofortige Mietaufhebung verlangen. Die Frist beginnt nicht mit der Einreichung der Kündigungserklärung, sondern erst mit der Zustellung des Kündigungsschreibens (s. Vorbem.; wie hier Günther MietG. 1928, 20; Ebel-Lilienthal S. 45).

4. Hier handelt es sich um die Kündigung im Sinne des BGB., die nicht nur nicht an die Aufhebungsgründe der §§ 2—4 MSchG., sondern vor allem nicht an die Verfahrensnormen der §§ 1 a ff. gebunden ist (s. Vorbem.). Bei Mieträumen, die zum Teil dem MSchG. unterliegen, zum Teil außerhalb dieses Gesetzes stehen, entscheidet der Hauptteil des Mietgegenstandes.

§ 1a.

I Auf die im § 1 Abs. 1 bezeichnete Kündigung und das weitere Verfahren finden [1] die besonderen Vorschriften der §§ 1b bis 1m Anwendung.

II Für die in diesen Vorschriften bezeichneten gerichtlichen Maßnahmen ist das Amtsgericht ausschließlich zuständig, in dessen Bezirk sich der Mietraum befindet. [2]

1. Die Kündigung im Sinne dieser Vorschrift ist zwingend und unverzichtbar (§ 49) in ein bestimmtes Verfahren eingekleidet. Von der Einhaltung dieser Verfahrensvorschriften im ganzen hängt die Wirksamkeit der Kündigungserklärung des Vermieters ab, weshalb man zweckmäßig nur von einem Kündigungsverfahren sprechen soll. Das Kündigungsverfahren ist als eine Nachbildung des Mahnverfahrens der ZPO. anzusehen.

2. Liegt der Mietraum oder liegen die Mieträume eines einheitlichen Mietverhältnisses in mehreren Amtsgerichtsbezirken, so ist entsprechend § 36 Ziff. 4 ZPO. das zuständige Amtsgericht von dem gemeinsam übergeordneten Gericht zu bestimmen.

§ 1b.

I Die Kündigung erfolgt [1] durch Zustellung eines vom Vermieter unterzeichneten Kündigungsschreibens an den Mieter. Es ist bei dem Amtsgericht (§ 1a Abs. 2) einzureichen. Die Zustellung wird auf Gesuch des Vermieters von dem Urkundsbeamten der Geschäftsstelle angeordnet. Die Einreichung des Kündigungsschreibens gilt als Gesuch um Zustellung.

II Das Kündigungsschreiben [2] muß [3] enthalten:

1. die Bezeichnung der Vertragsteile,
2. die Bezeichnung des Mietraums nach Lage und Art,
3. die bestimmte Angabe der Tatsachen, auf welche die Kündigung gestützt wird; bei einer auf Zahlungsverzug gestützten Kündigung ist der rückständige Betrag sowie der für einen Monat zu entrichtende Mietzins anzugeben; ist der Mietzins in vierteljährigen oder längeren Zeitabschnitten zu entrichten, so ist auch dies unter Angabe des für ein Vierteljahr zu entrichtenden Mietzinses zu vermerken,
4. die Angabe des Zeitpunkts, in dem das Mietverhältnis enden soll.

III Für das Kündigungsschreiben ist ein Vordruck[4] zu verwenden, dessen Inhalt von der Reichsregierung mit Zustimmung des Reichsrats und eines Ausschusses des Reichstags bestimmt wird.

IV Der Vermieter soll dem Gesuche die für die Zustellung erforderliche Zahl von Abschriften des Kündigungsschreibens beifügen.[5]

V Entspricht das Kündigungsschreiben nicht den Vorschriften des Abs. 2 oder ergibt sich aus seinem Inhalt, daß die Kündigung überhaupt oder für den angegebenen Zeitpunkt nicht zulässig ist, so weist der Urkundsbeamte der Geschäftsstelle das Gesuch zurück.[6] Gegen die Zurückweisung ist binnen einer Woche Erinnerung[7] an das Gericht zulässig; dieses entscheidet endgültig.[8]

1. Wesentlich für das Kündigungsverfahren ist nicht die Einreichung des Kündigungsschreibens, sondern die Zustellung desselben. Daraus ergibt sich eine begriffliche Verschiedenheit dieser Kündigung von jener des BGB., die als formlos empfangsbedürftige Willenserklärung für sich allein Rechtswirkungen erzeugt.

Die Einreichung, die ohne weiteres als Gesuch um Zustellung gilt, muß bei dem nach § 1a zuständigen Amtsgericht erfolgen; ist dieses nicht zuständig, so wird es das Kündigungsschreiben nicht ohne weiteres zurückweisen, vielmehr an das zuständige Gericht weitergeben (ebenso Ebel-Lilienthal S. 47; anders Freidt-Schubart-Thiele S. 132 und Günther, MietG. 1928, 17).

2. Das Kündigungsschreiben muß

a) den in Abs. 2 bezeichneten Mindestinhalt enthalten, andernfalls das Gesuch nach Abs. 5 zurückzuweisen ist. Da nach Abs. 3 die Verwendung eines von der Reichsregierung bestimmten Vordrucks — VO. vom 3. März 1928 RGBl. I S. 54 — vorgeschrieben ist, dürfte die Einhaltung der Vorschriften des Abs. 2 im ganzen gesichert sein,

b) vom Vermieter unterzeichnet sein; eine Erklärung zu Protokoll der Geschäftsstelle ist hiernach ungenügend. Für die Unterzeichnung gilt § 126 BGB.: handschriftliche Unterzeichnung, keine Unterstempelung, auch nicht mit Faksimilestempel.

3. Mindestinhalt: Die Anforderungen der Ziff. 1, 2 und 4 sollen so erfüllt sein, daß dem Gerichtsvollzieher die Vollstreckung des Räumungsbefehls ohne weiteres möglich ist. Die sofortige Kündigung im Falle der §§ 2, 3 bedeutet, daß im Augenblick nach der Zustellung des Kündigungsschreibens das Mietverhältnis gelöst ist.

Erforderlich ist weiter die substantiierte Angabe der die Kündigung nach den §§ 2—4 begründenden Tatsachen; also Angabe der Gründe, in denen einer oder mehrere der Tatbestände dieser Vorschriften erblickt wird und zwar in solcher Ausführlichkeit, daß die Nachprüfung dem Urkundsbeamten möglich ist. Beachtung der Rechtsprechung zu den §§ 2—4 MSchG. Genaue Bezeichnung des Mietzinsrückstandes im Falle des § 3 ist schon deshalb notwendig, um der Fürsorgebehörde ein Eingreifen zu ermöglichen, § 1 c Abs. 2 und § 10 MSchG.

4. Vordruck: Inhalt und Größe durch die VO. vom 3. März 1928 vorgeschrieben; seine Verwendung ist zwingend (a. M. Günther MietG. 1928, 17). Anfertigung des Kündigungsschreibens nach dem Vordruck handschriftlich oder durch Maschinenschrift ist nicht unstatthaft (a. M. Hertel, MietG. 1928, 125), aber wegen der Unübersichtlichkeit und der Möglichkeit von Schreibversehen nicht zu empfehlen. Das amtliche Vordruckformular ist im freien Handel erhältlich und auch bei den Amtsgerichten vorrätig zu halten.

5. Bei Nichtbeachtung der Sollvorschrift darf das Kündigungsschreiben nicht zurückgewiesen werden; der Urkundsbeamte hat vielmehr durch Zwischenverfügung die nachträgliche Ergänzung der Einreichung dem Vermieter aufzugeben. Bei einer auf § 3 gestützten Kündigung müssen mit Rücksicht auf § 1 c Abs. 2 drei Stücke des Schreibens eingereicht werden, sonst regelmäßig zwei Stücke, sofern nicht mehr als ein Mieter in Frage kommt. Bei mehreren Mietern muß einem jeden ein Kündigungsschreiben zugestellt werden.

6. Die Zurückweisung des Gesuchs erfolgt durch den Urkundsbeamten, nicht durch den Richter. Die Zurückweisung muß erfolgen

a) aus den in Abs. 5 angeführten Gründen,
b) wenn das Kündigungsschreiben vom Vermieter nicht unterschrieben ist (Anm. 2).

Formelle Unzulänglichkeiten sollen nicht durch förmliche Zurückweisung gerügt werden; es entspricht vielmehr dem Willen des Gesetzgebers, daß solche Mängel durch Zwischenverfügung an den Vermieter beseitigt werden. Eine teilweise Zurückweisung des Kündigungsschreibens ist unzulässig (Ebel-Lilienthal S. 50).

Das Prüfungsrecht des Urkundsbeamten beschränkt sich darauf, ob die behaupteten Tatsachen nach den Normen der §§ 2 bis 4 die Kündigung überhaupt und für den angegebenen Zeitpunkt rechtfertigen; eine Möglichkeit, die Behauptungen des Vermieters auf ihre Richtigkeit nachzuprüfen, steht dem Urkundsbeamten nicht zu. Für ihn kommt es nur auf die Schlüssigkeit der Kündigung auf Grund der vorgebrachten Tatsachen an; ob innerhalb des Tatbestandes der §§ 2, 3, 4 durch richterliche Beweiswürdigung die Tatbestandsfolgen ausgeschaltet, z. B die Belästigung als nicht erheblich, der Eigenbedarf als nicht so dringend erachtet werden können, ist vom Urkundsbeamten nicht zu prüfen.

7. Die Zurückweisung ist in einer begründeten Verfügung des Urkundsbeamten auszusprechen und dem Vermieter zuzustellen. Das Kündigungsschreiben selbst bleibt bei den Gerichtsakten, a. M. Ebel, D.Wohn-Arch. 1928, 65, der das Schreiben dem Vermieter zurückgeben lassen will. Nach Rechtskraft der Zurückweisung darf eine neue Kündigung auch auf Tatsachen gestützt werden, die der Vermieter im früheren Kündigungsschreiben geltend gemacht hat oder hätte geltend machen können; § 17 findet keine Anwendung, vgl. § 1e Anm. 2.

Die Entscheidung über die Erinnerung trifft endgültig der Amtsrichter, der entweder die Zurückweisung bestätigt oder den Urkundsbeamten zur Zustellung des Kündigungsschreibens veranlaßt. Die Entscheidung, gleichviel wie sie lautet, muß dem Vermieter zugestellt werden (Freidt-Schubart-Thiele S. 14 erachten die Zustellungsbenachrichtigung gemäß § 1c Abs. 3 als ausreichend).

8. Die endgültige Zurückweisung des Kündigungsschreibens hindert den Vermieter nicht daran, die Mietaufhebungsklage mit der gleichen Begründung einzureichen.

§ 1c.

I Die Zustellung des Kündigungsschreibens[1] erfolgt von Amts wegen.

II Von einer auf Zahlungsverzug gestützten Kündigung eines auf Wohnraum bezüglichen Mietverhältnisses ist bei der Anordnung der Zustellung der Fürsorgebehörde Mitteilung[2] zu machen. Der § 10 Abs. 2 Satz 1, 2 gilt entsprechend.

III Die Geschäftsstelle hat den Vermieter von der an den Mieter erfolgten Zustellung[3] in Kenntnis zu setzen.

1. Für die Zustellung an den Mieter gelten die Vorschriften der §§ 208 ff. ZPO. Auch hier ist die Ersatzzustellung zulässig, jedoch nicht an den Vermieter oder dessen Hausverwalter, weil diese Personen Gegner des Mieters sind (§ 185 ZPO.). Auch die Vorschriften über die öffentliche Zustellung §§ 203 ff. ZPO. dürfen für das Kündigungsverfahren gelten (a. M. Ebel-Lilienthal S. 51).

2. Die weitere Abschrift des Kündigungsschreibens wird der Fürsorgebehörde nach dem MSchG. nicht zugestellt — § 10 Abs. 2 Satz 3 ist nicht angeführt —, es wird ihr nur unter Hinweis auf die Fürsorgepflicht Mitteilung gemacht und zwar auch dann, wenn die Kündigung außer auf Zahlungsverzug noch auf andere Gründe gestützt wird. Die Zustellung einer Abschrift des

Kündigungsschreibens an die Fürsorgebehörde ist in Bayern durch die MinBek. vom 28. März 1928 über die geschäftl. Behandlung der Kündigungssachen der Geschäftsstelle zur Pflicht gemacht.

Die Benachrichtigung der Fürsorgebehörde kommt nur bei Wohnräumen in Frage; unerheblich ist in diesem Falle, ob neben dem Wohnraum auch ein Geschäftsraum vermietet ist.

Wegen der Verlängerung der Frist für die Erlassung des Räumungsbefehls bei Erklärung der Bereitschaft der Fürsorgebehörde zur Befriedigung des Vermieters vgl. § 1f. Abs. 2, § 3 Abs. 3.

3. Die Mitteilung an den Vermieter muß auch dann erfolgen, wenn die Zustellung erfolglos geblieben ist. Wenn dies auch im Gesetze nicht ausdrücklich vorgeschrieben ist, so folgt diese Pflicht der Geschäftsstelle aus dem Zweck der Vorschrift, den Vermieter über den Verlauf des Kündigungsverfahrens so zu unterrichten, daß er weitere Entschlüsse fassen kann.

§ 1d.

I Der Mieter kann gegen die Kündigung bei dem Gerichte schriftlich oder zu Protokoll der Geschäftsstelle Widerspruch [1] erheben.

II Bei der Zustellung des Kündigungsschreibens ist der Mieter unter Mitteilung der gesetzlichen Kündigungsgründe darauf hinzuweisen, [2] daß, wenn er nicht binnen zwei Wochen seit der Zustellung Widerspruch erhebt, gegen ihn ein gerichtlicher Räumungsbefehl (§ 1f) erlassen werden kann.

III Ein nach dem Ablauf der Widerspruchsfrist erhobener Widerspruch ist noch zu berücksichtigen, solange der Räumungsbefehl nicht verfügt ist. [3]

1. Die Erklärung des Widerspruchs ist das wirksamste Rechtsmittel des Mieters: sie macht die Kündigungserklärung des Vermieters hinfällig. Auch nach Einführung des Kündigungsverfahrens ist es dem Willen des Mieters anheimgegeben, die Kündigung des Vermieters abzulehnen und ihn auf die Mietaufhebungsklage zu verweisen. Wegen der Zweckmäßigkeit der Widerspruchserhebung zur Vermeidung von Rechtsnachteilen für den Mieter vgl. § 1h Anm. 1. Bei Einverständnis des Mieters ist eine einseitige Kündigung wie bisher möglich und ohne förmliches Verfahren wirksam.

Die wirksame Widerspruchserklärung muß innerhalb einer Frist von zwei Wochen seit Zustellung des Kündigungsschreibens erfolgen; Fristberechnung nach §§ 187, 188 BGB., § 222 ZPO. Die Frist ist keine Notfrist, daher keine Wiedereinsetzung in den vorigen Stand bei Versäumung, § 233 ZPO. Verspäteter Widerspruch ist unbeachtlich und bedarf keiner Zurückweisung. Vor

Verfügung des Räumungsbefehls gestellte Anträge des in § 1k Abs. 3 bezeichneten Inhalts gelten als Widerspruchserklärung. Die Frist läuft auch in den Gerichtsferien; ihre Verlängerung ist weder den Parteien noch dem Gericht und der Geschäftsstelle möglich, § 224 ZPO. Wegen der Schonfrist vgl. Abs. 3.

Die Erklärung des Widerspruchs muß dem Gericht zugehen, schriftlich oder zu Protokoll der Geschäftsstelle. Einlegung eines telegraphischen Widerspruchs ist im allgemeinen genügend, nicht aber fernmündliche Erklärung. Inhaltlich wesentlich ist die Ablehnung der vom Vermieter geforderten Raumrückgabe; ausdrückliche Bezeichnung als „Widerspruch" ist nicht erforderlich. Wird die Erklärung nicht zu Protokoll gegeben, so muß sie vom Mieter unterzeichnet werden. Eine Begründung ist nicht erforderlich. Der Widerspruch kann sich auf Teile der Kündigungserklärung beschränken, z. B. auf den Termin der Kündigung oder auf Teile des Mietraumes (§ 4 Abs. 2).

Ein Widerspruch nur gegenüber dem Vermieter wird, sofern er nicht beim Gericht eingeht, nicht als echter Widerspruch angesehen, hat aber gewisse Wirkung nach § 1h Abs. 1.

2. Im Vordrucksformular enthalten. Unterbleibt der Hinweis, so liegt ein Verfahrensmangel vor; die Widerspruchsfrist wird mit der Zustellung des Kündigungsschreibens nicht in Lauf gesetzt. Günther MietG. 1928; 18; Vidal-Hadamczik S. 56; anders Hertel MietG. 1928, 125, Ebel-Lilienthal S. 53.

3. Schonfrist bis zur Verfügung, d. h. Unterzeichnung des Räumungsbefehls durch den Urkundsbeamten, nachgebildet dem Mahnverfahren (§ 694 ZPO.). Nach Unterzeichnung ist der Widerspruch wirkungslos; vorher ist er „rechtzeitig" i. S. des § 1e Abs. 1 erhoben.

§ 1e.

I Erhebt[1] der Mieter rechtzeitig Widerspruch, so hat die Geschäftsstelle den Vermieter hiervon unverzüglich zu benachrichtigen und dem Mieter auf Verlangen eine Bescheinigung darüber zu erteilen, daß er rechtzeitig Widerspruch erhoben habe.

II Bis zum Ablauf zweier Wochen seit der Zustellung der Nachricht kann[2] der Vermieter die Anberaumung eines Termins zur Güteverhandlung[3] über die Aufhebung des Mietverhältnisses (§ 1p) beantragen. Geschieht dies, so gilt der Inhalt des Kündigungsschreibens als Güteantrag. Andernfalls verliert die Kündigung ihre Kraft.

1. Folgen der rechtzeitigen, d. h. fristgemäßen (§ 1d Abs. 2) nach § 1d Abs. 3 zulässigen Erhebung des Widerspruchs. Bescheinigung der rechtzeitigen Einlegung des Widerspruchs für den

Mieter und Benachrichtigung des Vermieters im Wege der Zustellung; im ersten Fall erforderlich Antrag des Mieters, im letzten Fall Benachrichtigung von Amts wegen, die unverzüglich, d. h. ohne schuldhaftes Zögern zu erfolgen hat. Bei verspätetem Widerspruch erfolgt keine Benachrichtigung des Vermieters, da der Widerspruch bedeutungslos ist.

2. Der Widerspruch des Mieters verhindert den Erlaß des Räumungsbefehls; das Kündigungsverfahren ist insoweit beendet und der Vermieter wäre gezwungen, das Mietaufhebungsverfahren durch Klageerhebung einzuleiten. Abs. 2 erleichtert den Übergang zum ordentlichen Aufhebungsverfahren: innerhalb der gesetzlichen Frist von zwei Wochen ist die Überleitung ohne neue Klage durch Einbringung des Güteantrages möglich. Stellt der Vermieter den Antrag fristgemäß, so gilt der Aufhebungsanspruch als rechtshängig mit der Zustellung des Kündigungsschreibens. Der Antrag kann nicht vor Zustellung der Benachrichtigung von der Widerspruchserhebung gestellt werden, insbes. nicht schon bei Einreichung des Kündigungsschreibens (Ebel-Lilienthal S. 54; anders Günther, MietG. 1928, 18); eine dem § 696 Abs. 1 Satz 2 ZPO. entsprechende Vorschrift fehlt hier.

Unterläßt es der Vermieter, den Antrag zu stellen oder versäumt er die Frist, dann ist die Kündigung wirkungslos; auch die Rechtshängigkeit entfällt. Er ist aber auch in diesem Falle nicht gehindert, die Mietaufhebungsklage auf Grund des gleichen Tatbestandes einzureichen. Ein neues Kündigungsschreiben auf Grund des gleichen Tatbestandes ist zulässig. § 17 findet keine Anwendung, weil die Fiktion der Rechtshängigkeit des Aufhebungsanspruchs in § 1 g Abs. 1 den Erlaß des Räumungsbefehls voraussetzt; a. M. Ebel-Lilienthal S. 54; wie hier, wenn auch aus anderem Grunde Vidal-Hadamczik S. 54.

3. Güteverfahren nach § 499 b ff. ZPO.; es ist obligatorisch. Der Amtsrichter kann ohne Zuziehung von Mietschöffen entscheiden § 11 Abs. 1. Er kann den Antrag als aussichtslos durch begründeten Beschluß zurückweisen und sofort das streitige Verfahren anordnen (Ebel-Lilienthal S. 54; Freidt-Schubart-Thiele S. 21; Vidal-Hadamczik S. 56; anders Günther, MietG. 1928, 18).

§ 1f.

I Erhebt[1] der Mieter nicht rechtzeitig Widerspruch, so ist auf Gesuch des Vermieters dem Mieter aufzugeben, den Mietraum zu dem in dem Kündigungsschreiben bezeichneten Zeitpunkt an den Vermieter herauszugeben, auch die Kosten des Verfahrens zu tragen (Räumungsbefehl).[2, 3]

II Ein Räumungsbefehl wegen Zahlungsverzugs darf

nicht vor dem Ablauf der im § 3 Abs. 3 bezeichneten Fristen erlassen werden.

III Der Räumungsbefehl wird von dem Urkundsbeamten der Geschäftsstelle erlassen. Er ist auf die Urschrift des Kündigungsschreibens zu setzen und verbleibt bei den Akten. Die Zustellung[4] erfolgt auf Betreiben des Vermieters. Der Urkundsbeamte der Geschäftsstelle hat die Zustellung zu vermitteln, sofern nicht der Vermieter erklärt hat, selbst einen Gerichtsvollzieher mit der Zustellung beauftragen zu wollen.

IV Gegen die Ablehnung des Gesuchs um Erlassung des Räumungsbefehls ist die sofortige Beschwerde zulässig. Der § 577 Abs. 4 und der § 576 der Zivilprozeßordnung gelten entsprechend.[5]

1. Unterlassung rechtzeitigen Widerspruchs: Übergang des Kündigungs- zum Räumungsverfahren. Voraussetzung: Antrag des Vermieters auf Erlassung des Räumungsbefehls, der formlos (auch mündlich, insbes. fernmündlich), aber erst nach Ablauf der Widerspruchsfrist, also nicht schon mit der Einreichung des Kündigungsschreibens gestellt werden kann (ebenso Stern S. 61; Günther, MietG. 1928, 18; Ebel-Lilienthal S. 55; Freidt-Schubart-Thiele S. 23). Wird der Antrag nicht binnen einem Monat nach Ablauf der Widerspruchsfrist gestellt, dann verliert die Kündigung ihre Kraft § 11 Satz 1.

2. Räumungsbefehl. Zuständig zur Erlassung ist nicht das Gericht, sondern der Urkundsbeamte der Geschäftsstelle. Grundlage für den Räumungsbefehl bildet die ordnungsgemäße (d. i. die rechtzeitige und mit Rechtsbelehrung über Kündigungsgründe und Widerspruchsfrist versehene, vgl. Vidal-Hadamczik S. 57) Zustellung des Kündigungsschreibens, die Tatsache der Nichterhebung des Widerspruchs und die fristgemäße Antragstellung des Vermieters auf Erlassung des Räumungsbefehls. Demgemäß erstreckt sich die Nachprüfung des Urkundsbeamten wie im Mahnverfahren nur auf diese Punkte, nicht aber auf das Vorhandensein der gesetzlichen Erfordernisse des Kündigungsschreibens, die vor der Zustellung desselben zu prüfen sind (ebenso Hertel, MietG. 1928, 125; anders Ebel-Lilienthal S. 55; Günther, MietG. 1928, 18; Vidal Hadamczik S. 57). Offensichtliche Unrichtigkeiten im Sinne des § 319 ZPO. kann freilich der Urkundsbeamte vor Erlaß des Räumungsbefehls richtigstellen.

Zeitpunkt des Erlasses des Räumungsbefehls: nach Antragstellung, sofern die Frist des § 11 nicht überschritten ist. Einschränkung zugunsten des Mieters bei Kündigung wegen Zahlungsverzug (allein oder aus anderen Gründen) nach Abs. 2:

die Erlassung des Räumungsbefehls darf in diesem Fall allgemein nicht erfolgen vor Ablauf von zwei Wochen seit Zustellung des Kündigungsschreibens und von vier Wochen, wenn die Fürsorgebehörde innerhalb dieser zwei Wochen dem Gericht ihre Bereitwilligkeit zur Befriedigung des Vermieters erklärt hat. Wegen der Wirkung der Befriedigung vgl. § 1h Abs. 2; bei Nachweis der Befriedigung ist der Erlaß des Räumungsbefehls abzulehnen.

3. Der Räumungsbefehl legt dem Mieter die Verpflichtung zur Raumherausgabe auf. Zubilligung von Ersatzraum ist ausgeschlossen; § 6 Abs. 1 kann hier nicht zur Anwendung kommen. Wegen der Zubilligung einer Räumungsfrist vgl. § 1h Abs. 2.

Der Zeitpunkt der Raumherausgabe richtet sich nach dem Kündigungsschreiben: in dem hier angegebenen Zeitpunkt gilt das Mietverhältnis als aufgehoben. Dies gilt auch dann, wenn zur Zeit des Erlasses oder der Rechtskraft des Räumungsbefehls dieser Zeitpunkt verstrichen ist (Lilienthal, MietG. 1928, 41). Diese Feststellung ist wichtig wegen § 557 Satz 2 BGB. Landesrechtliche Ausführungsbestimmungen ordnen für diesen Fall die „sofortige" Herausgabe des Mietraums an.

Die Kosten des Verfahrens, die auf Grund des Räumungsbefehls gefordert werden können, beschränken sich auf die Gerichtskosten; außergerichtliche Kosten, eigene Auslagen oder fremde Kosten können nur im Wege besonderer Klage eingefordert werden (§ 1o Abs. 5). Für die Kosten des Verfahrens ist ein besonderer Kostenfestsetzungsbeschluß zu erlassen, eine Regelung wie im Mahnverfahren (§ 699 ZPO.) ist nicht getroffen.

4. Die Zustellung des Räumungsbefehls erfolgt, sofern nicht der Urkundsbeamte um Vermittlung angegangen wird, im Parteibetrieb. §§ 166 ff. ZPO. Der nicht zugestellte Räumungsbefehl wird nicht unwirksam; wegen der Möglichkeit der Einspruchseinlegung vor der Zustellung des Räumungsbefehls vgl. Anm. 1 zu § 1g.

5. Gegen die Ablehnung des Gesuches steht dem Vermieter das Rechtsmittel der sofortigen Beschwerde zu; diese ist dem Amtsgericht vorzulegen. Entspricht dieses nicht der Beschwerde, so entscheidet das Beschwerdegericht. Die sofortige Beschwerde ist innerhalb einer Notfrist von zwei Wochen seit Zustellung des ablehnenden Bescheids einzureichen. Eine weitere Beschwerde ist nicht zulässig (Günther, MietG. 1928, 18; a. M. Vidal-Habamczik S. 59 mit der Begründung, daß die Nichtanwendung des § 568 Abs. 2 ZPO. vom Gesetzgeber ausdrücklich hätte angeordnet werden müssen).

Ist die Beschwerde erfolglos, so ist der Räumungsbefehl rechtskräftig zurückgewiesen; die Kündigung verliert alsdann ihre Kraft § 11 Satz 2.

§ 1g.

I Der Räumungsbefehl steht einem auf eine Aufhebungsklage (§ 1p) ergangenen Versäumnisurteile[1] gleich. Im

Falle seiner Erlassung gilt der Anspruch auf Aufhebung des Mietverhältnisses als im Zeitpunkt der Kündigung im Streitverfahren rechtshängig geworden. Der § 13 Abs. 3 findet entsprechende Anwendung.[2]

II Der Mieter ist in dem Räumungsbefehl über die Zulässigkeit des Einspruchs sowie über Form und Frist seiner Einlegung zu belehren.[3]

1. Der Räumungsbefehl hat Urteilskraft; seine Rechtskraft bewirkt die Aufhebung des Mietverhältnisses und zwar zu dem im Kündigungsschreiben bestimmten Zeitpunkt, sofern im Urteil nicht ein anderer Zeitpunkt angegeben ist. Satz 2 ordnet demgemäß die Rechtshängigkeit des Mietaufhebungsanspruchs: es wird, wenn der Räumungsbefehl erlassen ist, so angesehen, als sei der Anspruch durch Zustellung des Kündigungsschreibens klageweise geltend gemacht worden. Der Räumungsbefehl erlangt hiernach mit seiner Rechtskraft gleich dem Mietaufhebungsurteil konstitutive, nicht nur deklaratorische Kraft (s. Vorbem.).

Prozessual wird der Erlaß des Räumungsbefehls wie der Erlaß eines Versäumnisurteils behandelt, ohne daß aber der Inhalt des Räumungsbefehls (§ 1 f Anm. 3) eine Änderung erfährt. Gegen den Räumungsbefehl hat der Mieter das Rechtsmittel des Einspruchs, das innerhalb einer Notfrist von einer Woche seit Zustellung einzulegen, sofern nicht öffentliche Zustellung erforderlich ist §§ 338, 339, 508 Abs. 2 ZPO. Gegen Versäumung der Frist ist Wiedereinsetzung nach § 233 ZPO. möglich. Über den Inhalt der Einspruchsfrist vgl. § 340 ZPO. Bedeutsam ist, daß der Einspruch auch schon vor Zustellung des Räumungsbefehls wirksam eingelegt werden kann, vgl. § 1 f Anm. 4. Ist der Einspruch eingelegt, so findet ein Güteverfahren nicht mehr statt.

Über den Einspruch entscheidet das nach § 1 a zuständige Amtsgericht nach Prüfung der Erfordernisse des Einspruchs §§ 341 ff., 513 ZPO. Die sachliche Nachprüfung der im Kündigungsschreiben geltend gemachten Gründe ist in § 1 h Abs. 1 wesentlich eingeschränkt, wenn ein ordnungsmäßig erlassener Räumungsbefehl vorliegt. Der Mieter wird mit Einwänden gegen die Richtigkeit oder Geeignetheit der im Kündigungsschreiben vom Vermieter vorgebrachten Mietaufhebungs-Tatsachen regelmäßig nicht mehr gehört, ausgenommen die beiden in Abs. 1 des § 1 h bezeichneten Fälle, die vom Mieter nachzuweisen sind. Nachträglich eingetretene Tatsachen, die die vorgebrachten Kündigungsgründe außer Wirksamkeit setzen können, darf der Mieter jederzeit geltend machen, z. B. Stundung des Mietzinses, Vereinbarung der Fortsetzung des Mietverhältnisses, vgl. hieher Günther, MietG. 1928, 19; Ebel-Lilienthal S. 59. Die Schlechterstellung der Rechtslage des Mieters gegenüber dem Aufhebungsverfahren ergibt sich hieraus ohne weiteres, so daß jedem Mieter die Erhebung des Widerspruchs anzuraten ist § 1 d Anm. 1.

2. Der Räumungsbefehl ist regelmäßig nicht für vorläufig vollstreckbar zu erklären. Die Vollstreckbarkeit ist demgemäß in der Regel erst nach Eintritt der Rechtskraft des Räumungsbefehls gegeben. Ist jedoch die Kündigung des Vermieters nicht lediglich auf § 4 gestützt, so kann der Urkundsbeamte auf Antrag des Vermieters den Räumungsbefehl für vorläufig vollstreckbar erklären, wenn der Vermieter glaubhaft macht, daß ihm die Aussetzung der Vollstreckung einen nicht zu ersetzenden Nachteil bringen würde, § 13 Abs. 3. Wegen der Entscheidung über die Durchführung der Zwangsvollstreckung im Einspruchsverfahren vgl. §§ 707, 719 ZPO.

3. Unterbleibt die zwingend vorgeschriebene Belehrung, so wird die Einspruchsfrist nicht in Lauf gesetzt, weil es sich um einen Mangel der Zustellung handelt, vgl. Grundstücksmiete I S. 114; anders die herrschende Meinung, vgl. Günther, MietG. 1928, 18.

§ 1 h.

I Ist der Räumungsbefehl ordnungsmäßig erlassen, so ist in dem weiteren Verfahren eine Nachprüfung[1] der im Kündigungsschreiben geltend gemachten Aufhebungsgründe nur zulässig, wenn die Versäumung des rechtzeitigen Widerspruchs nicht auf einem Verschulden des Mieters beruht, oder wenn der Mieter innerhalb der Widerspruchsfrist dem Vermieter erklärt hat, daß er die Herausgabe des Mietraums ablehne.

II Wird bis zum Ablauf der Widerspruchsfrist von dem Mieter ein im Kündigungsschreiben angegebener Mietzinsrückstand[2] durch Zahlung getilgt oder eine gegenüber der Mietzinsforderung zulässige Aufrechnung erklärt, so verliert eine lediglich auf § 3 gestützte Kündigung ihre Kraft.

1. Vgl. § 1 g Anm. 1 Abs. 3.

2. Befriedigung des Vermieters ist gegeben, wenn der im Kündigungsschreiben angegebene Rückstand an Mietzins beglichen wird, ohne Rücksicht auf sonstige Forderungsrechte des Vermieters. Folge: Außerkrafttreten der auf den Rückstand gestützten Kündigung. Die Befriedigung durch den Mieter oder für ihn durch die Fürsorgebehörde muß innerhalb der Widerspruchsfrist erfolgen.

§ 1 i.

I Auf die Vollstreckung des Räumungsbefehls finden die für die Vollstreckung von Urteilen[1] geltenden Vorschriften entsprechende Anwendung.

II Einwendungen,[2] welche den Anspruch selbst betreffen, sind nur insoweit zulässig, als die Gründe, auf denen sie beruhen, erst nach der Zustellung des Räumungsbefehls entstanden sind und durch Einspruch nicht mehr geltend gemacht werden können.

1. Der Räumungsbefehl bedarf daher stets der Vollstreckungsklausel §§ 724, 725 ZPO.; wegen der vorläufigen Vollstreckbarkeit vgl. § 1 g Anm. 2. Die Vollstreckungsklausel wird vom Urkundsbeamten der Geschäftsstelle erteilt. Der Vermieter kann gleichzeitig mit dem Antrag um Vermittlung der Zustellung des Räumungsbefehls (§ 1 f Abs. 3 Satz 4) beantragen, nach fruchtlosem Ablauf der Einspruchsfrist den Räumungsbefehl mit dem Rechtskraftszeugnis (§ 706 ZPO.) und der Vollstreckungsklausel zu versehen.

Wegen der einstweiligen Einstellung der Zwangsvollstreckung § 719 ZPO.

2. Vollstreckungsgegenklage vgl. §§ 767, 796 Abs. 2 ZPO. Zulässig sind nur Einwendungen, die erst nach Zustellung des Räumungsbefehls entstanden sind und auch diese nur dann, wenn sie im Einspruchsverfahren (§ 1 g Anm. 1) nicht mehr geltend gemacht werden konnten. Maßgebend ist die Tatsache der Entstehung des den Einwand rechtfertigenden Tatbestandes, ohne Rücksicht auf die Kenntnis des Mieters oder dessen Rechtsauffassung von dem Tatbestande. Über die Vollstreckungsgegenklage entscheidet der Amtsrichter ohne Beisitzer.

§ 1 k.

I Beantragt[1] der Mieter, ohne gegen die Kündigung Widerspruch zu erheben, vor der Verfügung des Räumungsbefehls die Gewährung einer zeitlich bestimmten Räumungsfrist, so ist dem Vermieter Abschrift des Antrags zur Erklärung binnen zwei Wochen zuzustellen.

II Erklärt sich der Vermieter innerhalb der Frist mit dem Antrag einverstanden, so erläßt der Urkundsbeamte der Geschäftsstelle von Amts wegen den Räumungsbefehl[2] mit der Maßgabe, daß die Vollstreckung von dem Ablauf der beantragten Räumungsfrist[3] abhängig gemacht wird. Die Frist beginnt mit dem Tage, für den die Kündigung erfolgt ist; wird der Befehl nach diesem Tage erlassen, so läuft die Frist von der Zustellung des Befehls ab.

III Verweigert der Vermieter innerhalb der Frist die Zustimmung oder gibt er eine Erklärung nicht ab, so gilt der Antrag des Mieters als Widerspruch gegen die Kündigung;

das Gericht bestimmt in diesem Falle von Amtswegen Termin zur Güteverhandlung (§ 1e). Das gleiche gilt, wenn der Mieter eine Räumungsfrist ohne bestimmte Bezeichnung ihrer Dauer beantragt oder wenn er erklärt hat, den Mietraum nur bei Sicherung eines Ersatzraums[4] herausgeben zu wollen.

1. Voraussetzung für die Anwendung des Abs. 1 ist, daß der Mieter Widerspruch nicht erhoben und daß der Räumungsbefehl noch nicht verfügt, d. h. unterzeichnet ist. Der Ablauf der Widerspruchsfrist ist ohne Einfluß. Das Gesetz unterscheidet drei Fälle: der Mieter beantragt

a) Gewährung einer zeitlich bestimmten Räumungsfrist (Abs. 1);

b) Gewährung einer Räumungsfrist ohne zeitliche Begrenzung (Abs. 3 Satz 2);

c) Sicherung eines Ersatzraumes.

Im ersten Fall gilt der Antrag nur dann als Widerspruch, wenn der Vermieter dem Antrag widerspricht oder eine Zustimmungserklärung nicht abgibt. Die beiden anderen Fälle werden ohne weiteres als echte Widersprüche behandelt. Über die Folgen vgl. § 1e Anm. 2. In allen Fällen wird abweichend von § 1e Abs. 2 der Termin zur Güteverhandlung von Amtswegen anberaumt. Bleibt dieser ergebnislos, so kann das Verfahren in das eigentliche Mietaufhebungsverfahren übergeleitet werden. Der Antrag ist in allen drei Fällen schriftlich — Zustellung einer Abschrift des Antrages ist vorgeschrieben — oder entsprechend § 1d Abs. 1 zu Protokoll der Geschäftsstelle einzureichen.

2. Einspruch gegen den Räumungsbefehl ist hier zwar formell (§ 1g) zulässig; er kann jedoch keinen Erfolg haben, weil der Räumungsbefehl dem übereinstimmenden Willen der Parteien entspricht.

3. Eine kalendermäßige Bestimmung der Räumungsfrist dürfte sich empfehlen; dies gilt insbes. für den Fall, daß der Tag, für den die Kündigung erfolgt, bereits abgelaufen ist.

Eine Verlängerung der erstmals bewilligten Räumungsfrist dürfte trotz § 5 Abs. 4 Satz 2 nicht zulässig sein, weil weder aus § 1g noch aus § 1i die unbeschränkte Anwendung der für Mietaufhebungsurteile maßgebenden Vorschriften gefolgert werden kann (a. M. Stern S. 68 und Vidal-Habamczik S. 65); vgl. auch § 5 Anm. 1.

4. Zubilligung eines Ersatzraumes im Räumungsbefehl ist unmöglich (§ 1f Anm. 3); dem Antrag kann, wenn im Güteverfahren eine Einigung nicht erzielt wird, nur im Mietaufhebungsverfahren stattgegeben werden.

§ 1l.

Wird[1] im Falle des § 1f die Erlassung des Räumungsbefehls nicht binnen einer einmonatigen Frist, die mit dem Ablauf der Widerspruchsfrist beginnt, nachgesucht, so verliert die Kündigung ihre Kraft. Das gleiche gilt, wenn die Erlassung des Räumungsbefehls rechtzeitig nachgesucht, das Gesuch aber zurückgewiesen[2] wird.

1. Vgl. § 1f Anm. 1 und Vorbem. § 17 findet keine Anwendung, vgl. § 1e Anm. 2 und Vidal-Hadamczik S. 65.

2. Vgl. § 1f Anm. 5. In beiden Fällen des § 1l ist der Vermieter nicht gehindert, ein neues Kündigungsverfahren einzuleiten (vgl. § 1e Anm. 2) oder die Mietaufhebungsklage zu erheben.

§ 1m.

Des Nachweises einer Vollmacht bedarf es nicht, wenn[1] für den Vermieter die Anordnung der Zustellung eines Kündigungsschreibens nachgesucht oder für den Mieter Widerspruch gegen die Kündigung erhoben wird.

1. Eine Vollmacht muß aber nachgewiesen werden, wenn die Erlassung des Räumungsbefehls nachgesucht oder wenn Einspruch gegen den Räumungsbefehl eingelegt wird; § 80 ZPO. ist maßgebend. § 174 BGB. findet hier keine Anwendung, Freidt-Schubart-Thiele S. 36.

§ 1n.

I Ein für eine bestimmte Zeit eingegangenes Mietverhältnis wird nach dem Ablauf der Mietzeit fortgesetzt, wenn nicht der Vermieter oder der Mieter spätestens in dem Zeitpunkt, in dem nach § 565 des Bürgerlichen Gesetzbuchs eine für den Ablauf der Mietzeit zulässige Kündigung zu erfolgen haben würde, sich auf die Beendigung des Mietverhältnisses beruft.[1] Die Berufung des Vermieters ist nur unter den Voraussetzungen[2] zulässig, unter denen nach § 1 Abs. 1 der Vermieter ein Mietverhältnis kündigen kann; auf die Form der Berufung sowie auf das weitere Verfahren finden die für eine solche Kündigung geltenden Vorschriften entsprechende Anwendung.

II Ein vertraglich vorbehaltenes Rücktrittsrecht kann vom Vermieter nicht gegen den Willen des Mieters ausgeübt werden.[3]

1. Bisher in § 1 Abs. 2 Satz 1 geregelt mit dem Abmaße, daß nunmehr auch der Vermieter (nicht wie bisher nur der Mieter) sich auf die Beendigung des Mietverhältnisses berufen kann.

Wegen der Bestimmung des Zeitpunktes s. Kiefersauer, Grundstücksmiete I, 59.

2. Während die Berufung des Mieters eine einseitige formlose Erklärung des Mieters — für die aber Schriftform zu empfehlen ist, zustimmend Ebel-Lilienthal S. 65 — darstellt, muß die Berufung des Vermieters nach Form und Inhalt sich den Bestimmungen über das Kündigungsverfahren anpassen. In diesem Falle muß das Schreiben des Vermieters, das sich nur auf die Aufhebungsgründe der §§ 2—4 stützen kann, vom Urkundsbeamten der Geschäftsstelle dem Mieter zugestellt werden. Der Mieter kann dem Schreiben, das die Berufung auf die Beendigung des Mietverhältnisses enthält, widersprechen, § 1 d, oder Anträge der in § 1 k bezeichneten Art stellen. Die Berufung wird wirkungslos, wenn der Vermieter nicht rechtzeitig (§ 1 l) die Erlassung des Räumungsbefehls erwirkt oder mit seinem Antrag zurückgewiesen wird. Im übrigen vgl. über die Folgen des Widerspruchs die Erl. zu § 1 e.

Die Berufung des Mieters beendet das Mietverhältnis, jene des Vermieters bedarf eines bestimmten Verfahrens und der Ergänzung durch Erlaß eines Räumungsbefehls. An Stelle der Berufung kann der Vermieter, was bisher allein ihm möglich gewesen, die Aufhebungsklage erheben.

3. Bisher § 1 Abs. 2 Satz 2. Die Erl. hierzu Kiefersauer, Grundstücksmiete I, 60; dort auch über das gesetzliche Rücktrittsrecht und die Wirkung einer auflösenden Bedingung (Ebel-Lilienthal S. 67).

§ 1o.

I Für das in den vorstehenden Vorschriften bezeichnete Verfahren wird die Hälfte der Gebühr des § 8 des Gerichtskostengesetzes erhoben. Die Gebühr wird nicht erhoben, wenn vor Anordnung der Zustellung des Kündigungsschreibens das Gesuch zurückgenommen wird.[1]

II Der Rechtsanwalt erhält in dem Verfahren die Sätze des § 9 der Gebührenordnung für Rechtsanwälte.

III Für die Wertberechnung ist der im § 13 Abs. 5 bezeichnete Betrag maßgebend.

IV Bei rechtzeitiger Einlegung des Widerspruchs oder Einspruchs werden die Gebühren auf die im Aufhebungsstreit entstehenden Gebühren angerechnet.

V Auf Grund des Räumungsbefehls kann der Vermieter nur die Erstattung von Gerichtskosten verlangen.[2]

1. Die Gebühr wird mit der Stellung des Antrages fällig; eine Vorausleistungspflicht des Vermieters ist nicht bestimmt. Bei Überleitung ins Aufhebungsverfahren wird der Vermieter vorschußpflichtig §§ 74a, 74 Abs. 2 GKG.

2. Vgl. § 1f Anm. 3. Wird das Kündigungsverfahren durch Widerspruch oder Einspruch des Mieters in das Aufhebungsverfahren übergeleitet, so kommen die Gebühren dieses Verfahrens zur Anwendung, auch sind hier die Anwaltskosten erstattungsfähig.

b) Aufhebung von Mietverhältnissen durch Urteil.

§ 1p.

Außer[1] durch Kündigung oder Zeitablauf (Unterabschnitt a) kann ein Mietverhältnis der im § 1 bezeichneten Art, vorbehaltlich der §§ 19 bis 26, 32 bis 34, auf Verlangen des Vermieters nur[2] im Wege der Klage durch gerichtliches Urteil aufgehoben werden. Die Aufhebung ist nur aus den in den §§ 2 bis 4 bezeichneten Gründen zulässig.[3] § 1 Abs. 1 Satz 2 findet Anwendung.[4]

1. Die Aufhebungsklage bildet für den Vermieter, soweit nicht im Rahmen des Gesetzes oder außerhalb des MSchG. die Kündigung nach BGB. ihm gestattet ist, der einzige Rechtsbehelf, durch den er gegen den Willen des Mieters die Auflösung des Mietverhältnisses erreichen kann. Das Kündigungsverfahren der §§ 1a bis 1m und das Verfahren über die Berufung des Vermieters auf die Beendigung des Mietverhältnisses (§ 1n) sind Rechtsbehelfe, von denen er wahlweise Gebrauch machen kann, nicht muß.

2. Andere Beendigungsgründe sind
a) Vereinbarung der Parteien,
b) Kündigung des Mieters oder Berufung auf Beendigung des Mietverhältnisses § 1n,
c) Kündigung des Vermieters
  α) unter Zustimmung des Mieters,
  β) im Rahmen des Kündigungsverfahrens,
d) Berufung des Vermieters auf die Beendigung des Mietverhältnisses im Rahmen des Verfahrens nach § 1n Abs. 1,
e) Mietaufhebungsurteil auf Klage des Vermieters.

3. Bereits in § 1 Abs. 1 Satz 1 enthalten.

4. Dem Vermieter steht der Erwerber des Grundstücks nach Abschluß des Mietvertrages gleich. Bisher in § 1 Abs. 3 geregelt; vgl. dazu Kiefersauer, Grundstücksmiete I, 60.

§ 2.

I Der Vermieter kann auf Aufhebung des Mietverhältnisses klagen, wenn der Mieter oder eine Person, die zu seinem Hausstand oder Geschäftsbetriebe gehört, oder der er den Gebrauch des Mietraums überlassen hat, sich einer erheblichen Belästigung des Vermieters oder eines Hausbewohners schuldig macht oder durch unangemessenen Gebrauch des Mietraums oder Vernachlässigung der gebotenen Sorgfalt den Mietraum oder das Gebäude erheblich gefährdet, oder wenn der Mieter einem Dritten den Gebrauch des Mietraums beläßt, obwohl er zu Überlassung nicht befugt ist. Die angemessene Wahrnehmung der Befugnisse eines Mietervertreters ist als Belästigung nicht anzusehen.

II Die Aufhebung ist nur zulässig, wenn der Mieter ungeachtet einer Abmahnung des Vermieters das Verhalten fortsetzt oder es unterläßt, eine ihm mögliche Abhilfe zu schaffen, oder wenn das Verhalten des Mieters oder einer der im Abs. 1 bezeichneten Personen ein solches war, daß dem Vermieter die Fortsetzung des Mietverhältnisses nicht zugemutet werden kann. Hatte der Vermieter oder eine zu seinem Hausstand oder Geschäftsbetriebe gehörige oder mit seiner Vertretung in Mietangelegenheiten betraute Person die Belästigung (Abs. 1) durch eigenes Verschulden veranlaßt, so findet eine Aufhebung nicht statt.

III Der Vermieter muß die Klage binnen sechs Monaten von dem Zeitpunkte an erheben, in dem er von dem Aufhebungsgrunde Kenntnis erlangt hat. Die Klage ist ausgeschlossen, wenn seit dem Entstehen des Aufhebungsgrundes ein Jahr verstrichen ist.

§ 3.

I Der Vermieter kann auf Aufhebung des Mietverhältnisses klagen, wenn der Mieter, welcher den Mietzins in kürzeren als vierteljährigen Zeitabschnitten zu entrichten hat, mit einem Betrag im Verzug ist, welcher den für die Dauer eines Monats zu entrichtenden Mietzins übersteigt; bei einem den Betrag für zwei Monate nicht erreichenden

Rückstand ist die Erhebung der Klage erst zwei Wochen nach der Fälligkeit zulässig. Ist der Mietzins in vierteljährigen oder längeren Zeitabschnitten zu entrichten, so kann die Aufhebungsklage erhoben werden, wenn der Mieter mit einem Betrag im Verzug ist, welcher den für die Dauer eines Vierteljahrs zu entrichtenden Mietzins erreicht; bei nur einmaligem Rückstand ist die Erhebung der Klage erst zwei Wochen nach der Fälligkeit zulässig. Bezieht sich der Rückstand auf mehrere Zeitabschnitte, so ist für die Berechnung des nach Satz 1, 2 maßgebenden Betrags der Mietzins des Zeitabschnittes zugrunde zu legen, hinsichtlich dessen der Mieter zuerst in Verzug geraten ist.

II Der Anspruch besteht nicht, wenn der Verzug auf Unkenntnis des Mieters über den Betrag oder den Zeitpunkt der Fälligkeit des Mietzinses oder auf irrige Annahme eines Aufrechnungs-, Minderungs- oder Zurückbehaltungsrechts zurückzuführen ist, es sei denn, daß die Unkenntnis oder der Irrtum auf Fahrlässigkeit beruht.

III Die Aufhebung ist nicht mehr zulässig, wenn bis zum Ablauf von zwei Wochen seit Erhebung der Klage[1] der Mieter den Vermieter befriedigt oder eine gegenüber der Mietzinsforderung zulässige Aufrechnung erklärt. Geht[2] innerhalb der Frist dem Gerichte die Erklärung der Fürsorgebehörde (§ 10 Abs. 2) zu, daß sie zur Befriedigung des Vermieters bereit sei, so verlängert sich die Frist um weitere zwei Wochen. Beantragt in diesen Fällen der Vermieter alsbald, den Rechtsstreit in der Hauptsache für erledigt zu erklären, so hat der Mieter die Kosten des Rechtsstreits zu tragen.

1. Durch das Abänderungsgesetz sind hier die Worte „spätestens jedoch bis zum Schlusse derjenigen mündlichen Verhandlung erster Instanz, auf welche das Urteil ergeht", gestrichen worden. Die Bestimmung ist nicht mehr notwendig, weil nach § 10 Abs. 3 — neu eingefügt — das Mietaufhebungsurteil, wenn und soweit es auf Zahlungsverzug gestützt werden soll, nicht vor Ablauf der in Abs. 3 Satz 1 und 2 bezeichneten Fristen ergehen darf, also immer nur eine Befriedigung vor Erlaß des Urteils erster Instanz (Kiefersauer, Grundstücksmiete I, 74) in Betracht kommt.

2. Dieser Satz ist durch das AbändG. neu eingefügt. Die nachträgliche Beseitigung des Aufhebungsanspruchs ist nach allgemeinen

Grundsätzen nicht nur dem Mieter, sondern jedem Dritten, der für ihn den Vermieter befriedigt, möglich. Die Zweiwochenfrist des Satzes 1 gilt auch für den Dritten. Zugunsten der Fürsorgebehörde ist diese Frist auf vier Wochen verlängert, sofern innerhalb der Zweiwochenfrist beim Gericht die Bereitschaftserklärung der Fürsorgebehörde eingeht. Erforderlich ist

a) eine fristgemäße Erklärung der Fürsorgebehörde. Die zweiwöchige Frist beginnt mit der Erhebung, d. i. mit der Zustellung (§§ 253, 498 ZPO.) oder nachträglichen Ergänzung der Aufhebungsklage; beim Übergang vom Kündigungsverfahren §§ 1 ff. zum Aufhebungsverfahren § 1e mit der Zustellung des Kündigungsschreibens. Nach Fristablauf ist die Erklärung wirkungslos, es verbleibt bei der Zweiwochenfrist für die Befriedigung (Abs. 3) und die Urteilsfällung (§ 10 Abs. 3);

b) eine Erklärung, daß die Fürsorgebehörde zur Befriedigung des Vermieters bereit ist.

Eine Form ist für diese Erklärung nicht vorgeschrieben; man wird aber schriftliche Form, also Unterzeichnung eines Schriftstücks fordern müssen, schon aus dem Grunde, um die amtliche Zuständigkeit der Behörde feststellen zu können. Fernmündliche Erklärung genügt nicht. Die Erklärung muß beim Gericht eingehen.

Inhaltlich muß erkennbar sein, daß die Fürsorgebehörde zur Befriedigung des Vermieters bereit ist. Dieser darf nicht schlechter gestellt sein als bei Befriedigung durch den Mieter. Daraus folgt, daß die Erklärung zivilrechtlich die Fürsorgebehörde dem Vermieter gegenüber verpflichtet; es liegt eine kumulative Schuldübernahme (ebenso Hertel, MietG. 1928, 126) vor, nicht eine unverbindliche, öffentlichrechtliche Erklärung, wie Ebel-Lilienthal S. 91, Freidt-Schubart-Thiele S. 43 annehmen. Daraus folgt weiterhin, daß die Befriedigung eine völlige sein muß, also beim Aufhebungsverfahren nach vorausgegangenem Kündigungsschreiben die dort angegebenen Rückstände, sonst die vorhandenen Rückstände insgesamt samt Zinsen und Kosten bezahlt werden müssen. Will die Fürsorgebehörde nur teilweise den Vermieter befriedigen, so tritt formell die Fristverlängerung nicht ein, materiell ist der Aufhebungsklage stattzugeben. Die Befriedigung muß innerhalb der Frist von 4 Wochen erfolgt sein, zum wenigsten muß eine klare, unzweideutige Verpflichtungserklärung der Fürsorgebehörde vorliegen (vgl. auch Stern S. 81).

§ 4.

I Der Vermieter kann auf Aufhebung des Mietverhältnisses klagen, wenn für ihn aus besonderen Gründen ein so dringendes Interesse an der Erlangung des Mietraums besteht, daß auch bei Berücksichtigung der Verhältnisse des Mieters die Vorenthaltung eine schwere Unbilligkeit für den Vermieter darstellen würde. Zugunsten des Mieters ist dabei der Umstand mit zu berücksichtigen, daß der Mieter im Einverständnis mit dem Vermieter in dem Mietraum bauliche, mit einem erheblichen Kostenaufwande verbundene Arbeiten hat vornehmen lassen. Bei gewerblichen Räumen ist es zugunsten eines Mieters, der keine weitere Betriebsstätte als den herauszugebenden Raum besitzt, mit zu berücksichtigen, wenn der Vermieter außer einer Hauptbetriebsstätte mehrere Zweigstellen in demselben Gemeindebezirk inne hat und den Mietraum lediglich zur Vergrößerung seines Betriebs verwenden will. Bei der Abwägung der beiderseitigen Interessen sind zugunsten des Vermieters die Zahl und das Lebensalter der zu seinem Hausstande gehörigen Abkömmlinge sowie der Umstand mit zu berücksichtigen, daß der Vermieter den Mietraum aus beruflichen Gründen dringend braucht.[1]

II Liegen die im Abs. 1 bezeichneten Gründe nur für einen Teil des Mietraums vor, so kann die Aufhebung hinsichtlich dieses Teiles, insbesondere auch eines Hausgartens, verlangt werden. Auch kann das Gericht die Aufhebung auf einen Teil des Mietraums beschränken, insbesondere, wenn der Vermieter Nebenräume, welche nicht Wohnräume sind, oder entbehrliche Teile des Mietraums zur Herstellung selbständigen Wohnraums braucht. Bei teilweiser Aufhebung des Mietverhältnisses ist, sofern ein vereinbarter Mietzins zu zahlen ist, auf Antrag in der Urteilsformel auszusprechen, um welchen Betrag sich der Mietzins für den verbleibenden Teil des Mietraums mindert; gilt die gesetzliche Miete, so wird der verbleibende Teil des Mietzinses nach § 2 Abs. 4 des Reichsmietengesetzes von dem Mieteinigungsamte festgesetzt.

III Wird das Mietverhältnis lediglich auf Grund des Abs. 1 aufgehoben, so kann das Gericht auf Antrag des Mieters den Vermieter verpflichten, dem Mieter die für den Umzug innerhalb des Gemeindebezirkes erforderlichen Kosten ganz oder teilweise zu ersetzen, wenn dies nach Lage der Sache, insbesondere nach den Vermögens- und Erwerbsverhältnissen der Vertragsteile, der Billigkeit entspricht. Die oberste Landesbehörde kann bestimmen, daß benachbarte Gemeinden als eine Gemeinde im Sinne dieser Vorschrift anzusehen sind. Für Gemeinden, die verschiedenen Ländern angehören, kann auf Antrag der beteiligten obersten Landesbehörden der Reichsarbeitsminister die Bestimmung treffen.

IV Soweit die Ersatzpflicht ausgesprochen wird, ist auf Antrag des Mieters die Zwangsvollstreckung von der Hinterlegung eines in der Urteilsformel zu bezeichnenden, die Umzugskosten oder den zugebilligten Teil mutmaßlich deckenden Geldbetrages abhängig zu machen.

V Der Mieter ist über die Zulässigkeit der in den Abs. 3, 4 bezeichneten Anträge zu belehren. Wird das Urteil nur wegen der Umzugskosten angefochten, so erfolgt die Anfechtung durch sofortige Beschwerde.

VI Auf Antrag des Mieters kann durch einstweilige Verfügung die Hinterlegung des im Abs. 4 bezeichneten Betrags angeordnet werden, wenn der Mieter mit der erforderlichen behördlichen Genehmigung (§ 31) einen Ersatzraum gemietet oder wenn das Mieteinigungsamt einen Mietvertrag über einen Ersatzraum festgesetzt hat. Zum Erlasse der einstweiligen Verfügung ist nicht erforderlich, daß eine Gefährdung des Anspruchs glaubhaft gemacht wird.

VII Das Gericht kann in dem das Mietverhältnis aufhebenden Urteil aussprechen, daß eine Beschlagnahme des Mietraums durch die Gemeindebehörde unter bestimmten, im Urteil zu bezeichnenden Voraussetzungen ausgeschlossen ist. Eine Anfechtung des Urteils findet insoweit nicht statt.

1. Durch das Abänderungsgesetz wurde in Abs. 1 der bisherige Satz 4 — Raumverwendung durch den Vermieter selbst oder Angehörige desselben — gestrichen und der Satz 5 (nunmehr Satz 4) am Schlusse entsprechend ergänzt. Die bisherige Streitfrage, ob auch im Falle des bisherigen Satzes 4 eine Interessenabwägung (Kiefersauer, Grundstücksmiete I, 78) stattzufinden habe, ist nunmehr gesetzlich in bejahendem Sinne entschieden. Die bisherige Ausnahmeregelung für gewerbliche Räume (dazu Stern, MietG. 1926, 132, 137) ist beseitigt. Allgemein ist nunmehr die Inanspruchnahme des Raumes aus beruflichen Gründen auf Seite des

Vermieters zu berücksichtigen; der Begriff „beruflich" ist weitergehend als „geschäftlich".

§ 5.

I In den Fällen der §§ 2 bis 4 ist das Mietverhältnis für den Zeitpunkt aufzuheben, für den eine zur Zeit der Klageerhebung erfolgende Kündigung nach dem Vertrag oder beim Mangel einer Vertragsbestimmung nach § 565 des Bürgerlichen Gesetzbuchs zulässig sein oder an dem die vereinbarte Mietzeit ablaufen würde. In den Fällen der §§ 2, 3 kann auf Antrag des Vermieters das Mietverhältnis mit sofortiger Wirkung aufgehoben werden.

II Der Zeitpunkt, für den die Aufhebung erfolgt, ist in der Urteilsformel festzustellen.

III In der Urteilsformel ist ferner zu bestimmen, daß der Mieter den Mietraum zu dem im Abs. 1 bezeichneten Zeitpunkt an den Vermieter herauszugeben hat.

IV § 721 der Zivilprozeßordnung bleibt, vorbehaltlich des § 6 Abs. 3 Satz 2, unberührt; er gilt entsprechend, wenn das Urteil die Herausgabe von Räumen zum Gegenstande hat, die nicht Wohnräume sind.[1] Auf Antrag des Mieters kann das Gericht erster Instanz zur Vermeidung von Härten die Räumungsfrist einmal verlängern, es sei denn, daß hierdurch unbillige Nachteile für den Vermieter oder einen Dritten entstehen würden; die Nachfrist kann bis auf drei Monate bemessen werden. Der Antrag ist spätestens zwei Wochen vor dem Ablauf der Räumungsfrist zu stellen. Die Entscheidung erfolgt durch Beschluß nach Anhörung des Vermieters; gegen den Beschluß findet sofortige Beschwerde statt.

1. Die Sätze 2, 3 und 4 des (neugeschaffenen) Abs. 4 sind durch das Abänderungsgesetz eingefügt. Die Verlängerung der einmal gewährten Räumungsfrist — eine Vorschrift, die nicht auch für die im Räumungsbefehl gewährte Räumungsfrist gilt (§ 1k Anm. 3; a. M. Ebel-Lilienthal S. 108) — setzt materiell die Rechtskraft des Mietaufhebungsurteils voraus, das die erstmalige Gewährung einer Räumungsfrist vorsieht. Formell ist der Nachfristantrag aber bei Meidung des Ausschlusses spätestens zwei Wochen vor Ablauf der bewilligten Räumungsfrist zu stellen, woraus sich unter Umständen starke Gefahren der Versäumnis der Frist ergeben, z. B. wenn sich die Erledigung der Streitsache in zweiter Instanz so verzögert, daß die Frist zu laufen beginnt, bevor das landgerichtliche Urteil zugestellt ist. Die Gewährung der Räumungsnachfrist, die drei Wochen nicht übersteigen darf, setzt zweierlei voraus, nämlich:

1. daß sie zur Vermeidung von Härten für den Mieter erforderlich ist, z. B. er müßte ohne die Nachfrist zweimal umziehen oder er hat nachweisbar alles Erdenkliche getan, um ein Unterkommen zu finden; sie setzt weiter voraus,
2. daß nicht unbillige Nachteile für den Vermieter oder einen Dritten aus der Nachfristgewährung entstehen.

Beide Voraussetzungen müssen erfüllt sein; es kann also z. B. trotz nachweisbarer Härte für den Mieter die Nachfrist nicht gewährt werden, wenn sie unbillige Nachteile für den Vermieter zur Folge hat.

Die Nachfrist zu gewähren, steht im billigen Ermessen des Gerichts. Nur eine einmalige Fristverlängerung ist möglich und zwar auch dann, wenn die Nachfrist nicht volle drei, sondern nur zwei Monate beträgt; eine Ergänzung dieser Frist auf drei Monate ist nachträglich nicht mehr möglich (Stern S. 83). Über den Antrag entscheidet das Amtsgericht und zwar der Amtsrichter allein (§ 8 Abs. 1), nachdem er den Vermieter gehört hat.

In den Fällen des § 27 — Räumungsklage ohne Aufhebungsbegehren — gilt die Vorschrift über die Verlängerung der Räumungsfrist, wie aus der ausdrücklichen Erwähnung in § 52e Abs. 1 Ziff. 1 zu entnehmen ist, nicht (Hertel, MietG. 1928, 127; a. M. Günther, MietG. 1928, 39).

Gegen den Beschluß des Gerichts erster Instanz ist binnen zwei Wochen seit Zustellung sofortige Beschwerde zulässig. Dem Richter ist bei Gefahr der Zwangsvollstreckung infolge Ablaufes der Räumungsfrist vor seiner Entscheidung über den Nachfristantrag die Möglichkeit gegeben, im Wege der Teilentscheidung die Räumungsfrist bis zur Endentscheidung über den Antrag zu erstrecken (ebenso Freidt-Schubart-Thiele S. 60).

Unberührt bleibt das Recht des Mieters, gegen die bewilligte Räumungsfrist nach § 6 Abs. 3 S. 3 die sofortige Beschwerde einzulegen, weil sie ihm zu kurz erscheint. Daneben kann er nach Abs. 4 S. 2 Nachfristantrag vorsorglich stellen. Auf die Länge der zunächst bewilligten Räumungsfrist kommt es für den Nachfristantrag in keinem Falle an; jedoch kann bei einer nur auf 14 Tage bemessenen Räumungsfrist ein Verlängerungsantrag nicht gestellt werden, da die Frist von zwei Wochen nicht gewahrt werden kann (Vidal-Hadamczik S. 69).

§ 6.

I Wird ein Mietverhältnis, das sich ausschließlich oder zum Teil auf Wohnraum bezieht, lediglich nach § 4 Abs. 1

aufgehoben, so ist die Zwangsvollstreckung durch Ausspruch in der Urteilsformel davon abhängig zu machen, daß hinsichtlich des Wohnraums für den Mieter ausreichender Ersatzraum gesichert ist; der Ausspruch kann unterbleiben, wenn die Versagung des Ersatzraums keine unbillige Härte für den Mieter darstellt. Wird ein Mietverhältnis der bezeichneten Art nach § 2 lediglich deshalb, weil der Mieter einem Dritten den Gebrauch des Mietraums unbefugt belassen hat, oder nach § 3 aufgehoben, so kann die Zwangsvollstreckung von der Sicherung ausreichenden Ersatzwohnraums abhängig gemacht werden, wenn dies zur Vermeidung unbilliger Härten erforderlich erscheint. Das gleiche gilt, wenn ein teilweise auf Wohnraum bezügliches Mietverhältnis nach § 4 Abs. 2 hinsichtlich des Wohnraums aufgehoben wird.

II Wird ein Mietverhältnis, das sich ausschließlich oder zum Teil auf anderen als Wohnraum bezieht, lediglich nach § 4 aufgehoben, so ist, soweit es sich um Raum handelt, der nicht Wohnraum ist, die Zwangsvollstreckung von der Sicherung des für die Berufs- oder Geschäftsbedürfnisse des Mieters ausreichenden Ersatzraums abhängig zu machen, wenn der Mieter beweist, daß bei Versagung des Ersatzraums dringende öffentliche Interessen gefährdet werden würden. Hat das Reich, ein Land, ein Gemeindeverband oder eine Gemeinde Räume der bezeichneten Art zu öffentlichen Zwecken oder Wohnräume, in denen gleichzeitig Dienstgeschäfte wahrgenommen werden, mietweise inne, so gilt Satz 1 mit der Maßgabe, daß der Nachweis durch eine Erklärung der Behörde geführt wird, welche der den Raum benutzenden Behörde vorgesetzt ist.

III Hat in den Fällen der Abs. 1, 2 der Mieter den Ausspruch beantragt und ist der Antrag im Urteil übergangen, so ist das Urteil zu ergänzen. Auf das Verfahren finden die Vorschriften des § 319 Abs. 2, 3 der Zivilprozeßordnung entsprechende Anwendung; das gleiche gilt, wenn ein Antrag auf Gewährung einer Räumungsfrist übergangen ist. Wird das Urteil nur wegen der Gewährung oder Versagung eines Ersatzraums oder einer Räumungsfrist angefochten, so erfolgt die Anfechtung durch sofortige Beschwerde.

IV Solange in den Fällen der Abs. 1, 2 der Ersatzraum nicht gesichert ist, jedoch nicht über den Zeitpunkt der Herausgabe des Mietraums hinaus, haben die Beteiligten in Ansehung dieses Raumes die aus dem Mietverhältnisse sich ergebenden Rechte und Pflichten.

V Enthält das Urteil eine Beschränkung der Zwangsvollstreckung nach den Abs. 1, 2 oder nach § 4 Abs. 4 und treten nach Ablauf der Beschwerdefrist (Abs. 3 Satz 3, § 4 Abs. 5) Tatsachen ein, welche die Aufhebung des Mietverhältnisses nach den §§ 2, 3 rechtfertigen würden, oder vereitelt der Mieter böswillig die Sicherung eines Ersatzraums, so kann der Vermieter die Aufhebung der Beschränkung verlangen. Über den Antrag des Vermieters wird auf Grund mündlicher Verhandlung durch Urteil entschieden; gegen das Urteil findet sofortige Beschwerde statt. § 25 Abs. 2 des Gerichtskostengesetzes gilt entsprechend.

§ 7.

I Über die Aufhebungsklage entscheidet das Amtsgericht unter Zuziehung von Beisitzern. Ausschließlich zuständig ist das Amtsgericht, in dessen Bezirk sich der Mietraum befindet. Die Vereinbarung der schiedsgerichtlichen Erledigung ist unwirksam.

II Die Beisitzer müssen zur Hälfte Vermieter aus dem Kreise der Hausbesitzer, zur Hälfte Mieter sein. Die Bestellung erfolgt auf Grund von Vorschlagslisten, die von örtlichen Hausbesitzer- und Mietervereinen zu erfordern sind, auf die Dauer von mindestens einem Jahre. Die Beisitzer erhalten für ihre Tätigkeit eine Vergütung.

III Für die Auswahl der Beisitzer darf nur maßgebend sein, daß von ihnen eine gewissenhafte und unparteiische Ausübung des Amtes zu erwarten ist; nach der Zugehörigkeit zu bestimmten Berufsarten oder Bevölkerungskreisen darf ein Unterschied nicht gemacht werden. Personen, die gleichzeitig Vermieter und Mieter sind, sollen nicht zu Beisitzern bestellt werden. Das gleiche gilt für

Mitglieder und Vertreter von Gesellschaften und Genossenschaften, die ihren Mitgliedern satzungsgemäß Wohnungen verschaffen, soweit diese Personen Wohnungen innehaben, die nicht den Vorschriften dieses Gesetzes unterliegen, es sei denn, daß sie von einem örtlichen Hausbesitzer- oder Mietervereine vorgeschlagen sind. Die Beisitzer dürfen nicht zugleich mit dem Vollzuge der Maßnahmen gegen Wohnungsmangel betraut sein. Sie dürfen nur bestellt werden, wenn sie sich verpflichten, für Dritte keine berufliche oder ehrenamtliche Tätigkeit auszuüben, die sich auf Mietverhältnisse über Gebäude oder Gebäudeteile bezieht; im Falle ihrer Geschäftsvereinigung mit anderen müssen auch diese sich verpflichten, keine solche Tätigkeit im Bezirke des Gerichts gegen Vergütung auszuüben. Als Tätigkeit dieser Art gelten nicht die Verwaltung eines Hauses für Mietberechtigte, die Wahrnehmung der Mieterinteressen von Hausgenossen und die ehrenamtliche Tätigkeit in einem Hausbesitzer- oder Mietervereine. Im übrigen finden für die Berufung und deren Ablehnung sowie für die Verhältnisse, die bei der Ausübung des Amtes in Betracht kommen, die für Schöffen geltenden Vorschriften der §§ 31 bis 35, 51, 52, 54, 56 des Gerichtsverfassungsgesetzes entsprechende Anwendung; jedoch kann die Zahl der im § 35 Nr. 2 bezeichneten Sitzungstage anderweit gemäß Abs. 7 bestimmt werden.

IV Die Beisitzer sind in bestimmter Reihenfolge zu den Sitzungen heranzuziehen.

V Wer eine Verpflichtung nach Abs. 3 Satz 5 übernommen hat, darf nicht dieser Verpflichtung zuwider vor einem Gericht, einem Mieteinigungsamt oder einer Beschwerdestelle (§ 42) als Bevollmächtigter oder Beistand in Angelegenheiten auftreten, die sich auf Mietverhältnisse über Gebäude oder Gebäudeteile beziehen.

VI Für jeden Beisitzer ist mindestens ein Stellvertreter zu bestellen. Die Vorschriften der Abs. 2 bis 5 gelten auch für die Stellvertreter.

VII Das Nähere über die Bestellung der Beisitzer regelt die oberste Landesbehörde.

§ 8.

I Die nicht auf Grund einer mündlichen Verhandlung ergehenden Beschlüsse und Verfügungen werden von dem Amtsrichter allein erlassen.

II Im übrigen sind für die Befugnisse des Amtsrichters und der Beisitzer die Vorschriften über das landgerichtliche Verfahren maßgebend. Das Gericht kann anordnen, daß ein Augenschein durch die Beisitzer oder, wo mehr als zwei Beisitzer tätig sind, durch je einen Beisitzer aus dem Kreise der Vermieter und der Mieter eingenommen wird; andere Beweiserhebungen können Beisitzern nicht übertragen werden. Die Entscheidungen bedürfen nicht der Unterschrift durch die Beisitzer.

III In bezug auf die Beratung und Abstimmung finden die §§ 192 bis 198 des Gerichtsverfassungsgesetzes entsprechende Anwendung. Die Vorschriften der Zivilprozeßordnung über die Ausschließung und Ablehnung der Gerichtspersonen gelten sinngemäß; die Entscheidung über die Ausschließung oder Ablehnung eines Beisitzers erfolgt durch den Amtsrichter.

§ 9.

Die Bestimmung eines Termins zur Güteverhandlung kann auch von dem Mieter beantragt werden, der eine Aufhebungsklage befürchtet.

§ 10.

I Jede Ladung einer Partei zur mündlichen Verhandlung über die Aufhebungsklage soll den Hinweis darauf enthalten, daß gegen die Partei Versäumnisurteil ergehen kann, wenn sie im Termine nicht erscheint oder sich nicht ordnungsmäßig vertreten läßt.

II Von dem Eingang einer Klage, mit welcher die Aufhebung eines auf Wohnraum bezüglichen Mietverhältnisses auf Grund des § 3 verlangt wird, hat die Geschäftsstelle der Fürsorgebehörde unter Hinweis auf die Fürsorgepflicht gemäß den Reichsgrundsätzen über Voraussetzung, Art und Maß der öffentlichen Fürsorge unverzüglich Mitteilung zu machen. Der Vermieter hat für die

Mitteilung eine weitere Abschrift der Klage einzureichen. Diese wird der Fürsorgebehörde zugestellt.[1]

III Eine Aufhebung des Mietverhältnisses wegen Zahlungsverzugs darf nicht vor dem Ablauf der im § 3 Abs. 3 bezeichneten Fristen erfolgen.[2]

1. Satz 2 und 3 sind durch das Abänderungsgesetz neu eingefügt; die Neuregelung betrifft Form und Inhalt der Mitteilung der Klageerhebung an die Fürsorgestelle. Diese erhält nunmehr eine Abschrift der Klageerhebung zugestellt und zwar auch dann, wenn die Klage neben § 3 auch Gründe aus den §§ 2, 4 geltend macht. Reicht der Vermieter die Klagabschrift nicht ein, kann ein Termin nicht angesetzt werden (Vidal-Habamczik S. 69); die Geschäftsstelle kann die Abschrift selbst herstellen.

2. Neu eingefügt. Vgl. § 1 f Abs. 2 (Anm. 2 Abs. 2) und § 3 Anm. 2. Das Verbot der Erlassung des Mietaufhebungsurteils gilt absolut, also auch für Versäumnisurteile oder für die Fälle, in denen der Mieter auf die Sperrfrist verzichtet oder die Fürsorgebehörde ein Eingreifen ablehnt.

§ 11.

I In dem ersten auf die Klage angesetzten Termine kann die Zuziehung der Beisitzer unterbleiben.

II Erscheint in dem Termine nur eine der Parteien, so erläßt auf ihren Antrag der Amtsrichter das Versäumnisurteil.

III Erscheinen beide Parteien und kommt ein Vergleich nicht zustande, so hat der Amtsrichter die Entscheidung zu erlassen, wenn sie sofort erfolgen kann und beide Parteien es beantragen. Andernfalls ist ein neuer Verhandlungstermin, zu dem die Beisitzer zuzuziehen sind, anzusetzen und sofort zu verkünden. Zeugen und Sachverständige, deren Vernehmung der Amtsrichter für erforderlich erachtet, sind zu diesem Termine zu laden.

§ 12.

Wird vor einem nach § 7 Abs. 1 besetzten Gericht oder vor dem Amtsrichter eine Partei, die einer Vereinigung der Hausbesitzer, der Mieter, der Arbeitgeber oder der Arbeitnehmer angehört, von einem Beauftragten der Vereinigung vertreten, so findet § 157 Abs. 1 der Zivilprozeßordnung insoweit keine Anwendung. Als Beauftragte gelten alle mit Vertretungsausweis der Vereinigung versehenen Personen.

§ 13.

I Bis zum Schlusse der mündlichen Verhandlung, auf die das Urteil ergeht, können andere als die in der Klage vorgebrachten Klagegründe geltend gemacht werden. In der Berufungsinstanz gilt dies nur, wenn glaubhaft gemacht wird, daß der Vermieter ohne sein Verschulden außerstande gewesen sei, jene Gründe im ersten Rechtszug vorzubringen, oder wenn der Mieter zu der Änderung der Klage seine Einwilligung erteilt hat.

II Die Leistung eines Eides ist durch Beweisbeschluß anzuordnen.

III Erfolgt die Aufhebung des Mietverhältnisses lediglich nach § 4, so ist das Urteil nicht für vorläufig vollstreckbar zu erklären. Ein Urteil, das auf einem anderen Grunde beruht, darf nur dann für vorläufig vollstreckbar erklärt werden, wenn glaubhaft gemacht wird, daß die Aussetzung der Vollstreckung dem Vermieter einen nicht zu ersetzenden Nachteil bringen würde.

IV Die Kosten des Rechtsstreits können, wenn die Aufhebung lediglich nach § 4 erfolgt, dem Vermieter ganz oder teilweise auferlegt werden, sofern dies nach Lage der Sache, insbesondere nach den Vermögens- und Erwerbsverhältnissen der Vertragsteile, der Billigkeit entspricht. Die Entscheidung über die Kosten kann in diesem Falle selbständig angefochten werden, sofern der Wert des Beschwerdegegenstandes den Ertrag von dreißig Reichsmark übersteigt; die Anfechtung erfolgt durch sofortige Beschwerde.

V Für die Wertberechnung bei der Aufhebungsklage ist der Betrag des für die Dauer eines Vierteljahres zu entrichtenden Mietzinses maßgebend.

§ 14.

I Gegen ein Urteil, durch das ein Mietverhältnis aufgehoben oder eine Aufhebungsklage abgewiesen ist, finden die Berufung und in den Fällen des § 6 Abs. 3, 5 auch die sofortige Beschwerde ohne Rücksicht auf den Wert des Beschwerdegegenstandes statt.

II In den Fällen des § 4 Abs. 5, des § 6 Abs. 3 und des § 13 Abs. 4 findet die sofortige Beschwerde auch dann statt, wenn mehrere Beschwerdegründe nebeneinander geltend gemacht werden.

III Wird ein Urteil mit der Berufung und der sofortigen Beschwerde angefochten, so ist über beide Rechtsmittel von derselben Kammer des Landgerichts zu entscheiden.

IV Jedes auf eine Aufhebungsklage ergehende Urteil soll einen Hinweis auf den zulässigen Rechtsbehelf sowie auf die Form und Frist seiner Einlegung enthalten.

§ 15.

I Der Vermieter kann in der Klage neben dem Aufhebungsanspruch auch andere Ansprüche erheben, sofern sie das gleiche Mietverhältnis betreffen und das Gericht auch für sie zuständig ist.

II Die Erhebung einer Widerklage ist nur statthaft, sofern der Gegenanspruch des Mieters das gleiche Mietverhältnis betrifft.

III Wird mit der Aufhebungsklage ein Anspruch anderer Art verbunden, so ist auf Antrag des Beklagten anzuordnen, daß der Anspruch in getrenntem Prozesse verhandelt werde. Die Anordnung kann auch von Amts wegen getroffen werden. In entsprechender Weise ist zu verfahren, wenn eine Widerklage anderer Art erhoben wird. Die Abtrennung der Widerklage ist auf Antrag auch dann anzuordnen, wenn der mit ihr erhobene Anspruch die sachliche Zuständigkeit des Amtsgerichts übersteigt.

IV Der Antrag auf Abtrennung ist nur vor der Verhandlung des Antragstellers zur Hauptsache zulässig. Die Abtrennung von Amts wegen darf nur erfolgen, solange nicht eine Verhandlung zur Hauptsache stattgefunden hat und darauf ein Beschluß verkündet ist.

§ 16.

I Enthält das Urteil einen Ausspruch nach § 6 Abs. 1, 2, so darf von demjenigen Teile des Urteils, welcher die Herausgabe des Mietraums zum Gegenstande hat, eine vollstreckbare Ausfertigung nur auf Anordnung des Vorsitzenden erteilt werden. Die Anordnung ist erst zulässig, wenn durch eine Bescheinigung der Gemeindebehörde oder durch andere öffentliche oder öffentlich beglaubigte Urkunden nachgewiesen ist, daß der Ersatzraum für den Mieter gesichert ist, und daß entweder der Mieter sich mit dem Ersatzraum einverstanden erklärt oder binnen einer Woche seit der Zuweisung des Ersatzraums Einwendungen beim Mieteinigungsamt nicht erhoben hat oder daß die Einwendungen vom Mieteinigungsamte, das hierüber endgültig entscheidet, für unbegründet erklärt worden sind. Der Zuweisung eines Ersatzraums steht es gleich, wenn der Vermieter dem Mieter durch eine nach § 132 des Bürgerlichen Gesetzbuchs zuzustellende Erklärung einen Ersatzraum anbietet, über den der Vermieter oder ein dem Angebote zustimmender Dritter nach den wohnungsrechtlichen Vorschriften verfügungsberechtigt ist. Bei der Zuweisung oder dem Angebote soll der Mieter auf die Zulässigkeit von Einwendungen, auf die Form und Frist ihrer Geltendmachung sowie auf die Folgen des Fristablaufs hingewiesen werden. Hat der Mieter gegenüber der Gemeindebehörde auf die Zuweisung eines Ersatzraums verzichtet, so genügt eine Bescheinigung der Gemeindebehörde über den Verzicht. Ist die Vollstreckung nach § 4 von der Hinterlegung eines Geldbetrags abhängig gemacht, so muß in gleicher Weise nachgewiesen sein, daß die Hinterlegung erfolgt und daß dem Mieter eine beglaubigte Abschrift der Hinterlegungserklärung zugestellt ist.

II Die Anordnung des Vorsitzenden ist in der Vollstreckungsklausel zu erwähnen.

III Die Vollstreckung darf erst beginnen, wenn die vollstreckbare Ausfertigung mindestens sieben Tage vorher zugestellt ist. Auf Antrag des Mieters kann der Vorsitzende eine längere Frist bestimmen.

IV Die vorstehenden Vorschriften finden keine Anwendung, wenn die Beschränkung der Zwangsvollstreckung nach § 6 Abs. 5 aufgehoben ist.

§ 17.

Der Vermieter, der mit der Aufhebungsklage abgewiesen ist, kann das Recht, die Aufhebung zu verlangen, nicht mehr auf Tatsachen gründen, die er in einem früheren Rechtsstreit geltend gemacht hat oder geltend machen konnte. Tatsachen, auf die aus diesem Grunde oder wegen § 2 Abs. 3 eine Aufhebungsklage nicht mehr begründet werden kann, dürfen zur Unterstützung einer auf andere Tatsachen gegründeten Aufhebungsklage geltend gemacht werden.

§ 18.

Im Wege der einstweiligen Verfügung darf die Herausgabe eines Mietraums nicht angeordnet werden.

c) Besondere Mietverhältnisse. Sonstige Vorschriften.

§ 19.

I Das beim Tode des Mieters dem Vermieter wie dem Erben nach § 569 des Bürgerlichen Gesetzbuches zustehende Kündigungsrecht wird durch dieses Gesetz nicht berührt; entgegenstehende Bestimmungen des Mietvertrags kommen nicht in Betracht. Der Vermieter kann jedoch nicht kündigen, wenn der Erbe der Ehegatte des Mieters oder ein volljähriger Verwandter bis zum zweiten Grade ist und beim Tode des Mieters zu dessen Hausstand gehört hat.

II Kündigt der Vermieter oder der Erbe nach der im Abs. 1 bezeichneten Vorschrift, so treten Familienangehörige des Mieters, bei denen die im Abs. 1 Satz 2 bezeichneten Voraussetzungen vorliegen, in die Rechte und Pflichten des Mieters ein. Gibt ein Angehöriger unverzüglich, nachdem er von der Kündigung Kenntnis erlangt hat, dem Vermieter gegenüber die Erklärung ab, daß er das Mietverhältnis nicht fortsetzen wolle, so gilt hinsichtlich dieses Angehörigen der Eintritt als nicht erfolgt.

III Ist der Erbe nicht ein Familienangehöriger des Mieters, so kann er von Familienangehörigen, die beim Tode des Mieters zu dessen Hausstand gehört haben, die Herausgabe des Mietraums nur nach den für die Aufhebung eines Mietverhältnisses geltenden Vorschriften verlangen. Die für die weitere Überlassung des Raumes zu entrichtende Vergütung wird auf Antrag eines Vertragsteils von dem Mieteinigungsamte festgesetzt.

IV Auf Mietverhältnisse, die sich lediglich auf Geschäftsräume beziehen, finden die Vorschriften des Abs. 1 Satz 2 sowie der Abs. 2, 3 keine Anwendung. Abs. 1 Satz 1 gilt mit der Maßgabe, daß der Vermieter nicht kündigen kann, wenn der Erbe das Geschäft fortführt.

§ 20.

I Ist der Raum nur mit Rücksicht auf ein zwischen den Vertragsteilen bestehendes Dienst- oder Arbeitsverhältnis vermietet, so gelten die §§ 1 bis 19 auch über die Dauer des Dienst- oder Arbeitsverhältnisses hinaus. Dies gilt nicht, wenn der Mieter durch sein Verhalten dem Vermieter gesetzlich begründeten Anlaß zur Auflösung des Dienst- oder Arbeitsverhältnisses gegeben hatte oder wenn der Mieter das Verhältnis aufgelöst hat, ohne daß ihm vom Vermieter ein solcher Anlaß gegeben war. Ist streitig, ob ein begründeter Anlaß zur Auflösung des Dienst- oder Arbeitsverhältnisses vorlag, und ist für die Entscheidung die Zuständigkeit einer anderen Stelle begründet, so ist die Verhandlung bis zur endgültigen Erledigung des Streites auszusetzen. Die Entscheidung der anderen Stelle ist für das Gericht bindend, das über den Mietstreit entscheidet.

II Gewerkschaftliche Betätigung, insbesondere eine Beteiligung an Bestrebungen zur Erhaltung oder Verbesserung von Lohn- oder Arbeitsbedingungen, rechtfertigen die Aufhebung des Mietverhältnisses nicht.

§ 21.

Ist ein Raum nur mit Rücksicht auf ein zwischen den Vertragsteilen bestehendes Dienst- oder Arbeitsverhältnis überlassen und stellt die Überlassung einen Teil der für die Leistung der Dienste zu gewährenden Vergütung dar, so finden die Vorschriften des § 20 nach der Auflösung des Dienst- oder Arbeitsverhältnisses entsprechende Anwendung. Der für die weitere Überlassung des Raumes zu entrichtende Mietzins wird auf Antrag eines Vertragsteils von dem Mieteinigungsamte festgesetzt.

§ 22.

Gelten in den Fällen der §§ 20, 21 die §§ 1 bis 19 auch nach der Beendigung des Dienst- oder Arbeitsverhältnisses, so genügt es an Stelle des im § 4 bezeichneten Aufhebungsgrundes, daß der Vermieter den Mietraum aus besonderen Gründen dringend braucht; dies ist namentlich der Fall, wenn der Vermieter den Mietraum für einen Nachfolger des Mieters in dem Dienst- oder Arbeitsverhältnis oder[1] im Betriebsinteresse für einen anderen Angehörigen des Betriebs braucht, insbesondere bei Einstellung neuer Arbeitskräfte oder um einen Arbeitnehmer in der Nähe seiner Arbeitsstelle unterzubringen. Der Vermieter wie der Mieter kann verlangen, daß die Zwangsvollstreckung statt von der im § 6 bezeichneten Sicherung eines Ersatzraums davon abhängig gemacht wird, daß der Vermieter an den Mieter einen angemessenen Geldbetrag für den Umzug und die Unterkunftsbeschaffung zahlt; § 6 Abs. 3, § 14, § 16 gelten entsprechend.

1. Neu eingefügt durch das Abänderungsgesetz. Eine materielle Änderung der bisherigen Rechtslage ist nicht eingetreten. Beim Vorhandensein der hier aufgezählten Fälle gilt der Bedarf des Vermieters ohne weiteres als dringend, während der Vermieter in anderen Fällen die Dringlichkeit des Bedarfs nachzuweisen hat.

§ 23.

Sind die Räume in Gebäuden, die von dem Inhaber eines Betriebs zur Unterbringung von Angehörigen des Betriebs errichtet oder vor dem 1. Juli 1918 zu Eigentum erworben oder gemietet sind, an einen Betriebsfremden überlassen, so kann der Vermieter die Aufhebung des Mietverhältnisses verlangen, wenn er den Raum für einen Angehörigen des Betriebs dringend braucht. § 22 findet mit der Maßgabe entsprechende Anwendung, daß der Geldbetrag nur zuzuerkennen ist, wenn die Versagung eine unbillige Härte darstellen würde.

§ 23a.[1]

Ist in Gebäuden, die von dem Inhaber eines Betriebs zur Unterbringung von Angehörigen des Betriebs errichtet und vor dem 1. Juli 1918 erworben oder gemietet sind, ein Raum nur mit Rücksicht auf ein zwischen den Vertragsteilen bestehendes Dienst- oder Arbeitsverhältnis vermietet, oder hat ihn ein Betriebsfremder mietweise inne, so kann der Vermieter auf Aufhebung des Mietverhältnisses klagen, wenn der Raum im Verhältnis zu der Zahl der Bewohner übermäßig groß ist; als Bewohner kommen nur der Mieter und seine Familienangehörigen in Betracht. Der Anspruch besteht nur, wenn der Vermieter mit dem Betriebsrat, dem Betriebsobmann oder einem im Betriebe für Wohnungssachen gebildeten Ausschuß über die Angelegenheit verhandelt hat. § 6 Abs. 1 Satz 1 findet mit der Maßgabe Anwendung, daß der Ersatzraum auch in einer anderen[2] Gemeinde liegen kann, es sei denn, daß die Verlegung des Wohnsitzes zu schweren wirtschaftlichen Nachteilen für den Mieter führen würde.

1. Neu eingefügt durch das Abänderungsgesetz. Die Vorschrift bezweckt die Ermöglichung eines Ausgleichs, wenn innerhalb eines größeren Betriebs Werkwohnungen nur ungenügend ausgenützt, andere überfüllt sind.

Der Aufhebungsanspruch ist rechtlich an die Tatsache der Verhandlung über die Räumungsangelegenheit im Sinne des Satzes 2 gebunden, wobei unter Verhandlung jedes Insbenehmensetzen zu verstehen sein wird, ohne Rücksicht darauf, ob die Gegenpartei darauf eingeht, die Erörterung förmlich ablehnt oder keine Stellung nimmt. Auf den Erfolg der Verhandlung kommt es nicht an, vgl. Günther, MietG. 1928, 41.

Wegen der Tatbestandsmerkmale im einzelnen vgl. die Erl. zu § 23.

2. Die Zuweisung eines in einer anderen Gemeinde gelegenen Ersatzraums war bisher auch im Falle des § 6 nicht unzulässig, KG. 17 Y 32/24, JW. 1924, 2009 und Y 74/26, JW. 1927, 1937 (EA. 337 und 497). Durch § 23a Satz 3 wird an dieser Rechtslage im allgemeinen nichts geändert; denn die Entscheidung darüber, ob ein solcher Ersatzraum dem Mieter zugemutet werden kann, steht hier wie sonst (§ 16) im pflichtgemäßen Ermessen des MEA. (Hertel, MietG. 1928, 127 gegen Günther, MietG. 1928, 40). Der Ersatzraum muß zugebilligt werden, es sei denn, daß die Versagung keine unbillige Härte für den Mieter darstellt (§ 6 Abs. 1 Satz 1); nur wenn der Ersatzraum in einer anderen Gemeinde liegt, ist nach Satz 3 das wirtschaftliche Interesse des Mieters — nicht auch seiner Familienangehörigen (vgl. Satz 1), Vidal-Hadamczik S. 71 — zu beachten.

§ 24.

I Die Vorschriften der §§ 1 bis 19 finden auf ein Untermietverhältnis nur Anwendung, wenn es sich ausschließlich auf Wohnraum bezieht, in dem der Untermieter eine eigene Wirtschaft oder Haushaltung führt.

II Einem Untermietverhältnis steht es gleich, wenn ein Hauseigentümer oder jemand, der einen Raum auf Grund eines Erbbaurechts, Nießbrauchs oder eines ähnlichen Rechtsverhältnisses innehat, einen Teil des von ihm selbst im Hause benutzten Raumes vermietet.

§ 25.

Ist ein Raum für besondere Zwecke zu vorübergehendem Gebrauch vermietet oder untervermietet, so finden unbeschadet des § 27, die §§ 1 bis 19 keine Anwendung.

§ 26.

Das dem Vermieter nach § 19 der Konkursordnung zustehende Kündigungsrecht wird durch dieses Gesetz nicht berührt.

§ 27.

I Die für die Aufhebungsklage geltenden Vorschriften über die Zuziehung von Beisitzern finden auch in einem Rechtsstreit Anwendung, der die Herausgabe eines Mietraums zum Gegenstande hat, ohne daß eine Aufhebung des Mietverhältnisses im Sinne dieses Gesetzes verlangt wird. Im übrigen bestimmt sich das Verfahren nach den §§ 7 bis 12, § 13 Abs. 2, Abs. 3 Satz 2, §§ 14, 15, 18. Dem Mieter kann auf seinen Antrag eine den Umständen nach angemessene Frist zur Räumung auch dann gewährt werden, wenn das Urteil die Herausgabe von Räumen zum Gegenstande hat, die nicht Wohnräume sind; die Vorschriften des § 721 der Zivilprozeßordnung in Verbindung mit § 6 Abs. 3 Satz 2, 3 gelten entsprechend.

II Die Vorschriften des Abs. 1 gelten auch, soweit der Vermieter oder der Erbe des Mieters von dessen Familienangehörigen die Herausgabe eines Raumes verlangen kann (§ 19). Das gleiche gilt für Räume, die nur mit Rücksicht auf ein bestehendes Dienst- oder Arbeitsverhältnis vermietet oder überlassen sind.

III Die Vorschriften des § 6 Abs. 4, 5 und des § 16 gelten auch, wenn in einem gerichtlichen Vergleiche die Aufhebung eines Mietverhältnisses oder in den Fällen der Abs. 1, 2 die Herausgabe eines Raumes mit der Bestimmung vereinbart ist, daß die Zwangsvollstreckung aus dem Vergleiche von der Sicherung eines Ersatzraums für den Mieter abhängig sein soll. Enthält der Vergleich eine solche Bestimmung nicht, so gilt sie, falls die Klage lediglich auf § 4 Abs. 1 gestützt war, als dahin vereinbart, daß ein ausreichender Ersatzwohnraum gesichert sein soll.

§ 28.[1]

Auf eine Verpflichtung des Mieters, eine ihm nach § 538 Abs. 2 des Bürgerlichen Gesetzbuches gegenüber dem Vermieter zustehende Ersatzforderung nicht gegen eine Mietzinsforderung aufzurechnen, kann sich der Vermieter nicht berufen. Hat jedoch der Mieter die gesetzliche Miete zu zahlen, so kann er eine solche Forderung nur aufrechnen, soweit die im § 6 Abs. 2 des Reichsmietengesetzes bezeichnete Stelle vor der Vornahme der Arbeit die Vornahme einer laufenden Instandsetzungsarbeit (§ 5 jenes Gesetzes) für erforderlich erklärt hat.

1. Zur Frage der Pfändbarkeit der gesetzlichen Miete — vgl. Kiefersauer, Grundstücksmiete I, 145 — ist zu vermerken, daß das KG. mit Beschluß vom 16. März 1928 8 W 2221/28, JW. 1928, 2562 = MietG. 1928, 71 seinen bisherigen Standpunkt aufgegeben und den Mietzins trotz der Zweckgebundenheit der gesetzlichen Miete in vollem Umfang für pfändbar erklärt hat; die Begründung des Wechsels der Rechtsauffassung mit der Verände-

rung der wirtschaftlichen Verhältnisse ist allerdings nicht völlig ausreichend. Vgl. auch KG. 16 U 10. Dez. 1927, MietG. 1928, 70.

§ 29.

[I] Die Erlaubnis des Vermieters, den Gebrauch des Wohnraums einem Dritten zu überlassen, insbesondere ihn unterzuvermieten (§ 549 Abs. 1 des Bürgerlichen Gesetzbuchs), wird durch die Erlaubnis des Mieteinigungsamts ersetzt. Das Mieteinigungsamt soll die Erlaubnis versagen, wenn der Vermieter sie aus einem wichtigen Grunde verweigert hat.

[II] Auf die Untervermietung von Räumen, in denen eine eigene Wirtschaft oder Haushaltung nicht geführt werden soll, finden die Vorschriften des Abs. 1 keine Anwendung.

§ 30.

[I] Ist in Fällen, in denen die gesetzliche Miete zu zahlen ist, der Mietzins nach einem längeren Zeitabschnitt als einem Vierteljahr bemessen, so kann der Vermieter verlangen, daß der Mieter den Mietzins in vierteljährigen Zeitabschnitten entrichtet.

[II] Die oberste Landesbehörde kann anordnen, daß in Fällen, in denen die gesetzliche Miete gilt, der Vermieter wie der Mieter berechtigt ist, zu verlangen, daß der Mietzins wöchentlich oder monatlich gezahlt wird.

§ 31.

[I] Bestehen in einer Gemeinde Anordnungen, nach denen der Abschluß von Mietverträgen über Gebäude oder Gebäudeteile anzuzeigen oder zur Genehmigung mitzuteilen ist, so können aus einem dieser Anordnung zuwider nicht angezeigten oder nicht genehmigten Mietvertrage Rechte weder einem Vertragsteil noch einem Dritten noch einer Behörde gegenüber geltend gemacht werden; insbesondere finden die Vorschriften über die Aufhebung des Mietverhältnisses sowie die Vorschriften des § 27 keine Anwendung.

[II] Ist die Anzeige erstattet oder die Genehmigung erteilt, so kann der Mieter die Herausgabe des Mietraums von demjenigen verlangen, der den Raum ohne Abschluß eines Vertrags oder auf Grund eines nicht angezeigten oder nicht genehmigten Mietvertrags innehat.

§ 32.

I Hat jemand mietweise oder auf Grund eines sonstigen Rechtsverhältnisses ein Gebäude oder den Teil eines Gebäudes inne, das im Eigentum oder in der Verwaltung des Reichs oder eines Landes steht und entweder öffentlichen Zwecken oder zur Unterbringung von Angehörigen der Verwaltung des Reichs oder des Landes zu dienen bestimmt ist oder bestimmt wird, so finden, vorbehaltlich des Abs. 2, die §§ 1 bis 31 keine Anwendung.

II Die Zwangsvollstreckung aus einem Urteil, welches die Herausgabe eines vermieteten oder überlassenen Raumes zum Gegenstande hat, ist durch Ausspruch in der Urteilsformel davon abhängig zu machen, daß ein ausreichender Ersatzraum gesichert ist; an Stelle der Zubilligung des Ersatzraums kann auf Antrag des Reichs oder Landes die Gewährung eines angemessenen Geldbetrags treten. Über Einwendungen gegen den Ersatzraum entscheidet die Behörde, welche der über den Raum verfügungsberechtigten Behörde vorgesetzt ist. Im übrigen gelten die Vorschriften des § 6 Abs. 3 bis 5, des § 16 mit Ausnahme von Abs. 1 Satz 6 und des § 27 Abs. 3 Satz 1 mit der Maßgabe entsprechend, daß die im § 16 Abs. 1 Satz 2 bezeichnete Bescheinigung von der über den Raum verfügungsberechtigten Behörde ausgestellt wird und daß Einwendungen gegen den Ersatzraum bei dieser oder der ihr vorgesetzten Behörde zu erheben sind. Der Mieter oder derjenige, dem der Gebrauch überlassen ist, kann vom Reiche oder vom Lande den Ersatz der erforderlichen Umzugskosten verlangen, es sei denn, daß ihm bereits nach den Dienstvorschriften angemessene Umzugskosten zustehen. Über die Ersatzpflicht ist auf Antrag des Berechtigten in der Urteilsformel Bestimmung zu treffen.

III Abs. 2 gilt nicht, wenn Tatsachen vorliegen, welche die Aufhebung des Mietverhältnisses nach den §§ 2, 3 rechtfertigen würden oder wenn der Raum für besondere Zwecke zu vorübergehendem Gebrauch überlassen ist.

IV Die Vorschriften der Abs. 1 bis 3 sowie des § 23 finden auf Gemeinden, Körperschaften des öffentlichen Rechtes, gemeinnützige Anstalten und Stiftungen sowie auf gemeinnützige, nicht auf Erwerb gerichtete Organisationen, soweit sie die Räume für eigene Zwecke dringend benötigen, entsprechende Anwendung.

§ 33.

I Die Vorschriften der §§ 1 bis 31 finden ferner keine Anwendung auf Neubauten oder durch Um- oder Einbauten neu geschaffene Räume,[1] wenn sie nach dem 1. Juli 1918 bezugsfertig geworden sind oder künftig bezugsfertig werden. Das gleiche gilt für Räume solcher Gesellschaften und Genossenschaften, deren Zweck ausschließlich darauf gerichtet ist, minderbemittelten Familien oder Personen gesunde und zweckmäßig eingerichtete Wohnungen in eigens erbauten oder angekauften Häusern zu billigen Preisen zu verschaffen und bei denen die unter Ziffer 1 des Abschnitts „Befreiungen" der Nr. 1 des Tarifs zum Reichsstempelgesetze vom 3. Juli 1913 (Reichsgesetzbl. S. 639) in der Fassung des Gesetzes zur Änderung des Reichsstempelgesetzes vom 26. Juli 1918 (Reichsgesetzbl. S. 799) aufgeführten Voraussetzungen vorliegen; das Vorliegen dieser Erfordernisse wird durch eine Bescheinigung der obersten Landesbehörde nachgewiesen.[2]

II Auf Neubauten, die mit Zuschüssen aus den für die Wiederherstellung der während des Krieges zerstörten Gebiete bereitgestellten Mitteln errichtet sind, finden die Vorschriften dieses Gesetzes Anwendung.

III Die oberste Landesbehörde kann anordnen, daß die Vorschriften der §§ 1 bis 31 auf Neubauten oder durch Um- oder Einbauten neu geschaffene Räume Anwendung finden, die nach dem 1. Juli 1918 bezugsfertig geworden sind oder künftig bezugsfertig werden und für die Zuschüsse aus öffentlichen Mitteln gegeben sind. Als Zuschüsse[3] gelten Darlehen, die auf Grund der Dritten Steuernotverordnung und der Vorschriften über den Geldentwertungsausgleich bei bebauten Grundstücken gegeben sind. Im übrigen bestimmt die oberste Landesbehörde, welche Zuwendungen aus öffentlichen Mitteln als Zuschüsse anzusehen sind.

IV Für die Erledigung eines Rechtsstreits, der vor dem Inkrafttreten einer Anordnung nach Abs. 3 anhängig geworden ist, gilt § 51 Abs. 1. Die Zwangsvollstreckung aus einem vor dem Inkrafttreten der Anordnung erlassenen Urteil erfolgt nach den vor dem Inkrafttreten des Gesetzes vom 1. Juni 1923 (Reichsgesetzbl. I S. 353) in Geltung gewesenen Vorschriften; Anordnungen, nach denen die Vollstreckung von der Genehmigung des Mieteinigungsamts abhängig war, finden Anwendung.

1. Zur Frage des Begriffes der neugeschaffenen Räume — vgl. Kiefersauer, Grundstücksmiete I 159 — hat RG. III 5. 6. 28 443/27 JR. 1928 Nr. 1887 und 12. 6. 28 410/27, RG. 121, 212, JW. 1928, 2523 unter Einschränkung der in RG. 115, 221 vertretenen Auffassung ausgeführt, daß solche Räume nicht erst dann als vorliegend anzunehmen sind, wenn sie durch den Um- oder Einbau erst einem Wohn- oder Geschäftszweck dienstbar gemacht werden, sondern auch dann, wenn unter Beibehaltung des Wohn- oder Geschäftszwecks, dem die Räume bereits bisher gedient haben, durch den Um- und Einbau eine ganz andere Verwendbarkeit innerhalb des Zweckes geschaffen wird. Diese Auffassung war bereits in RG. III 612/25 vom 23. 4. 26 Warn. Resp. 1926 Nr. 108 vertreten; vgl. auch RG. III 236/27 v. 14. 2. 28 DWohnA. 1928, 328, JW. 1928, 2525: Umbau von Wohnräumen in Bankgeschäftsräume genügt der Bestimmung.

2. Der zweite Halbsatz ist neu eingefügt durch das Abänderungsgesetz. Nunmehr entscheidet in allen Fällen die oberste Landesbehörde; ihre Bescheinigung ist für das Gericht bindend. Ohne Bescheinigung ist der Nachweis als nicht erbracht anzusehen, das Gericht ist nicht befugt, die Voraussetzungen selbst zu prüfen.

3. Die Erl. des Begriffes „Zuschüsse" in Satz 2 beseitigt die bisherige Streitfrage im Sinne unserer Auffassung (Kiefersauer, Grundstücksmiete I S. 163 und Meyerowitz, EA. 573). Wegen der weiteren Begriffsbestimmung der bayer. obersten Landesbehörde vgl. § 28 Abs. III u. IV der VO. vom 5. Aug. 1927 (GVBl. S. 273).

§ 33 a.

I Wird durch Teilung einer unbenutzten Wohnung von fünf oder mehr Wohnräumen eine neue räumlich und wirtschaftlich selbständige Wohnung gewonnen, so findet auf die neue Wohnung der erste Abschnitt dieses Gesetzes keine Anwendung. Das gleiche gilt, wenn im Einverständnis mit dem Mieter durch Teilung einer benutzten Wohnung der gleichen Größe eine neue räumlich und wirtschaftlich selbständige Wohnung hergestellt wird. Als neue Wohnung gilt der Teil der bisherigen Wohnung, in dem eine Küche nicht vorhanden war.

II Die Gemeindebehörde hat von der Anordnung oder Durchführung einer Beschlagnahme abzusehen, wenn der Verfügungsberechtigte sich verpflichtet, innerhalb einer von der Gemeindebehörde zu bestimmenden Frist von mindestens vier Wochen die Teilung einer Wohnung der im Abs. 1 bezeichneten Art vorzunehmen und innerhalb der Frist die Arbeiten ausführt.

III Eine Beschlagnahme der neuen Wohnung ist nicht zulässig. Der Mietvertrag bedarf der Genehmigung der Gemeindebehörde. Die Genehmigung darf nur versagt werden, wenn der Mieter in der Gemeinde nicht als dringlich Wohnungsuchender eingetragen ist; eine Versagung aus anderen Gründen ist nicht zulässig.

IV Abs. 3 gilt auch, wenn die neue Wohnung durch Beendigung des Mietvertrags wieder frei wird.

§ 33 b.

Wird aus unbenutzten gewerblichen Räumen oder im Einverständnis mit dem Mieter aus benutzten gewerblichen Räumen durch Ausbau eine räumlich und wirtschaftlich selbständige Wohnung gewonnen, so finden die Vorschriften des § 33 a entsprechende Anwendung. Dies gilt nicht, wenn die Räume bis zum 1. Oktober 1918 zu Wohnzwecken bestimmt oder benutzt waren.

§ 34.

Die oberste Landesbehörde kann mit Zustimmung des Reichsarbeitsministers für bestimmte Gemeinden, insbesondere Grenzgemeinden, anordnen, daß die §§ 1 bis 31 oder ein Teil dieser Vorschriften keine Anwendung finden, wenn der Mieter im Ausland eine seine Arbeitskraft ganz oder überwiegend in Anspruch nehmende Beschäftigung ausübt, ohne zu einem deutschen Arbeitgeber in einem Dienst- oder Arbeitsverhältnis zu stehen. Die Anordnung kann auf einzelne Gruppen von Mietern beschränkt werden.

§ 35.

I Hatte der Mieter am 1. Januar 1914 seinen Wohnsitz nicht im Inland, so genügt es an Stelle des im § 4 bezeichneten Aufhebungsgrundes, daß der Vermieter ein begründetes Interesse an der Erlangung des Mietraums hat; die Vorschriften über den Ersatz von Umzugskosten und die Sicherung eines Ersatzraums finden keine Anwendung.

II Abs. 1 gilt nicht, wenn die dort bezeichneten Voraussetzungen auch auf seiten des Vermieters vorliegen oder wenn der Mieter zu den im § 9c der Bekanntmachung über Maßnahmen gegen Wohnungsmangel vom 23. September 1918 (Reichsgesetzbl. S. 1143) in der Fassung des Gesetzes über Maßnahmen gegen Wohnungsmangel vom 11. Mai 1920 (Reichsgesetzbl. S. 949) bezeichneten Personen gehört.

§ 36.

I Ist die Zwangsvollstreckung aus einem Urteil nach § 6 von der Sicherung eines Ersatzraums abhängig, so hat die Gemeindebehörde dem zur Herausgabe Verpflichteten einen entsprechenden Ersatzraum beschleunigt zuzuweisen, es sei denn, daß der Verpflichtete gegenüber der Gemeindebehörde auf die Zuweisung eines Ersatzraums verzichtet hat. Dies gilt auch im Falle eines gerichtlichen Vergleichs, wenn das Gericht die beschleunigte Zuweisung eines Ersatzraums angeordnet hat; eine Anfechtung der Entscheidung findet nicht statt. Die Gemeindebehörde hat den bisherigen Vermieter von dem Zeitpunkt der Zuweisung zu benachrichtigen.

II Ein Ersatzraum ist auch beschleunigt zuzuweisen, wenn der Mieter in den Fällen der §§ 22, 23, 32 den Mietraum gegen Zahlung eines Geldbetrags hat herausgeben müssen oder wenn in den Fällen des § 32 die Zwangsvollstreckung von der Sicherung eines Ersatzraums abhängig ist.

III Wer gemäß den Vorschriften dieses Gesetzes zur Herausgabe eines Raumes verpflichtet ist, darf von der Gemeindebehörde nicht in den gleichen Raum wieder eingewiesen werden.

2. Abschnitt.

Mieteinigungsämter.

§ 37.

I Die in diesem Gesetze, dem Reichsmietengesetz und dem Wohnungsmangelgesetze den Mieteinigungsämtern übertragenen Aufgaben sind durch Mieteinigungsämter wahrzunehmen, die dem § 38 entsprechen.

II Die oberste Landesbehörde kann Gemeinden, Gemeindeverbände und weitere Kommunalverbände zur Errichtung von Mieteinigungsämtern anhalten. Sie kann die Aufgaben einer anderen Stelle übertragen, wenn deren Zusammensetzung dem § 38 entspricht, insbesondere auch einem mit Beisitzern besetzten Gerichte; soweit die Übertragung an ein Gericht erfolgt, kann auch bestimmt werden, daß dic Feststellung der Sicherung eines Ersatzraums (§§ 6, 16) schon im Verfahren über die Aufhebung des Mietverhältnisses getroffen werden kann. Für das Verfahren bleiben die für das Mieteinigungsamt geltenden Vorschriften maßgebend.

§ 38.

I Das Mieteinigungsamt besteht aus einem Vorsitzenden und mehreren Beisitzern. Für jedes Mitglied ist mindestens ein Stellvertreter zu bestellen.

II Der Vorsitzende muß zum Richteramte befähigt sein oder die Prüfung zum höheren Verwaltungsdienst abgelegt haben. Während seiner Amtszeit, die mindestens ein Jahr betragen soll, darf er gegen seinen Willen nur nach den für die Entlassung eines nicht richterlichen Beamten geltenden Vorschriften aus dem Amte entfernt werden, es sei denn, daß er vorher aus der Gemeindeverwaltung ausscheidet.

III Auf die Beisitzer finden die Vorschriften des § 7 Abs. 2 bis 6 entsprechende Anwendung. Die Vorschriften des § 7 Abs. 3 Satz 1, 4 bis 6, Abs. 4 bis 6 gelten entsprechend auch für den Vorsitzenden.

IV In bezug auf die Beratung und Abstimmung sowie die Ausschließung und Ablehnung des Vorsitzenden und der Beisitzer gilt § 8 Abs. 3 mit der Maßgabe, daß an Stelle des Landgerichts die Beschwerdestelle (§ 42) tritt.

V Das Nähere über die Besetzung des Mieteinigungsamts regelt die oberste Landesbehörde.

§ 39.

I Das Mieteinigungsamt entscheidet in der Besetzung von einem Vorsitzenden und mindestens zwei Beisitzern. Die Beisitzer müssen zur Hälfte Vermieter, zur Hälfte Mieter sein; ihre Zahl bestimmt die oberste Landesbehörde.

II Die oberste Landesbehörde kann zulassen, daß der Vorsitzende oder die Beisitzer (Abs. 1 Satz 2) oder, wenn die Aufgaben des Mieteinigungsamts einem Gericht übertragen sind, der Urkundsbeamte der Geschäftsstelle Vorverhandlungen abhalten, insbesondere einen Augenschein einnehmen, und daß, falls nicht ein Vergleich zustande kommt, der Vorsitzende eine Entscheidung trifft, wenn sie sofort erfolgen kann und die Beteiligten es beantragen.

III Gegen die Entscheidungen des Vorsitzenden kann innerhalb der Notfrist von einer Woche das Mieteinigungsamt angerufen werden.

§ 40.

I Die Beteiligten sind zu einem Termine, der nicht in ihrer Anwesenheit anberaumt ist, schriftlich zu laden; § 10 gilt entsprechend. Die Ladungsfrist beträgt drei Tage;

eine Abkürzung der Frist ist zulässig. Das Mieteinigungsamt muß in der Lage sein, festzustellen, daß die Ladungsschrift den Beteiligten rechtzeitig zugegangen ist.

II Sind die Beteiligten ordnungsgemäß geladen und ist die Sache zu einer Entscheidung reif, so kann das Mieteinigungsamt auch in Abwesenheit eines Beteiligten entscheiden. Wird die Verhandlung vertagt, so hat der säumige Teil die den anderen Beteiligten durch das Ausbleiben verursachten notwendigen Kosten zu ersetzen. Erscheint der Säumige auch in dem zweiten Termine nicht, so darf eine weitere Vertagung nur mit Zustimmung der anderen Beteiligten stattfinden.

III Die Entscheidung (§ 39) erfolgt im Rahmen der im § 37 bezeichneten Vorschriften und der dazu erlassenen Anordnungen nach billigem Ermessen. Sie darf nur erlassen werden, wenn den Beteiligten Gelegenheit gegeben worden ist, sich zur Sache und über das Ergebnis einer Beweisaufnahme zu äußern und der Erhebung der Beweise beizuwohnen.

IV Die Entscheidung ist schriftlich zu begründen. Sind die Beteiligten im Termin anwesend, so kann die Begründung mündlich erfolgen; jeder Beteiligte kann jedoch innerhalb der Notfrist (§ 39 Abs. 3, § 41 Abs. 1) die schriftliche Mitteilung der Gründe beantragen. Die Beteiligten sind auf die zulässigen Rechtsbehelfe hinzuweisen; § 14 Abs. 4 gilt entsprechend.

V Vor der Entscheidung kann eine einstweilige Anordnung erlassen werden.

IV Die §§ 319, 321 der Zivilprozeßordnung gelten entsprechend. Ist die Entscheidung vom Vorsitzenden erlassen, so erfolgt die Berichtigung oder die Ergänzung durch das Mieteinigungsamt.

§ 41.

I Gegen die Entscheidung des Mieteinigungsamts findet innerhalb der Notfrist von zwei Wochen die Rechtsbeschwerde statt. § 16 Abs. 1 Satz 2 bleibt unberührt.

II Die Rechtsbeschwerde kann nur darauf gestützt werden, daß die Entscheidung auf einer Verletzung des Gesetzes beruhe. Dies ist stets anzunehmen, wenn § 40 Abs. 3 Satz 2 nicht beachtet ist; das gleiche gilt, wenn die Voraussetzungen vorliegen, unter denen nach § 551 Nr. 1 bis 5 der Zivilprozeßordnung eine gerichtliche Entscheidung als auf einer Verletzung des Gesetzes beruhend anzusehen ist. Ebenso liegt eine Gesetzesverletzung vor, wenn § 7 des Wohnungsmangelgesetzes unbeachtet geblieben ist; die endgültige Entscheidung hierüber hat bei Gebäuden, die zur Verfügung des Reiches stehen, die Reichsregierung, im übrigen die Landesregierung. Die §§ 550, 563 der Zivilprozeßordnung finden Anwendung. Die Entscheidung über die Kosten (§ 46) kann nur zugleich mit der Entscheidung in der Hauptsache angefochten werden.

III Die Beschwerdestelle ist befugt, in Fällen, in denen es ihr notwendig erscheint, von Amts wegen die Nachprüfung oder Vornahme einzelner tatsächlicher Feststellungen anzuordnen.

IV Der Gegner des Beschwerdeführers kann sich der Rechtsbeschwerde anschließen. Die §§ 521 Abs. 1, 522 der Zivilprozeßordnung gelten entsprechend.

§ 42.

I Erachtet das Mieteinigungsamt die Rechtsbeschwerde für begründet, so hat es ihr abzuhelfen; andernfalls ist die Beschwerde der Beschwerdestelle vorzulegen.

II Die Beschwerdestelle entscheidet in einer Besetzung von mindestens drei Mitgliedern; der Vorsitzende und mindestens ein Beisitzer müssen zum Richteramte befähigt sein oder die Prüfung zum höheren Verwaltungsdienst abgelegt haben. Werden Hausbesitzer und Mieter bestellt, so dürfen sie nur in gleicher Zahl herangezogen werden. Die Mitglieder der Beschwerdestelle dürfen nicht Mitglieder eines Mieteinigungsamts sein; § 7 Abs. 5 gilt entsprechend.

III Das Nähere über die Besetzung der Beschwerdestelle bestimmt die oberste Landesbehörde. Sie kann die Aufgaben der Beschwerdestelle einer Verwaltungsbehörde, dem Landgericht oder einem höheren Gericht übertragen.

§ 43.

I Die Beschwerdestelle kann in der Sache selbst entscheiden oder sie zur nochmaligen Verhandlung und Entscheidung an das Mieteinigungsamt zurückverweisen. Die Zurückverweisung kann an eine andere Abteilung des Mieteinigungsamts erfolgen. Das Mieteinigungsamt, an das die Sache zurückverwiesen wird, hat die rechtliche Beurteilung, die der Aufhebung der Entscheidung zugrunde liegt, auch seiner Entscheidung zugrunde zu legen.

II Eine Entscheidung, die der Beschwerde unterliegt, wird erst endgültig, wenn die Beschwerdefrist abgelaufen ist, ohne daß eine Beschwerde eingelegt worden ist, oder wenn die Beschwerde nach Ablauf der Beschwerdefrist zurückgenommen oder von der Beschwerdestelle zurückgewiesen wird.

§ 44.

Wer mit einem Antrag endgültig abgewiesen ist, kann den gleichen Antrag nicht mehr auf Tatsachen gründen, die er in einem früheren Verfahren geltend gemacht hat oder geltend machen konnte. Tatsachen, auf die der Antrag nicht mehr gegründet werden kann, dürfen zur Unterstützung eines auf andere Tatsachen gegründeten Antrags geltend gemacht werden.

§ 45.

I Aus Vergleichen, die vor dem Mieteinigungsamte, dem Vorsitzenden des Mieteinigungsamts oder der Beschwerdestelle zwischen dem Vermieter, dem Mieter oder einem Dritten abgeschlossen sind, findet die gerichtliche Zwangsvollstreckung statt.

II Die oberste Landesbehörde kann bestimmen, daß auch aus Vergleichen, die in einem vor Beisitzern oder vor dem Urkundsbeamten der Geschäftsstelle stattfindenden Verfahren (§ 39 Abs. 2) abgeschlossen sind, die gerichtliche Zwangsvollstreckung stattfindet.

§ 46.

I Für das Verfahren vor dem Mieteinigungsamt und der Beschwerdestelle werden Gebühren erhoben. Die Höhe der Gebühren bestimmt die oberste Landesbehörde. Der Gesamtbetrag der Gebühren darf das Dreifache, im Verfahren vor der Beschwerdestelle das Fünffache der vollen Gebühr des § 8 des Gerichtskostengesetzes nicht übersteigen; der Berechnung darf kein höherer Wert zugrunde gelegt werden als der Jahresbetrag der gesetzlichen Miete (§ 1 des Reichsmietengesetzes).

II Neben den Gebühren kann die Erstattung der in dem Verfahren entstandenen baren Auslagen verlangt werden.

III Die Kosten (Abs. 1, 2) hat der unterliegende Teil zu tragen. Die §§ 92, 93, 97 der Zivilprozeßordnung gelten entsprechend. Kosten, die hiernach einer Gemeinde, einem Gemeindeverband oder einem weiteren Kommunalverbande zur Last fallen würden, bleiben außer Ansatz. Das Mieteinigungsamt kann die Kosten dem obsiegenden Teile auferlegen, soweit dies nach Lage der Sache, insbesondere nach den Vermögens- und Erwerbsverhältnissen der Beteiligten, der Billigkeit entspricht.

IV Von der Verpflichtung zur Kostentragung ist befreit, wer ohne Beeinträchtigung des für ihn und seine Familie notwendigen Unterhalts hierzu außerstande ist, es sei denn, daß die beabsichtigte Rechtsverfolgung oder Rechtsverteidigung mutwillig oder aussichtslos erscheint. Bessern sich die Verhältnisse des Kostenschuldners, so ist er zur Nachzahlung verpflichtet.

V Die Körperschaften des öffentlichen Rechtes sowie gemeinnützige Anstalten und Stiftungen genießen Gebühren- und Stempelfreiheit und sind von der Erstattung von Auslagen (Abs. 2) befreit.

§ 47.

Im übrigen wird das Verfahren vor dem Mieteinigungsamt und der Beschwerdestelle von der Reichsregierung mit Zustimmung des Reichsrats geregelt.

3. Abschnitt.

Schluß- und Übergangsvorschriften.

§ 48.

Die oberste Landesbehörde kann die ihr nach diesem Gesetze zustehenden Befugnisse einer anderen Behörde übertragen. Sie kann die Übertragung widerrufen und die Behörde zur Aufhebung einer auf Grund der Befugnis getroffenen Anordnung oder Maßnahme anhalten, auch eine solche Anordnung oder Maßnahme selbst aufheben.

§ 49.

I Auf die nach diesem Gesetze den Beteiligten zustehenden Rechte kann nicht verzichtet werden. Eine Vereinbarung, nach der einem Beteiligten bei Ausübung der Rechte besondere Nachteile erwachsen sollen, ist unwirksam.

II Die Vorschriften dieses Gesetzes finden auch auf Verträge Anwendung, die unter Umgehung oder zum Zwecke der Umgehung des Gesetzes abgeschlossen sind.

§ 49 a.

I Wer für die mietweise oder auf Grund eines sonstigen Rechtsverhältnisses erfolgende Überlassung von Räumen oder im Zusammenhang damit für sich oder einen anderen einen Mietzins oder eine sonstige Vergütung fordert, annimmt oder sich versprechen läßt, die unter Berücksichtigung der gesamten Verhältnisse als unangemessen anzusehen sind, wird wegen Wuchers mit Räumen mit Geldstrafe oder mit Gefängnis bestraft. Ist die Tat fahrlässig begangen, so ist auf Geldstrafe oder Gefängnis bis zu einem Jahre zu erkennen.

II Ebenso wird bestraft, wer für die Vermittlung eines Rechtsgeschäfts der im Abs. 1 Satz 1 bezeichneten Art eine Vergütung fordert, annimmt oder sich versprechen läßt, die unter Berücksichtigung der gesamten Verhältnisse als unangemessen anzusehen ist.

§ 49 b.

Die Vorschriften des § 49a finden auch auf die von Behörden sowie von der Deutschen Reichsbahn-Gesellschaft überlassenen Räume Anwendung.

§ 50.

—

§ 51.

I Ein vor dem Inkrafttreten des Gesetzes vom 1. Juni 1923 (Reichsgesetzbl. I S. 353) anhängig gewordener Rechtsstreit, der die Herausgabe eines vermieteten oder sonst zum Gebrauch überlassenen Raumes zum Gegenstande hat, ist nach den bis dahin in Geltung gewesenen Vorschriften zu erledigen. Die Zwangsvollstreckung kann von der Sicherung eines ausreichenden Ersatzraums abhängig gemacht werden, wenn dies zur Vermeidung unbilliger Härten erforderlich erscheint; § 6 Abs. 3 bis 5, § 12, § 13 Abs. 2, Abs. 3 Satz 2, § 14, § 16 mit Ausnahme von Abs. 1 Satz 6 und § 36 finden entsprechende Anwendung.

II Die Zwangsvollstreckung aus einem vor dem Inkrafttreten des Gesetzes vom 1. Juni 1923 erlassenen Urteil erfolgt nach den bis dahin in Geltung gewesenen Vorschriften. Anordnungen, nach denen die Vollstreckung von der Genehmigung des Mieteinigungsamts abhängig ist, bleiben insoweit unberührt.

III Die Vorschriften des Abs. 1 Satz 2 und des Abs. 2 Satz 2 gelten nicht für die in den §§ 32, 33 bezeichneten Gebäude und Gebäudeteile.

§ 52.

I Die oberste Landesbehörde kann mit Zustimmung des Reichsarbeitsministers anordnen, daß bestimmte Gemeinden oder Gemeindeteile oder bestimmte Arten von Mieträumen von den Vorschriften des ersten Abschnitts ausgenommen werden. Das Gericht kann jedoch auch in diesen Fällen die Zwangsvollstreckung aus Urteilen oder Vergleichen, welche die Herausgabe eines Mietraums zum

Gegenstande haben, von der Sicherung eines ausreichenden Ersatzraums abhängig machen, wenn dies zur Vermeidung unbilliger Härten erforderlich erscheint und die Zubilligung eines Ersatzraums nach den Vorschriften des ersten Abschnitts zulässig sein würde; § 6 Abs. 3 bis 5, § 9, § 10 Abs. 1,[1] § 12, § 13 Abs. 2, Abs. 3 Satz 2, § 14, § 16 mit Ausnahme von Abs. 1 Satz 6, §§ 18, 36 gelten entsprechend. Auch von den Vorschriften des zweiten Satzes sind Ausnahmen im Wege einer nach Satz 1 ergehenden Anordnung zulässig.

II Die oberste Landesbehörde kann, soweit sie es mit Rücksicht auf eine Lockerung oder Aufhebung der öffentlichen Raumbewirtschaftung für erforderlich hält, mit Zustimmung des Reichsarbeitsministers anordnen, daß in bestimmten Gemeinden oder Gemeindeteilen oder hinsichtlich bestimmter Arten von Mieträumen die Zwangsvollstreckung aus einem nach der Anordnung ergehenden Urteil, das die Herausgabe eines Mietraums zum Gegenstande hat, nicht von der Sicherung eines Ersatzraums abhängig zu machen ist.

III Die oberste Landesbehörde stellt für Räume, die nach Abs. 1 von den Vorschriften des ersten Abschnitts ausgenommen sind, allgemeine Grundsätze über die Gesichtspunkte auf, die unter Berücksichtigung der örtlichen Verhältnisse für die Beurteilung der Angemessenheit des Mietzinses im Sinne des § 49a von Bedeutung sind.[2]

1. Durch das ÄbändgsGes. vom 13. Febr. 1928 auf § 10 Abs. 1 eingeschränkt.

2. Neu eingefügt durch das Gesetz vom 17. März 1927 (RGBl. I, 71). Die Vorschrift ist zwingend. Preußen: Allg. Verfg. vom 7. Dez. 1927 (Volkswohlfahrt 1927 Sp. 1109); Bayern: Bek. vom 13. Dez. 1927 (StAnz. Nr. 290). Die Grundsätze verweisen auf die Rechtsprechung des Reichsgerichts, vgl. hieher Staudinger Komm. z. BGB., 9. Aufl. (1928) Bd. II 2 S. 355.

§ 52a.[1]

Die oberste Landesbehörde kann anordnen, daß einer Klage, mit der die Herausgabe eines nach § 52 von den Vorschriften des ersten Abschnitts ausgenommenen Raumes verlangt wird, ein Schiedsverfahren vor dem Mieteinigungsamte vorauszugehen hat. Wird eine solche Anordnun getroffen, so gelten folgende Vorschriften:

1. Ein Termin zur mündlichen Verhandlung über die Räumungsklage darf erst bestimmt werden, wenn der Vermieter eine Bescheinigung des Mieteinigungsamts darüber beibringt, daß in einem Termin, in dem der Vermieter oder ein von ihm zum Vergleichsabschluß ermächtigter Vertreter erschienen war, ein gütlicher Ausgleich zwischen den Parteien erfolglos versucht oder daß der Mieter in dem Termin ausgeblieben ist.
2. Ein bei dem Prozeßgericht angebrachter Güteantrag ist an das Mieteinigungsamt zu verweisen.
3. Die Entscheidung auf eine vor dem Inkrafttreten der Anordnung erhobene Räumungsklage ist bis zur Erledigung des Schiedsverfahrens auszusetzen.
4. Ein Schiedsverfahren kann auch von dem Mieter beantragt werden, der eine Räumungsklage befürchtet.

1. Eingefügt durch das Gesetz vom 17. März 1927 (RGBl. I S. 71). Das Schiedsverfahren gilt nur für landesrechtlich, nicht auch für reichsrechtlich vom MSchG. ausgenommene Räume. Es kann nur eingeführt werden für Räumungsklagen auf Grund des § 556 Abs. 1 BGB., nicht aber für Herausgabeklagen auf Grund des § 1004 z. B. wegen Ungültigkeit des Mietvertrages oder auf Grund des § 556 Abs. 3 BGB. Die Landesbehörde kann auch von der Anordnung des Schiedsverfahrens bestimmte Klagen ausnehmen; in Bayern z. B. bedarf es keines Schiedsverfahrens für Räumungsklagen auf Grund des § 554 BGB.

Preußen: VO. vom 28. März 1927 GS. S. 36; Bayern: Bek. vom 21. Juni 1927/14. April 1928 GVBl. S. 226/202. Ein Verzicht des Mieters auf das von der ObLB. eingeführte Schiedsverfahren ist nach § 49 nicht zulässig.

§ 52 b.[1]

Vorbemerkung.

Die §§ 52b, 52c, 52d, 52e bilden den wesentlichsten Teil der Neuregelung des materiellen Rechts des Abänderungsgesetzes; sie bringen ein Übergangsrecht für alle Räume, die landesrechtlich auf Grund des § 52 aus dem Mieterschutzrecht ausgenommen werden. Es handelt sich um ein Mindest-Mieterschutzrecht, zu dessen Einschränkung die Länder nicht befugt sind; wegen der Erweiterung vergleiche § 52e Abs. 3. Im einzelnen — vgl. im allgemeinen Holm JR. 1928, 249 — ist geregelt:

1. die Zulässigkeit der Kündigung zwischen Anordnung und Inkrafttreten § 52b;
2. der Übergang zur Räumungsklage § 52c;
3. die Beseitigung der Ersatzraumklausel § 52d;
4. das Mindest-Mieterschutzrecht § 52e.

Es erscheint angezeigt, wenigstens zu diesem wichtigen Teil der Neuregelung die amtliche Begründung zum Entwurf des Abänderungsgesetzes (Reichstagsdrucksache Nr. 3472 III. Wahlperiode 1924/27) bekanntzugeben.

„Eine Reihe weiterer Vorschriften des Entwurfs bezieht sich auf Räume, die auf Grund des § 52 des Gesetzes von dessen erstem Abschnitt ausgenommen sind oder künftig ausgenommen werden. Bei der Herausnahme einzelner Arten von Räumen aus der gebundenen Wirtschaft haben sich namentlich auf dem Gebiete des Mieterschutzgesetzes gewisse Härten und Zweifel ergeben, deren Beseitigung vom Standpunkt der Rechtssicherheit und zur Erleichterung des Überganges geboten erscheint."

„Im einzelnen ist zu den Vorschlägen des Entwurfs folgendes zu bemerken:

Zu den §§ 52b, 52c. Über die Rechtslage in der Zeit zwischen der Bekanntgabe einer landesrechtlichen Anordnung nach § 52 Abs. 1 Satz 1 und ihrem Inkrafttreten bzw. bis zum Zeitpunkt der ersten zulässigen Kündigung ist im Mieterschutzgesetze bisher keine Bestimmung getroffen. Der § 52b will Zweifel beseitigen, die sich in dieser Hinsicht in der Praxis herausgestellt haben. Danach kann der Vermieter in der Zwischenzeit einerseits wie bisher die Aufhebung des Mietverhältnisses durch Erhebung einer Aufhebungsklage nach den Vorschriften des Mieterschutzgesetzes betreiben; er kann aber auch das Mietverhältnis nach dem Bürgerlichen Gesetzbuch oder den Bestimmungen des Mietvertrags kündigen, jedoch frühestens für den Tag des Inkrafttretens der Anordnung und unter Beobachtung der Vorschriften des § 565 Abs. 1 Satz 1 des Bürgerlichen Gesetzbuchs (nur zum Schlusse eines Kalendervierteljahrs unter Einhaltung einer dreimonatigen Kündigungsfrist). Auf Grund einer vor der Bekanntgabe der Anordnung erfolgten Kündigung, wie sie unter der Geltung des Mieterschutzgesetzes vielfach zwecks Umwandlung eines langfristigen Vertrags in einen solchen von unbestimmter Dauer erfolgt ist, soll eine Herausgabe der Mieträume nicht verlangt werden dürfen. Der Zulassung einer vorzeitigen Kündigung entspricht es, daß der Vermieter in der Zwischenzeit eine Klage auf künftige Räumung gemäß § 257 der Zivilprozeßordnung für den bezeichneten Zeitpunkt erheben kann (§ 52b Abs. 2 Satz 2 des Entwurfs); trifft die oberste Landesbehörde für die freizugebenden Räume eine Anordnung nach § 52a des Gesetzes (Fassung vom

17. März 1927, Reichsgesetzbl. I S. 71), so hat der Erhebung der Klage ein Schiedsverfahren vor dem Mieteinigungsamte vorauszugehen.

Eine bei der Bekanntgabe der Lockerungsanordnung anhängige Mietaufhebungsklage wird bis zum Inkrafttreten der Anordnung nach den bisherigen Vorschriften behandelt. Da jedoch der Vermieter nunmehr in der Lage wäre, die Herausgabe des Mietraums im Wege einer vorzeitigen Räumungsklage gemäß § 257 der Zivilprozeßordnung zu erreichen, erscheint es angezeigt, ihn der mit der anhängigen Klage verbundenen Notwendigkeit zu entheben, die im Mieterschutzgesetze vorgesehenen Mietaufhebungsgründe auch weiterhin darlegen und beweisen zu müssen. Der § 52 c gestattet daher dem Vermieter, ohne förmliche Klageänderung von der Aufhebungsklage zur Räumungsklage überzugehen; für den Fall des Überganges wird gegebenenfalls auch hier ein Schiedsverfahren gemäß § 52 a des Gesetzes stattzufinden haben. Ob der Vermieter zur Räumungsklage übergehen will, bleibt ihm überlassen; er wird davon Abstand nehmen, wenn er nach Lage des Aufhebungsstreits mit einer ihm günstigen Entscheidung rechnen kann oder wenn es etwa zweifelhaft ist, ob der den Gegenstand des Rechtsstreits bildende Mietraum der Lockerungsanordnung unterliegt.

Sobald die Anordnung in Kraft tritt, entfallen die Voraussetzungen, die zur Einführung des Aufhebungsstreitverfahrens im Sinne des Mieterschutzgesetzes geführt haben. Der Entwurf will daher einen zu diesem Zeitpunkt noch anhängigen Rechtsstreit als in der Hauptsache erledigt angesehen wissen; zur Vermeidung von Zweifeln wird dies im § 52 c Abs. 2 noch besonders ausgesprochen. Soweit der Vermieter nach dem Bürgerlichen Gesetzbuch oder dem Mietvertrage die Räumung verlangen kann, steht ihm auch hier der Übergang zur Räumungsklage frei.

Nach allgemeinen zivilprozessualen Grundsätzen hat bei solcher Erledigung eines Rechtsstreits derjenige Teil die Kosten zu tragen, der unterlegen sein würde, wenn die Erledigung nicht eingetreten wäre. Die Anwendung dieses Grundsatzes würde im vorliegenden Falle oft dazu führen, daß allein wegen der Kostenfrage das Gericht die gesamten, im Aufhebungsstreite geltend gemachten Parteibehauptungen prüfen, auch gegebenenfalls umfangreiche Beweise über die Aufhebungsgründe u. dgl. erheben müßte. Zur Vermeidung entbehrlichen Zeit- und Kostenaufwandes soll daher hier über die Kosten unter Berücksichtigung des mutmaßlichen Ausganges des Aufhebungsverfahrens nach billigem Ermessen entschieden werden (§ 52 c Abs. 2 Satz 2). Das gleiche wird für Fälle, in denen der Kläger vor oder nach dem Inkrafttreten der Anordnung von der Aufhebungsklage zur Räumungsklage übergeht, hinsichtlich der durch das Aufhebungsverfahren verursachten besonderen Kosten vorgeschrieben (Satz 3 das.).

Die im § 52 b Abs. 1 vorgesehene Regelung soll nur für

solche Anordnungen Platz greifen, die erst unter der Geltung des hier vorgeschlagenen Gesetzes erlassen werden; ihre Anwendung auch auf frühere Anordnungen zu erstrecken, erschien untunlich, da in die dadurch geschaffene Lage nicht eingegriffen werden soll. Dagegen sollen die Vorschriften des § 52b Abs. 2 und des § 52c auf sämtliche gemäß § 52 Abs. 1 Satz 1 des Gesetzes ergangenen und noch ergehenden Lockerungsanordnungen sowie auf alle hierauf bezüglichen Rechtsstreitigkeiten Anwendung finden.

Zum § 52d. Soweit vor dem Inkrafttreten einer reichs- oder landesrechtlichen Vorschrift, die bestimmte Arten von Mieträumen von den Vorschriften des Mieterschutzgesetzes ausnimmt, die Zwangsvollstreckung aus einem Urteil oder Vergleich über solche Räume von der Sicherung eines Ersatzraums abhängig gemacht ist, würde die Aufrechterhaltung der Vollstreckungsbeschränkung für den Vermieter regelmäßig eine empfindliche Härte bedeuten, zumal da bezüglich freigegebener Räume eine behördliche Zuweisung von Ersatzräumen regelmäßig nicht mehr stattfindet. Für Fälle dieser Art will daher der § 52d es dem Vermieter ermöglichen, in einem dem § 6 Abs. 5 des Gesetzes nachgebildeten Verfahren die Beseitigung der Vollstreckungsbeschränkung zu erlangen; in Härtefällen soll dabei dem Mieter eine gerichtliche Räumungsfrist gewährt werden. Die Anwendung dieser Vorschriften setzt voraus, daß für das betreffende Mietverhältnis sowohl die Vorschriften über die Aufhebungsklage wie auch diejenigen über die Zubilligung von Ersatzraum aufgehoben sind; sie gelten z. B. für Räume, auf die sich eine Anordnung nach § 52 bezieht, nur dann, wenn das Land auch von der ihm nach Abs. 1 Satz 3 daselbst zustehenden Ermächtigung bezüglich der Ersatzraumfrage Gebrauch gemacht hat. Eine besondere Regelung erschien für Räume erforderlich, die nicht Wohnräume sind; da für diese seit dem 1. Juli 1926 — von bestimmten Einzelfällen abgesehen — Ersatzräume nicht mehr zugebilligt werden dürfen, gleichviel, ob das betreffende Mietverhältnis noch dem Mieterschutzgesetz unterliegt oder nicht, so ist es nur folgerichtig, daß der Vermieter die Aufhebung einer in einem früheren Vollstreckungstitel enthaltenen Ersatzraumklausel in jedem Falle, also auch dann soll verlangen können, wenn eine Anordnung nach § 52 Abs. 1 Satz 1 oder Satz 3 für einen Raum dieser Art nicht ergangen ist. Nur wenn durch den Wegfall der Vollstreckungsbeschränkung dringende öffentliche Interessen gefährdet werden würden, soll nach § 52d Abs. 2 Satz 2 eine nachträgliche Änderung des Urteils ausgeschlossen sein; die Einschränkung entspricht dem § 6 Abs. 2 des Gesetzes (vgl. dazu die Ausführungen auf S. 6 der Begründung zu dem Gesetze vom 29. Juni 1926). Bezieht sich ein Mietverhältnis teils auf Wohnräume, teils auf Räume anderer Art, so kommt eine Aufhebung der Vollstreckungsbeschränkung nur bezüglich der letzteren in Betracht. Die Vorschriften des § 52d haben im übrigen nicht nur die bereits ergangenen, sondern auch spätere Lockerungsmaßnahmen im Auge; sie gelten auch für solche Vollstreckungstitel, die erst nach dem Inkrafttreten des vorliegenden Gesetzes erlassen werden.

Zum § 52e. Nach geltendem Rechte sind für Mietverhältnisse, auf die sich eine Anordnung nach § 52 Abs. 1 Satz 1 bezieht, von deren Inkrafttreten an die Vorschriften des Bürgerlichen Gesetzbuchs und mit gewissen Einschränkungen (Satz 2 das.) auch diejenigen der Zivilprozeßordnung maßgebend. Der Übergang von der die Parteivereinbarung in mehrfacher Hinsicht einschränkenden Regelung des Mieterschutzgesetzes zu den Vorschriften des Bürgerlichen Gesetzbuchs, wonach die Herausgabe des Mietraums auf Grund einer einfachen Kündigung verlangt werden kann und der Parteivereinbarung weitgehender Spielraum gelassen ist, erscheint unter den heutigen Verhältnissen noch zu unvermittelt. Von verschiedenen Seiten ist daher, namentlich auch bei den vorjährigen Beratungen des Reichstags sowie bei den Verhandlungen des Vorläufigen Reichswirtschaftsrats, der Erlaß von Übergangsvorschriften gefordert worden, die dem Mieter die Einstellung auf den neuen Rechtszustand erleichtern und die bei jeder Lockerung einer Zwangswirtschaft unvermeidlichen Härten nach Möglichkeit abmildern sollen. Der Entwurf will diesem Gedanken dadurch Rechnung tragen, daß er gewisse Vorschriften des Bürgerlichen Rechtes für eine Übergangszeit im Interesse des Mieters für ununabdingbar erklärt und auch sonst Erleichterungen rechtlicher und prozessualer Natur für den Mieter vorsieht.

1. Während nach § 721 ZPO. einem zur Herausgabe eines Mietraums verurteilten Mieter eine gerichtliche Räumungsfrist nur gewährt werden kann, wenn es sich um Wohnraum handelt, ist in den §§ 5, 27 des Mieterschutzgesetzes die Gewährung einer Räumungsfrist auch für Räume anderer Art zugelassen. Werden solche Räume von den Vorschriften des Mieterschutzes ausgenommen, können sie also vom Vermieter frei gekündigt werden, so wird während einer Übergangszeit für zahlreiche Fälle ein gewisser Räumungsaufschub zur Vermeidung von Härten unentbehrlich sein. Der Entwurf schlägt daher vor, die im § 27 Abs. 1 Satz 3 des Gesetzes enthaltenen Vorschriften auch auf freigegebene Räume für anwendbar zu erklären (§ 52e Nr. 1 des Entwurfs).

2. Nach § 28 Satz 1 des Mieterschutzgesetzes kann sich der Vermieter auf eine Verpflichtung des Mieters, eine ihm nach § 538 Abs. 2 BGB. gegenüber dem Vermieter zustehende Ersatzforderung nicht gegen eine Mietzinsforderung aufzurechnen, nicht berufen, d. h. der Mieter ist ungeachtet einer abweichenden Vertragsbestimmung befugt, Aufwendungen, die er für die Vornahme einer dem Vermieter obliegenden, von diesem trotz Mahnung nicht bewirkten notwendigen Instandsetzungsarbeit gemacht hat, von dem Mietzins in Abzug zu bringen. Die Gesichtspunkte, die beim Erlaß dieser Vorschrift maßgebend gewesen sind (zu ver-

gleichen S. 46 der Begründung zum Mieterschutzgesetz § 21), treffen auch auf Mietverträge über freigegebene Räume zu; die erwähnte Vorschrift soll daher auch hier Anwendung finden (§ 52e Nr. 2). Um jedoch den Vermieter vor Schwierigkeiten zu bewahren, die ihm infolge einer nicht vorherzusehenden Aufrechnung bei der Erfüllung seiner eigenen, das Haus betreffenden Verbindlichkeiten erwachsen könnten, sieht der Entwurf vor, daß die Aufrechnung nur erfolgen darf, wenn der Mieter die Aufrechnungsabsicht dem Vermieter mindestens einen Monat vor der Fälligkeit des Mietzinses in schriftlicher Form angezeigt hat. Dem Vermieter wird es hierdurch ermöglicht, die Berechtigung der Aufrechnung und die Höhe der Ersatzforderung so rechtzeitig zu prüfen, daß er gegebenenfalls schon vor der Aufrechnung hierüber eine gerichtliche Entscheidung herbeiführen kann. Die gleichen Vorschriften sollen für die wirtschaftlich ähnlich liegenden Fälle der Minderung und der Zurückbehaltung des Mietzinses sowie für die Aufrechnung mit einem Schadensersatzanspruch nach § 538 Abs. 1 BGB. gelten.

3. Nach den §§ 553, 554 BGB. kann das Mietverhältnis vom Vermieter ohne Einhaltung einer Kündigungsfrist gekündigt werden, wenn der Mieter einen vertragswidrigen Gebrauch des Mietraums trotz Abmahnung fortsetzt, den Mietraum unbefugt weitervermietet oder ihn durch Vernachlässigung der dem Mieter obliegenden Sorgfalt erheblich gefährdet, ferner wenn der Mieter mit zwei aufeinanderfolgenden Mietzinszahlungen ganz oder teilweise im Rückstand bleibt. In den namentlich in größeren Städten vielfach gebräuchlichen Formularverträgen ist eine Befugnis des Vermieters zur fristlosen Kündigung gewöhnlich noch für weitere Fälle vorgesehen; nach den meisten dieser Verträge ist der Vermieter berechtigt, bereits bei einmaligem Zinsrückstande, selbst wenn es sich nur um einen verhältnismäßig geringfügigen Teilbetrag handelt, oder bei unbedeutenden Verstößen gegen die vom Vermieter aufgestellte „Hausordnung" die sofortige Räumung zu verlangen. Dies bedeutet für Mieter, die auf Grund einer Anordnung nach § 52 keinen Mieterschutz im Sinne dieses Gesetzes mehr genießen, eine sachlich nicht gerechtfertigte Härte, zumal während der Übergangszeit die Erlangung anderweiter Räume meist mit Schwierigkeiten und Kosten verknüpft ist, die über das Maß der Friedenszeit weit hinausgehen. Der Entwurf sieht daher vor, daß eine fristlose Kündigung nur aus den im Bürgerlichen Gesetzbuch bezeichneten Gründen sowie wegen solcher Verfehlungen des Mieters oder eines Hausstandsangehörigen soll erfolgen können, die nach § 2 des Mieterschutzgesetzes eine Aufhebung des Mietverhältnisses wegen erheblicher Belästigung rechtfertigen würden. Durch diese Regelung dürfte den Interessen beider Vertragsteile in ausreichendem Maße Rechnung getragen werden. Was insbesondere die Kündigung wegen Zahlungsverzugs anlangt, so soll sie (vgl. § 52e Satz 2 des Entwurfs) ausgeschlossen sein, wenn es

sich um Rückstände handelt, die nach Lage der Sache als nur geringfügig anzusehen sind; sie soll — nach dem Vorgang von § 3 Abs. 3 des Mieterschutzgesetzes — ihre Wirkung verlieren, wenn der Mieter binnen zwei Wochen seit der Fälligkeit Zahlung leistet oder ein ihm nach Nr. 2 zustehendes Aufrechnungs-, Minderungs- oder Zurückbehaltungsrecht geltend macht. Die Vorschriften des § 3 Abs. 2 — Berücksichtigung eines die Höhe des Mietbetrags oder die Zulässigkeit einer Aufrechnung usw. betreffenden entschuldbaren Irrtums — und des § 10 Abs. 2 — Benachrichtigung der Fürsorgebehörde bei Zahlungsverzug eines Wohnraummieters — sollen auch dem Mieter freigegebener Räume zugute kommen (die Erwähnung des § 10 Abs. 2 an dieser Stelle führt zur Streichung der Vorschrift im § 52 Abs. 1 Satz 2; vgl. Nr. 4 des Entwurfs). Die Befugnis des Vermieters, das Mietverhältnis unter Einhaltung der gesetzlichen oder vertraglichen Kündigungsfrist zu kündigen, wird durch diese Regelung naturgemäß nicht berührt.

4. Für die überwiegende Zahl der bestehenden Mietverträge ist der Mietzins nach Monaten bemessen; auch neue Verträge werden in weitgehendem Umfang mit dieser Abrede geschlossen. Dies hat zur Folge, daß ein von den Vorschriften des Mieterschutzgesetzes ausgenommenes Mietverhältnis vom Vermieter mangels anderweiter Vereinbarung zum Monatsletzten mit einer Frist von zwei Wochen gekündigt werden kann (§ 565 Abs. 1 Satz 2 BGB.). Diese Frist erscheint für die Übergangszeit zu kurz. Der Entwurf sieht daher vor, daß der Vermieter, wenn der Mietzins nach Monaten bemessen ist und es sich nicht um einen Untermietvertrag oder ein untermietähnliches Vertragsverhältnis handelt (vgl. § 24 Abs. 2 des Gesetzes), die Kündigung nur nach Maßgabe des § 565 Abs. 1 Satz 1, d. h. vom dritten Werktag des Vierteljahrs zum Vierteljahresletzten, soll erklären können. Die Vereinbarung einer längeren Kündigungsfrist wird dadurch selbstverständlich nicht ausgeschlossen.

Die vorbezeichneten Vorschriften sollen sämtlich einer Abänderung durch Parteivereinbarung nicht zugänglich sein. Während sich dies für Nr. 1 und 2 nach dem Inhalt dieser Vorschriften von selbst versteht, ist es für Nr. 3 zur Vermeidung von Zweifeln noch besonders ausgesprochen; ebenso soll in Frage der ordentlichen Kündigung eine Abweichung von den Vorschriften des § 565 BGB. und des § 52 e Nr. 4 des Entwurfs zuungunsten des Mieters nicht stattfinden dürfen. Die im § 52 e vorgesehene Regelung bezieht sich im übrigen sowohl auf Räume, die erst künftig von den Vorschriften des Mieterschutzgesetzes ausgenommen werden, wie auch auf solche, die bereits früher hiervon ausgenommen worden sind."

I Auf Grund einer Kündigung, die zwischen der Bekanntgabe einer Anordnung gemäß § 52 Abs. 1 Satz 1 und ihrem Inkrafttreten vom Vermieter erklärt ist, kann die Herausgabe des Mietraums verlangt werden, jedoch frühestens für den Zeitpunkt des Inkrafttretens; für die Kündigung gilt der § 565 Abs. 1 Satz 1 des Bürgerlichen Gesetzbuchs, sofern nicht eine längere Kündigungsfrist vereinbart ist. Der Vermieter kann schon vor dem Inkrafttreten auf künftige Räumung[2] klagen. Soweit in einer vor dem 1. April 1928 erlassenen Anordnung ein anderes bestimmt ist, behält es hierbei sein Bewenden.[3]

II Eine vor der Bekanntgabe vom Vermieter erklärte Kündigung berechtigt nicht zum Verlangen auf Herausgabe des Mietraums.

1. § 52b gibt dem Vermieter das Recht, die durch die landesrechtliche Lockerungsverordnung vom Mieterschutz befreiten Räume schon vor dem Inkrafttreten der Anordnung zu kündigen, sofern die Anordnung bereits bekannt gemacht ist. Eine vor der Bekanntgabe der Anordnung erklärte Kündigung ist rechtlich bedeutungslos (Abs. 2). Es handelt sich um die echte Kündigung des BGB., nicht um das Kündigungsverfahren der §§ 1a ff. Die Kündigung bewirkt, wenn sie nach den Vorschriften des BGB. erfolgt, die Aufhebung des Mietverhältnisses und berechtigt den Vermieter nach § 556 Abs. 1 BGB. die Herausgabe der Mieträume zu verlangen. Die Neuregelung bestimmt ergänzend bzw. abweichend vom BGB.,

1. daß die Kündigung und damit die Herausgabe des Mietraums frühestens für den Zeitpunkt des Inkrafttretens der Anordnung erfolgen kann,
2. daß nicht allgemein die Kündigungsfristen des § 565 BGB. oder jene des Mietvertrages Geltung haben sollen. Die Kündigung ist vielmehr grundsätzlich nur für den Schluß eines Kalendervierteljahres zulässig, § 565 Abs. 1 Satz 1 BGB.; nur ausnahmsweise, wenn nämlich eine längere Kündigungsfrist vereinbart ist, gilt diese. Es kann also auch bei monatlicher oder wöchentlicher Mietzinsbemessung nur für den Schluß des Kalendervierteljahres und spätestens am dritten Werktage des Vierteljahres (§ 565 Abs. 1 Satz 1 BGB.) gekündigt werden, obwohl für den Normalfall des BGB. eine kürzere Kündigungsfrist gilt (§ 565 Abs. 1 Satz 2 und 3).

Diese Einschränkung gilt nur für die vorzeitige, d. h. vor dem Inkrafttreten der Anordnung beabsichtigte Kündigung des Vermieters; für die Zeit nach dem Inkrafttreten gilt die allgemeine Regelung des § 52e Abs. 1 Ziff. 5 und Abs. 2 Satz 2. Unberührt bleibt das Recht des Vermieters, das Kündigungsverfahren nach §§ 1a ff. einzuleiten oder die Mietaufhebungsklage zu erheben. Das Recht fristloser Kündigung steht dem Vermieter bis zum Inkrafttreten der Anordnung überhaupt, alsdann nur nach Maßgabe des § 52e Abs. 1 Ziff. 4, Abs. 2 Satz 1 zu.

2. Der Zeitpunkt der Räumung bemißt sich nach Satz 1. Die Klagezustellung wirkt als Kündigung für diesen Zeitpunkt. Erkennt der Mieter den Räumungsanspruch sofort an und hat er zur Klage keine Veranlassung gegeben, so treffen den Vermieter die Kosten des Verfahrens § 93 ZPO. Wegen des Übergangs zu der Aufhebungs- zur Räumungsklage vgl. § 52 c.

3. Für die Zeit vor dem Inkrafttreten des Abänderungsgesetzes vom 13. Februar 1928 gilt hiernach das frühere Landesrecht, soweit es nicht etwa in Widerspruch mit dem damaligen Recht stand, in welchem Falle § 52 b Geltung haben wird (Ebel-Lilienthal S. 315; anders Stern S. 103).

§ 52 c.

I Nach der Bekanntgabe einer Anordnung[1] gemäß § 52 Abs. 1 Satz 1 kann der Vermieter von der Aufhebungsklage zur Räumungsklage übergehen.

II Mit dem Inkrafttreten der Anordnung ist der Aufhebungsstreit in der Hauptsache erledigt.[2] Jede Partei trägt die ihr entstandenen außergerichtlichen Kosten; die Gerichtskosten werden niedergeschlagen. Das gleiche gilt bei dem Übergang zur Räumungsklage (Abs. 1) bezüglich der durch das Aufhebungsverfahren verursachten besonderen Kosten.

1. Der Übergang von der Aufhebungs- zur Räumungsklage (vgl. für das bisherige Recht OLG. Naumburg EA. 568, Bandmann u. Günther, EA. 552, 553) ist also schon vor dem Inkrafttreten der Anordnung zulässig, mag diese vor oder nach dem 1. April 1928 erfolgt sein oder künftig erfolgen. Ein Übergang vom Kündigungsverfahren nach §§ 1 a ff. zur Räumungsklage ist nicht möglich; es muß vielmehr das Kündigungsverfahren durch Widerspruch oder Einspruch des Mieters gegen den Räumungsbefehl in das Aufhebungsverfahren bereits übergeleitet sein. Wegen der Kosten Abs. 2 Satz 2.

Zu beachten ist, daß in der Übergangszeit eine fristlose Kündigung nicht zulässig ist (§ 52 b Anm. 1); in der Regel wird daher der Vermieter mit der Aufhebungsklage nach §§ 2, 3 schneller zum Ziele kommen.

2. Das Aufhebungsverfahren findet nach dem Inkrafttreten der Anordnung gemäß Abs. 2 sein Ende; dem Vermieter verbleibt nurmehr die Räumungsklage. Ein anhängiges Kündigungsverfahren wird — ohne daß es einer gesetzlichen Regelung bedarf — nach Wegfall der rechtlichen Grundlage gegenstandslos; die Kosten dieses

Verfahrens trägt der Vermieter (Ebel-Lilienthal S. 318). Die Kostenregelung im Satz 2 entspricht der Billigkeit, sie ist § 82 AufwG. nachgebildet.

§ 52 d.

I Ist in rechtskräftigen Urteilen oder Vergleichen, welche die Herausgabe eines Mietraums zum Gegenstande haben, die Zwangsvollstreckung von der Sicherung eines Ersatzraums abhängig gemacht und unterliegt nach späteren Gesetzen oder Anordnungen das Mietverhältnis, auf das sich das Urteil oder der Vergleich bezieht, nicht mehr den Vorschriften über die Aufhebungsklage und die Zubilligung von Ersatzraum,[1] so kann der Vermieter die Aufhebung[2] der Vollstreckungsbeschränkung verlangen. Dem Mieter ist[3] in diesem Falle eine den Umständen nach angemessene Frist zur Räumung zu gewähren, wenn dies zur Vermeidung unbilliger Härten erforderlich erscheint. Auf das Verfahren finden die Vorschriften des § 6 Abs. 5 Satz 2, 3 entsprechende Anwendung.

II Soweit ein Mietverhältnis sich auf Räume bezieht, die nicht Wohnräume sind, finden die Vorschriften des Abs. 1 auf alle vor dem 1. Juli 1926 ergangenen Urteile und Vergleiche Anwendung. Sie gelten nicht, wenn der Mieter beweist, daß durch den Wegfall der Vollstreckungsbeschränkung dringende öffentliche Interessen gefährdet werden würden.

III Einem Mietraum im Sinne dieser Vorschriften steht ein Raum gleich, der in anderer Weise als auf Grund eines Mietvertrags überlassen ist.

1. Die Beseitigung der Ersatzraumklausel. Voraussetzung ist, daß — abgesehen von der Befreiung von den Vorschriften über die Aufhebungsklage Vidal-Hadamczik S. 75; Hertel, MietG. 1928, 128 — die landesrechtliche Anordnung gemäß § 52 Abs. 1 Satz 1 und 3 die Zubilligung von Ersatzraum nicht zuläßt oder nicht zugelassen hat. Nur bei Nichtwohnräumen, insbesondere also bei gewerblich benutzten Räumen, gilt diese Voraussetzung dann nicht, wenn Urteil oder Vergleich bereits vor dem 1. Juli 1926 ergangen ist: hier kann der Vermieter stets die Aufhebung der Ersatzraumklausel verlangen, auch wenn eine landesrechtliche Anordnung nach § 52 Abs. 1 nicht ergangen ist, es sei denn, daß durch den Wegfall der Vollstreckungsbeschränkung dringende öffentliche Interessen gefährdet werden, was der Mieter zu beweisen hätte (Abs. 2). Ist bei den Nichtwohnräumen Urteil oder Vergleich nach dem 1. Juli 1926 ergangen, so gilt die Voraussetzung landesrechtlicher Anordnung unbeschränkt. Bezieht sich das Mietverhältnis auf Wohn- und andere Räume, so kann die Aufhebung der Ersatzraumklausel nur für die Nichtwohnräume verlangt werden, wobei dann im Einzelfall nach allgemeinem Vollstreckungsrecht die Möglichkeit der Durchführung der Zwangsvollstreckung zu beurteilen ist. In Betracht kommt nicht nur eine Raumüberlassung auf Grund Mietvertrages, sondern auch jede andere vom MSchG. getroffene (ebenso Günther, MietG. 1928, 61) Raumüberlassung Abs. 3 z. B. §§ 21, 32 MSchG.

Nicht nur Urteile, auch Vergleiche sind hier erwähnt; Vergleich vor Gericht oder MEA. (§ 45).

2. Nur die Aufhebung der Beschränkung kann gefordert werden, nicht auch die Umwandlung des Ersatzraumvorbehalts, z. B. ein nur ausreichender Ersatzraum an Stelle des zugebilligten angemessenen Ersatzraums (ebenso Günther, MietG. 1928, 61). Die Verpflichtung zur Hinterlegung des Umzugskostenbeitrages (§ 4 Abs. 4) kann gleichfalls nicht gefordert werden.

Soweit § 52 d keine Anwendung findet (Anm. 1), verbleibt es bei der bisherigen Rechtslage: man hilft sich entweder mit der analogen Anwendung des § 6 Abs. 5 (so Kiefersauer, EA. 467 und MietG. 1927, 62; Bandmann, EA. 588; Brumby, Miet- und Wohnungsrecht S. 34) oder man versagt dem Vermieter jeden Rechtsbehelf (Ebel-Lilienthal S. 31).

3. Die Zubilligung der Räumungsfrist ist, wenn dies zur Vermeidung von Härten dem Richter erforderlich erscheint, zwingend vorgeschrieben; sie erfolgt ohne Antrag von Amts wegen, auch für Nichtwohnräume. Eine — einmalige — Verlängerung der Räumungsfrist kommt nur in Frage, wenn neben der Anordnung nach § 52 Abs. 1 Satz 1 mit Satz 3 (— auch diese ist im Wege der nach Satz 1 ergehenden Anordnung zulässig; a. M. Ebel-Lilienthal S. 31 —) eine Anordnung nach § 52 e Abs. 3 Buchst. b erlassen ist (ebenso Stern S. 106).

§ 52 e.

I Für ein Mietverhältnis, auf das sich eine Anordnung gemäß § 52 Abs. 1 Satz 1 bezieht,[1] gelten folgende Vorschriften:

1. Der § 27 Abs. 1 Satz 3 findet Anwendung.
2. Der § 28 Satz 1 gilt mit der Maßgabe, daß der Mieter nur aufrechnen kann, wenn er dem Vermieter die Absicht der Aufrechnung mindestens einen Monat vor der Fälligkeit des Mietzinses in schriftlicher Form angezeigt hat. Auf den vertraglichen

Ausschluß eines Minderungs- oder Zurückbehaltungsrechts oder eines Rechtes auf Aufrechnung mit einem Schadenersatzanspruche nach § 538 Abs. 1 des Bürgerlichen Gesetzbuchs findet diese Vorschrift entsprechende Anwendung.

3. Der § 30 gilt entsprechend.

4. Der Vermieter kann das Mietverhältnis ohne Einhaltung einer Kündigungsfrist nur nach den §§ 553, 554 des Bürgerlichen Gesetzbuchs sowie unter den Voraussetzungen kündigen, unter denen nach § 2 die Aufhebung eines Mietverhältnisses wegen erheblicher Belästigung verlangt werden kann. Geringfügige Mietzinsrückstände berechtigen nicht zu einer fristlosen Kündigung. Eine auf Grund des § 554 erfolgte Kündigung ist unwirksam, wenn der Mieter bis zum Ablauf von zwei Wochen seit der Fälligkeit des Mietzinses den Vermieter befriedigt, eine gegenüber der Mietzinsforderung zulässige Aufrechnung erklärt oder ein ihm zustehendes Minderungs- oder Zurückbehaltungsrecht geltend macht. Der § 3 Abs. 2, 3 findet entsprechende Anwendung; das gleiche gilt von § 10 Abs. 2, 3 für Mietverhältnisse über Wohnräume.

5. Ist der Mietzins nach Monaten bemessen, so gilt für die Kündigung des Vermieters der § 565 Abs. 1 Satz 1 des Bürgerlichen Gesetzbuchs. Hiervon werden Mietverhältnisse der im § 24 bezeichneten Art nicht berührt.

II Auf eine Vereinbarung, die den Vorschriften des Abs. 1 Nr. 4 entgegensteht, kann sich der Vermieter nicht berufen. Das gleiche gilt für eine Vereinbarung, wonach die Kündigung des Mietverhältnisses zuungunsten des Mieters abweichend vom § 565 des Bürgerlichen Gesetzbuchs und von Abs. 1 Nr. 5 geregelt ist.

III Die oberste Landesbehörde kann mit Zustimmung des Reichsarbeitsministers für ein Mietverhältnis, auf das sich eine Anordnung gemäß § 52 Abs. 1 Satz 1 bezieht, zur Vermeidung von Härten

a) die Kündigung des Vermieters von der Einhaltung einer die Grenzen des § 565 des Bürgerlichen Gesetzbuchs oder des Abs. 1 Nr. 5 überschreitenden Kündigungsfrist abhängig machen,

b) bestimmen,[2] daß eine dem Mieter nach § 721 der Zivilprozeßordnung für Wohnräume oder nach Abs. 1 Nr. 1 für sonstige Räume gewährte Räumungsfrist auf seinen Antrag vom Gericht gemäß § 5 Abs. 4 verlängert werden kann.

1. Die Vorschriften der Abs. 1 und 2 sowie jene des Abs. 3 beziehen sich auf landesrechtliche Lockerungsverordnungen, die im Wege des § 52 Abs. 1 ergangen sind, gleichviel, ob inhaltlich auf Satz 1 oder Satz 3 gestützt; denn auch in diesem Falle beruht die Anordnung formell auf Satz 1 (vgl. § 52d Anm. 3). Unerheblich ist, ob die Lockerungsverordnung am 1. April 1928 bereits erlassen war oder erst künftig erlassen wird; auch neu abgeschlossene Mietverträge werden getroffen Günther, MietG. 1928, 58. Für die Rechtsverhältnisse der vom Mieterschutz landesrechtlich freigestellten Räume — gleichviel, ob es sich um Wohn- oder andere Räume, um Haupt- oder Untermietverhältnisse (Ausnahme Ziff. 5) handelt — gelten nach Abs. 1 und 2 reichsrechtlich unverzichtbar für den Mieter (§ 49) folgende Grundsätze der Übergangsregelung:

1. Auf Antrag kann dem Mieter auch für Nichtwohnräume eine angemessene einmalige (§ 5 findet keine Anwendung) Räumungsfrist bewilligt werden, während ohne Ziff. 1 gemäß § 721 ZPO. eine Räumungsfrist nur bei Wohnräumen möglich wäre. Das Verfahren richtet sich nach § 6 Abs. 3 Satz 2 und 3 MSchG.

   Landesrechtlich kann durch besondere Anordnung für beide Fälle die Verlängerung der Räumungsfrist gemäß § 5 Abs. 4 ermöglicht werden (Abs. 3 Buchst. b).

2. Auf eine Verpflichtung des Mieters, eine ihm gegenüber dem Vermieter auf Grund des § 538 Abs. 1 u. 2 BGB. zustehenden Schadens- bzw. Ersatzforderung nicht gegen eine Mietzinsforderung aufzurechnen, kann sich der Vermieter nicht berufen. — Die Unwirksamkeit des vertraglichen (nicht gesetzlichen) Ausschlusses der Aufrechnungsbefugnis gilt aber hier, abweichend von § 28, nur dann, wenn der Mieter die Absicht der Aufrechnung dem Vermieter mindestens einen Monat vor der Fälligkeit des Mietzinses schriftlich angezeigt hat. Angabe des Betrages ist nicht erforderlich, Günther MietG. 1928, 58. Dies gilt auch bei Zahlung der gesetzlichen Miete; § 28 Satz 2 findet keine Anwendung.

Was für die Aufrechnungsbefugnis des Mieters gilt, soll auch für das ihm aus irgend einem Grunde zustehende Zurückbehaltungsrecht und das Mietzins-Minderungsrecht aus § 537 BGB. gelten; da es sich aber bei diesem um eine von selbst eintretende, also an keine Erklärung geknüpfte Abänderung der Vertragspflicht des Mieters handelt (Staudinger, Komm. z. BGB. 9. Aufl. II 2 S. 426), dürfte eine Verpflichtung zur Anzeige der Absicht der Rechtsausübung für den Mieter entfallen.

3. Der Vermieter kann (sofern die gesetzliche Miete zu zahlen ist) ohne Rücksicht auf Vertrag oder Gesetz die Zahlung des Mietzinses in Vierteljahresraten verlangen, wenn längere Zahlungsfristen vereinbart sind. Landesrechtlich kann weitergehend wöchentliche oder monatliche Mietzinszahlung nach Maßgabe des § 30 eingeführt werden. Die Regelung des § 30 gilt entsprechend, dürfte somit grundsätzlich auch dann zur Anwendung kommen, wenn für die Räume das RMG. nicht mehr Geltung hat, wenn also eine gesetzliche Miete nicht zu zahlen ist, ebenso Vidal-Habamczik S. 80; Günther MietG. 1928, 58; a. M. Hertel, Novelle S. 670 und MietG. 1928, 427; Brumby S. 37; Stern S. 108. Voraussetzung ist nicht, daß für die befreiten Räume die gesetzliche Miete einmal zu zahlen war — was allerdings die Regel sein wird — und daß — im Falle des § 30 Abs. 2 — für diese Räume eine landesrechtliche Regelung getroffen war; es genügt vielmehr im letzteren Falle, daß eine dahingehende landesrechtliche Verordnung später nach Inkrafttreten des Abänderungsgesetzes — 1. April 1928 — erlassen wurde. Für Bayern Art. II der VO. vom 29. März 1928 (s. unten S. 85).

4. Das Recht des Vermieters zur fristlosen Kündigung ist — unabdingbar zu Ungunsten des Mieters Abs. 2 Satz 1 — abweichend vom BGB. geregelt. Kündigungsgründe sind ausschließlich:
   a) Fortsetzung des vertragswidrigen Mietgebrauchs oder erhebliche Verletzung der Rechte des Vermieters insbes. durch unbefugte Gebrauchsüberlassung an Dritte trotz Abmahnung, ferner erhebliche Gefährdung des Mietraums durch Sorgfaltsvernachlässigung § 553 BGB. Dann aber auch im Rahmen des § 2 MSchG. erhebliche Belästigung des Vermieters oder eines Hausbewohners durch den Mieter oder seine Hausstandsangehörigen.
   b) Für den Vermieter wirtschaftlich und im Verhältnis zum Gesamtmietzins wesentliche, nicht nur geringfügige (Satz 2) Mietzinsrückstände für zwei aufeinanderfolgende Termine § 554 BGB. Der Vermieter ist zur Kündigung, also auch zur Räumungsklage nicht befugt

α) wenn der Verzug des Mieters auf dessen Unkenntnis über den Betrag oder den Zeitpunkt der Fälligkeit des Mietzinses oder auf irrige Annahme eines Aufrechnungs-, Minderungs- oder Zurückbehaltungsrechts zurückzuführen ist, es sei denn (dazu RG.EA. 597), daß die Unkenntnis oder der Irrtum auf Fahrlässigkeit beruht § 3 Abs. 2 MSchG.;

β) wenn der Mieter den Vermieter befriedigt, bevor die Kündigung erfolgt § 554 Abs. 1 Satz 2;

γ) wenn der Mieter bis zum Ablauf von zwei Wochen seit Fälligkeit des Mietzinses den Vermieter befriedigt, eine gegenüber der Mietzinsforderung zulässige Aufrechnung erklärt oder ein ihm zustehendes Minderungs- oder Zurückhaltungsrecht geltend macht: die erfolgte Kündigung aus § 554 BGB. ist unwirksam (Satz 3). Eine dennoch erhobene Räumungsklage ist abzuweisen. Aber auch nach Erhebung der (zulässigen) Räumungsklage kann der Mieter bis zum Ablauf von zwei Wochen seit Klageerhebung den Vermieter befriedigen oder die Aufrechnung erklären (Brumby S. 39). Die Frist von zwei Wochen verlängert sich um weitere zwei Wochen, wenn innerhalb der Frist dem Gericht (Hertel MietG. 1928, 127) die Erklärung der Fürsorgebehörde zugeht, daß sie zu seiner Befriedigung bereit sei (§ 10 Abs. 3 Satz 2 MSchG.); wegen der Kostentragung vgl. § 10 Abs. 3 Satz 3.

Bei Räumungsklagen — nicht schon bei der Kündigung a. M. Günther MietG. 1928, 59 — aus § 554 BGB., die Wohnräume betreffen, hat das Gericht der zuständigen Fürsorgebehörde nach § 10 Abs. 2 unter Zustellung einer Abschrift der Klageschrift, die der Vermieter einzureichen hat, Mitteilung zu machen; das Räumungsurteil darf nicht vor Ablauf der in § 3 Abs. 3 bezeichneten Fristen erfolgen (Satz 4).

5. Das ordentliche Kündigungsrecht des Vermieters ist nur bei Hauptmietverhältnissen — Satz 2 — vom 1. April 1928 an insoweit eingeschränkt, als die Kündigung des Vermieters bei monatlicher Mietzinsbemessung entgegen § 565 Abs. 1 Satz 2 nur zum Schlusse des Kalendervierteljahres, also mit Dreimonatsfrist, als zulässig erklärt wird, auch wenn vertragsmäßig eine andere Kündigungsfrist vereinbart ist (Abs. 2 Satz 2). Bei wöchentlicher oder täglicher Mietzinsbemessung gelten die Normen des § 565 BGB. mit 564 Abs. 2 BGB. mit der Maßgabe, daß eine vertragliche Abweichung zu Ungunsten des Mieters nicht zulässig ist (Abs. 2 Satz 2). Eine vereinbarte längere Kündigungsfrist bleibt unberührt.

Durch landesrechtliche Anordnung nach Abs. 3 Buchst. a können die Kündigungsfristen des § 565 und des Abs. 1 Ziff. 5 sogar noch verlängert werden.

2. Vgl. für Bayern Art. II der VO. vom 29. März 1928 (unten S. 85).

§ 53.[1]

—

1. Die Vorschrift ist mangels praktischer Bedeutung nicht mehr veröffentlicht; sie ist nicht gestrichen.

§ 54.

Dieses Gesetz tritt am 31. März 1930 außer Kraft.

2. Verordnung über das Kündigungsschreiben nach § 1b des Mieterschutzgesetzes.

Vom 3. März 1928 (RGBl. I S. 54).

Auf Grund des § 1b des Gesetzes über Mieterschutz und Mieteinigungsämter in der Fassung der Bekanntmachung vom 17. Februar 1928 (RGBl. I S. 25) wird von der Reichsregierung mit Zustimmung des Reichsrats und eines Ausschusses des Reichstags folgendes verordnet:

Für das im § 1b des Mieterschutzgesetzes vorgesehene Kündigungsschreiben nebst der dem Mieter bei der Zustellung zu erteilenden Rechtsbelehrung ist der anliegende Vordruck*) in der Blattgröße von 29,7 : 21 cm zu verwenden.

II. Bayerisches Landesrecht.

1. Verordnung der Staatsministerien der Justiz und für Soziale Fürsorge über Mieterschutz in Bayern.

Vom 5. Aug. 1927 (GVBl. S. 273) in der Fassung der Verordnung vom 29. März 1928 (GVBl. S. 179).

Art. I Neufassung)**.

Zur Ausführung des Reichsgesetzes über Mieterschutz und Mieteinigungsämter in der Fassung der Bekannt-

---

*) Auf den Abdruck ist hier verzichtet.

**) In Kraft getreten am 1. April 1928 (Art. III).

machung vom 30. Juni 1926 (RGBl. I S. 347) und der Gesetze vom 17. März 1927 (RGBl. I S. 71) und vom 30. Juni 1927 (RGBl. I S. 131) werden folgende

Vorschriften

erlassen:

I. Behördenorganisation.

§ 1.

Bei den Amtsgerichten sind in den unter das Reichsmieterschutzgesetz fallenden Rechtsstreitigkeiten zwei Beisitzer zuzuziehen; einer hiervon muß Vermieter aus dem Kreise der Hausbesitzer, einer Mieter sein.

§ 2.

I Die Mieteinigungsämter werden von den Gemeinden errichtet (gemeindliche Mieteinigungsämter); auch die Bezirke können Mieteinigungsämter — für den ganzen Bezirk oder für Teile desselben — errichten (Bezirks-Mieteinigungsämter).

II Gemeinden mit mehr als 25 000 Einwohnern sind verpflichtet, Mieteinigungsämter, die dem § 38 MSchG. entsprechen, zu errichten; kleinere Gemeinden, in welchen sich infolge besonders starken Mangels an Mieträumen außergewöhnliche Mißstände geltend machen, können von den Regierungen, Kammern des Innern, zur Errichtung von Mieteinigungsämtern angehalten werden. Die Einwohnerzahl bemißt sich nach den Ergebnissen der Volkszählung vom 16. Juni 1925; hiebei ist die Zahl der Wohnbevölkerung maßgebend.*)

§ 3.

I Über Errichtung und Aufhebung eines gemeindlichen Mieteinigungsamtes beschließt der Stadt- oder Gemeinderat, über Errichtung und Aufhebung eines Bezirks-Mieteinigungsamtes der Bezirkstag.

II Errichtung und Aufhebung eines Mieteinigungsamtes

---

*) Vgl. „Gemeindeverzeichnis für den Freistaat Bayern", Heft 110 der Beiträge zur Statistik Bayerns; Zeitschrift des Bayer. Statistischen Landesamts 1926, Heft 1.

sind den Staatsministerien der Justiz und für Soziale Fürsorge, der Regierung, dem Amtsgericht und der Beschwerdestelle anzuzeigen.

§ 4.

Das Mieteinigungsamt besteht aus einem Vorsitzenden und zwei Beisitzern; einer hievon muß Vermieter aus dem Kreise der Hausbesitzer, einer Mieter sein.

§ 5.

I In Gemeinden ohne Mieteinigungsamt (§§ 2—4) werden die Aufgaben, die nach dem Reichsmieterschutzgesetze, nach dem Reichsmietengesetze und den Ausführungsvorschriften hierzu den Mieteinigungsämtern obliegen, von den Amtsgerichten wahrgenommen.

II Den Amtsgerichten wird für die Aufgaben des Mieteinigungsamtes je ein Beisitzer aus dem Kreise der Hausbesitzer (Vermieter) und der Mieter beigegeben.

§ 6.

I Die Beschwerdestellen (§ 42 MSchG.) werden bei den Landgerichten errichtet.

II Die Beschwerdestelle entscheidet in der Besetzung mit einem Richter als Vorsitzenden, zwei weiteren Richtern und je einem Vertreter der Hausbesitzer (Vermieter) und der Mieter als Beisitzern.

III Den Vorsitzenden und die richterlichen Beisitzer sowie deren Stellvertreter ernennt der Landgerichtspräsident aus der Zahl der Richter des Landgerichtes und des Amtsgerichtes am Sitze der Beschwerdestelle; beim Landgericht München II können im Benehmen mit dem Präsidenten des Landgerichts München I ausnahmsweise Richter des Amtsgerichtes München herangezogen werden. Die Beisitzer aus dem Kreise der Hausbesitzer (Vermieter) und der Mieter sowie ihre Stellvertreter werden vom Landgerichtspräsidenten auf Grund der ihm nach § 21 Abs. I zugehenden Vorschläge bestellt.

IV Für die Beisitzer der Beschwerdestelle gelten die Vorschriften des Mieteinigungsamtes entsprechend.

V Die Schreib-, Beurkundungs- und Rechnungsgeschäfte der Beschwerdestelle werden von der Gerichtsschreiberei des Landgerichtes besorgt; ihre Sachbedürfnisse werden aus den Mitteln des Landgerichtes für Sachbedarf bestritten.

VI Die Dienstaufsicht über die Beschwerdestellen führt die Justizverwaltung.

§ 7.

I Will eine landgerichtliche Beschwerdestelle (§ 6) bei der Entscheidung über eine Rechtsfrage von der ihr bekannten Entscheidung einer anderen bayerischen Beschwerdestelle oder, falls über die Rechtsfrage bereits eine Entscheidung des Obersten Landesgerichtes ergangen ist, von dieser abweichen, so hat sie die Sache dem Obersten Landesgericht unter begründeter Darlegung der eigenen Rechtsansicht zur Vorabentscheidung der Rechtsfrage vorzulegen. Das gleiche kann geschehen, wenn es sich um eine vom Obersten Landesgericht noch nicht entschiedene Rechtsfrage von grundsätzlicher Bedeutung handelt. Der Rechtsentscheid des Obersten Landesgerichtes ist in der Sache bindend.

II Die Entscheidungen der landgerichtlichen Beschwerdestellen von grundsätzlicher Bedeutung und die Entscheidungen des Obersten Landesgerichtes sind in einer Ausfertigung dem Staatsministerium der Justiz vorzulegen. Dieses wird ihre Veröffentlichung veranlassen.

II. Verfahren.

§ 8.

Für das Verfahren vor den Amtsgerichten als Mieteinigungsämter gelten die für das Verfahren vor den Mieteinigungsämtern maßgebenden Vorschriften.

§ 9.

Der Vorsitzende des Mieteinigungsamtes oder Amtsgerichtes kann Vorverhandlungen abhalten, insbesondere einen Augenschein einnehmen; er kann damit auch die beiden Beisitzer oder beim Amtsgerichte den Gerichtsschreiber betrauen. Kommt ein Vergleich nicht zustande, so kann der Vorsitzende eine Entscheidung treffen, wenn sie sofort erfolgen kann und die Beteiligten es beantragen.

§ 10.

Aus Vergleichen, die in einem vor Beisitzern oder vor dem Gerichtsschreiber stattfindenden Verfahren (§ 9) abgeschlossen sind, findet die gerichtliche Zwangsvollstreckung statt.

§ 11.

I Die Höhe der Gebühren für das Verfahren vor dem Mieteinigungsamt, dem Amtsgericht als Mieteinigungsamt und der Beschwerdestelle wird im Rahmen des § 46 MSchG. nach dem Maße der Inanspruchnahme der Behörde und nach der Bedeutung der Sache für die Beteiligten festgesetzt.

II Bei der Festsetzung der Gebühren ist der Jahresbetrag der gesetzlichen Miete auf Grund des Monatsbetrages der gesetzlichen Miete zu ermitteln, der für den der Entscheidung des Mieteinigungsamtes vorhergehenden Monat Geltung hatte.

§ 12.

Übt das Amtsgericht die Aufgaben des Mieteinigungsamtes aus, so kann die Feststellung über die Sicherung eines Ersatzraums (§§ 6, 16 MSchG.) schon im Streitverfahren über die Aufhebung des Mietverhältnisses getroffen werden.

§ 13.

Die unter das Reichsmieterschutzgesetz fallenden Rechtsstreitigkeiten und die sonstigen Rechtsstreitigkeiten aus dem Mietverhältnis sind bei den Amtsgerichten zu einer oder, wo ihr Umfang dies nicht gestattet, zu mehreren besonderen Geschäftsaufgaben zusammenzufassen. Bei den Landgerichten empfiehlt es sich, sie einer Kammer zuzuweisen.

III. Bestellung der Beisitzer.

§ 14.

Die Beisitzer zu den Amtsgerichten (§ 1), den Mieteinigungsämtern (§ 4), den Amtsgerichten als Mieteinigungsämtern (§ 5) und den Beschwerdestellen (§ 6) werden auf Grund von Vorschlagslisten örtlicher Hausbesitzer- und Mietervereine jeweils für zwei Kalenderjahre bestellt.

§ 15.

I Die Einleitungen für die Neubestellung sind in dem Jahre, in welchem die Amtszeit der Beisitzer abläuft, rechtzeitig zu treffen.

II Die Amtsgerichte und Mieteinigungsämter haben ihren ungefähren Bedarf an Beisitzern und Stellvertretern, die Amtsgerichte nach Anfrage bei der Beschwerdestelle auch deren voraussichtlichen Bedarf den Stadt- und Gemeinderäten spätestens bis zum 20. August jeden zweiten Jahres, erstmals bis zum 20. August 1927 mitzuteilen.

§ 16.

I Die Stadt- und Gemeinderäte haben sodann unverzüglich örtliche Hausbesitzer- und Mietervereine zur Einreichung der Vorschlagslisten aufzufordern und ihnen dabei die vorzuschlagende Mindestzahl an Beisitzern und Stellvertretern zu bezeichnen.

II Als örtliche Hausbesitzer- oder Mietervereine im Sinne des § 7 Abs. 2 MSchG. sind von der Aufstellung der nächsten Vorschlagsliste an nur solche rechtsfähige oder nicht rechtsfähige Vereinigungen anzusehen, deren satzungsmäßiger Zweck ausschließlich oder überwiegend die Wahrung der Interessen der Hausbesitzer oder der Mieter ist, die ferner eine diesem Zweck entsprechende Tätigkeit entfalten und nicht nur als Vertreter eines verhältnismäßig verschwindenden Teiles dieser örtlichen Bevölkerung angesehen werden können.

§ 17.

I Die Vorschlagslisten sind spätestens bis zum 20. September bei den Stadt- und Gemeinderäten einzureichen.

II Sie müssen enthalten:

a) den Vor- und Zunamen, Stand und Wohnort (Wohnung) der vorgeschlagenen Personen;

b) deren Geburtszeiten;

c) die Angabe, wie lange die vorgeschlagenen Personen ihren Wohnsitz in der Gemeinde haben;

d) die Feststellung, ob Ausschließungsgründe nach § 7 Abs. 3 MSchG. in Verbindung mit den §§ 32 mit 34 des Reichsgerichtsverfassungsgesetzes bekannt sind; dabei ist ausdrücklich festzustellen, daß die vorgeschlagenen Personen nicht gleichzeitig Vermieter und Mieter und nicht zugleich mit dem Vollzuge der Maßnahmen gegen Wohnungsmangel betraut sind.

III Den Vorschlagslisten sind beizugeben:

a) Erklärungen der vorgeschlagenen Personen, daß sie bereit sind, das Ehrenamt eines Beisitzers oder Stellvertreters zu übernehmen, oder die Angabe der Gründe, aus denen die Berufung zum Beisitzeramt abgelehnt wird;

b) Erklärungen der gleichen Personen, daß sie sich verpflichten, für Dritte keine berufliche oder ehrenamtliche Tätigkeit auszuüben, die sich auf Mietverhältnisse über Gebäude oder Gebäudeteile bezieht;

c) im Falle der Geschäftsvereinigung der vorgeschlagenen Personen mit anderen auch Erklärungen der letzteren, daß sie sich verpflichten, keine Tätigkeit der unter b) genannten Art im Bezirke des Gerichtes gegen Vergütung auszuüben.

§ 18.

Die Stadt- und Gemeinderäte haben die Vorschlagslisten auf ihre Vollständigkeit und Richtigkeit, insbesondere daraufhin vorzuprüfen, ob bei den vorgeschlagenen Personen die Voraussetzungen für die Bestellung als Beisitzer oder Stellvertreter gegeben sind. Unvollständige oder unrichtige Listen sind zur Vervollständigung oder Richtigstellung an die Vereine hinauszugeben.

§ 19.

Die vorgeprüften Vorschlagslisten sind von den Stadt- oder Gemeinderäten bis spätestens zum 1. November an den Vorstand des Amtsgerichtes einzusenden. Liegen Vorschlagslisten von örtlichen Hausbesitzer- oder Mietervereinen nicht vor, so haben die Stadt- oder Gemeinderäte bis zum gleichen Zeitpunkte selbst Vorschläge zu machen.

§ 20.

I Über die Vorschläge entscheidet ein beim Amtsgerichte gebildeter „Bestellungsausschuß".

II Dem Bestellungsausschuß gehören an:

der Vorstand des Amtsgerichts, die Vorsitzenden der Mieteinigungsämter im Amtsgerichtsbezirke, der Vorsitzende der Beschwerdestelle, wenn eine Beschwerdestelle am Sitze des Amtsgerichts ist, sowie je ein von diesen Personen zugewählter Vertreter der Vermieter aus dem Kreise der Hausbesitzer und der Mieter.

III Den Vorsitz im Bestellungsausschuß führt der dienstälteste Richter.

§ 21.

I Der Bestellungsausschuß bestimmt zunächst die dem Landgerichte als Beisitzer zur Beschwerdestelle vorzuschlagenden Personen und bestellt sodann die Beisitzer zum Amtsgericht und den gemeindlichen Mieteinigungsämtern.

II Dabei sind für die Zeit vom 1. Januar 1928 an gesonderte Listen für das Amtsgericht als Mietgericht und als Mieteinigungsamt aufzustellen; dieselben Personen dürfen in beide Listen aufgenommen werden.

§ 22.

Bei der Bestellung der Beisitzer sollen alle Kreise der Bevölkerung gleichmäßig berücksichtigt werden, für die Beschwerdestelle sind tunlichst solche Personen vorzuschlagen, die auf dem Gebiete des Mieterschutzes besondere Erfahrung besitzen, insbesondere also Personen, die schon als Beisitzer eines Mieteinigungsamtes tätig waren.

§ 23.

I Die Zahl der Beisitzer ist so zu bemessen, daß jeder Beisitzer voraussichtlich nicht öfter als monatlich einmal zum Dienste herangezogen werden muß.

II Die Zahl der Stellvertreter soll jener der Beisitzer mindestens gleich sein.

III Erweist sich die Zahl der Beisitzer als ungenügend oder sinkt sie unter den notwendigen Bedarf herab, so kann sie ergänzt werden. Die neuen Beisitzer können vom Bestellungsausschuß den letzten Vorschlagslisten und vom Landgerichtspräsidenten den ihm noch vorgeschlagenen weiteren Personen entnommen werden.

§ 24.

I Der Bestellungsausschuß beschließt mit einfacher Stimmenmehrheit. Bei Stimmengleichheit entscheidet die Stimme des Vorsitzenden.

II Die Entscheidungen des Bestellungsausschusses sind unanfechtbar.

§ 25.

Die Beisitzer und ihre Stellvertreter werden in der Reihenfolge ihrer Auswahl in eine Liste aufgenommen und nach dieser Reihenfolge zur Dienstleistung einberufen. Der Tag der Dienstleistung soll ihnen möglichst zeitig bekanntgegeben werden.

§ 26.

I Die Beisitzer der Beschwerdestellen, der Amtsgerichte, der Amtsgerichte als Mieteinigungsämter, sowie die Mitglieder des Bestellungsausschusses, die ihm nicht kraft ihres Richteramtes angehören, erhalten eine Entschädigung nach den für die Schöffen und Geschworenen geltenden Vorschriften.

II Die Entschädigung der Beisitzer der gemeindlichen Mieteinigungsämter wird von den Gemeinden geregelt.

IV. Zahlung der gesetzlichen Miete.

§ 27.

In den Fällen, in denen die gesetzliche Miete gilt, kann der Vermieter wie der Mieter verlangen, daß der Mietzins wöchentlich oder monatlich gezahlt wird.

V. Neubauten, durch Um- oder Einbauten neu geschaffene Räume. — Zuschußbauten.*)

§ 27 a.

Die Bescheinigungen über das Vorliegen der Erfordernisse des § 33 Abs. 1 Satz 2 Halbsatz 1 MSchG. werden von den Regierungen, Kammern des Innern, erteilt.

§ 28.

I Die Vorschriften der §§ 1—31 MSchG. finden auf Neubauten und durch Um- oder Einbauten neugeschaffene Räume Anwendung, die nach dem 1. Juli 1918 bezugsfertig geworden sind oder künftig bezugsfertig werden und für die Zuschüsse aus öffentlichen Mitteln gegeben sind. Dies gilt auch für solche Neubauten und Räume gemeinnütziger Gesellschaften und Genossenschaften im Sinne des § 33 Abs. I S. 2 MSchG.

II Als Zuschüsse aus öffentlichen Mitteln im Sinne des Abs. I gelten auch Darlehen, die auf Grund der Dritten Steuernotverordnung und der Vorschriften über den Geldentwertungsausgleich bei bebauten Grundstücken gegeben sind.

III Als Zuschüsse aus öffentlichen Mitteln im Sinne des Abs. I gelten weiter die vor dem Inkrafttreten der unter II genannten Vorschriften seit dem 1. Juli 1918 für Neubauten gewährten Baukostenzuschüsse nach den Bestimmungen vom 31. Oktober 1918 (Zentralblatt f. d. D. Reich S. 1160 StAnz. Nr. 272, GVBl. 1918 S. 1243, MABl. 1918 S. 363), die Reichs- und Gemeindedarlehen nach den Bestimmungen vom 10. Januar und 25. August 1920 (Zentralblatt f. d. D. Reich S. 56, 60, 1395; StAnz. Nr. 40) und die Landeszuschüsse hiezu, die Landes- und Gemeindedarlehen nach den Bestimmungen vom 4. März 1921 (StAnz. Nr. 54), vom 16. Februar 1922 (StAnz. Nr. 41) und vom 16. August 1923 (StAnz. Nr. 196) sowie die Reichs- und Landeshypothekardarlehen für den Woh-

*) Eingefügt — mit Wirkung vom 1. April 1928 — durch die VO. über Mieterschutz in Bayern vom 29. März 1928 Nr. 1507 a 38 GVBl. S. 179.

nungsbau 1923 (vgl. Bekanntmachung vom 20. Juli 1925, StAnz. Nr. 165).

IV Als Zuschüsse aus öffentlichen Mitteln im Sinne des Abs. I gelten endlich Darlehen, die seit dem 1. Juli 1918 von Gemeinden oder Gemeindeverbänden für Neubauten aus anderen Mitteln, als aus dem Erträgnis der Mietzinssteuer, jedoch zu ähnlichen Bedingungen wie die jeweiligen staatlichen Baudarlehen (Abs. II und III), insbesondere mit entsprechender Zinsermäßigung gegeben worden sind oder künftig gegeben werden.

VI. Schlußbestimmungen.

§ 29.

I Vorstehende Verordnung tritt sofort in Kraft.

II Gleichzeitig werden aufgehoben:

a) die Ausführungsbekanntmachung zum MSchG. vom 23. Juli 1923 (GVBl. S. 367, StAnz. Nr. 168),
b) die Bekanntmachung über die gesetzliche Miete vom 28. September 1923 (StAnz. Nr. 225),
c) die Bekanntmachung über Mieterschutz vom 23. Februar 1924 (GVBl. S. 64, StAnz. Nr. 49),
d) die Ausführungsbekanntmachung zum MSchG. vom 16. Mai 1924 (JustMBl. S. 97, StAnz. Nr. 117),
e) die Bekanntmachung über die Zahlung der gesetzlichen Miete vom 25. Februar 1925 (GVBl. S. 94, StAnz. Nr. 48),
f) die Ausführungsbekanntmachung zum MSchG. vom 16. Juli 1925 (StAnz. Nr. 167).

III In Kraft bleiben auch weiterhin:

a) die Bekanntmachung über die Durchführung der §§ 3 und 10 Abs. 2 MSchG. vom 30. Oktober 1926 (StAnz. Nr. 252),
b) die Verordnung über Mieterschutz und Mietzinsbildung in Bayern (MSchG. — MZVO.) vom 28. Dezember 1926 (GVBl. S. 553, StAnz. Nr. 303),
c) die Bekanntmachung über ein Schiedsverfahren vor dem Mieteinigungsamt vom 21. Juni 1927 (GVBl. S. 226, StAnz. Nr. 140).

Art. II Neuordnung*).

Für Mietverhältnisse, welche durch Anordnungen nach § 52 Abs. 1 Satz 1 MSchG. von den Vorschriften des ersten Abschnittes des Mieterschutzgesetzes ausgenommen worden sind oder künftig hievon ausgenommen werden, gelten folgende Vorschriften:**)

1. Der Vermieter wie der Mieter kann verlangen, daß der Mietzins wöchentlich oder monatlich gezahlt wird.
2. Eine dem Mieter nach § 721 ZPO. für Wohnräume oder nach § 52e Abs. 1 Nr. 1 MSchG. für sonstige Räume gewährte Räumungsfrist kann auf seinen Antrag vom Gericht gemäß § 5 Abs. 4 MSchG. verlängert werden.

2. Bek. des Staatsministeriums der Justiz über die geschäftliche Behandlung der Kündigungssachen nach dem Mieterschutzgesetz.

Vom 28. März 1928 (StAnz. Nr. 74).

Am 1. April 1928 treten die neuen Vorschriften über das gerichtliche Kündigungsverfahren nach den §§ 1—10 des Gesetzes über Mieterschutz und Mieteinigungsämter (MSchG.) in der Fassung der Bekanntmachung vom 17. Februar 1928 (RGBl. I S. 25) und der Verordnung über das Kündigungsschreiben nach § 1b des Mieterschutzgesetzes vom 3. März 1928 (RGBl. I S. 54) in Kraft. Zum Vollzug dieser Vorschriften wird folgendes bestimmt:

I. Mietkündigungsregister.

Bei den Geschäftsstellen der Amtsgerichte wird ein Mietkündigungsregister (MKR.) nach dem Muster A geführt. Treffen mehrere Kündigungsgründe zusammen, so wird der Antrag, wenn er auf die §§ 2 und 4 MSchG. gestützt ist, nur in Spalte 7 und wenn er auch auf § 3 MSchG. gestützt wird, nur in Spalte 8 gezählt. Die

*) In Kraft getreten am 1. April 1928 (Art. III).

**) Vgl. § 52e MSchG. Anm. 1 (Ziff. 3) u. 2.

Spalten 7—9 können durch Einstellen eines senkrechten Striches ausgefüllt werden.

Gilt der Antrag des Mieters auf Bewilligung einer Räumungsfrist ohne Bezeichnung ihrer Dauer oder seine Erklärung, den Mietraum nur bei Sicherung eines Ersatzraumes herausgeben zu wollen, als Widerspruch (§ 1k Abs. 3 MSchG.), so wird in Spalte 12 der Tag des Eingangs des Antrags oder der Erklärung eingetragen. Der Antrag oder die Erklärung ist alsbald zur Terminsbestimmung vorzulegen.

Gilt der Antrag des Mieters, ihm eine zeitlich bestimmte Räumungsfrist zu gewähren, als Widerspruch, weil der Vermieter die Zustimmung hiezu verweigert oder eine Erklärung nicht abgibt, so wird in Spalte 12 der Tag eingetragen, an dem die Erklärung des Vermieters über die Verweigerung eingeht, oder mit dessen Ablauf die dem Vermieter gestellte Frist abgelaufen ist, ohne daß eine Erklärung abgegeben worden ist. Zu dem Zeitpunkt ist zugleich der Antrag des Mieters auf Gewährung einer Räumungsfrist zur Terminsbestimmung vorzulegen.

II. Kündigungsschreiben.

Zustellungen an Vermieter und Mieter.

1. Das Kündigungsschreiben ist vom Vermieter mit den erforderlichen Abschriften dem Gericht einzureichen (§ 1a Abs. 2, §§ 1b und 1c MSchG., Fußnote auf S. 1 des amtlichen Vordrucks für das Kündigungsschreiben); eine Aufnahme zu Protokoll der Geschäftsstelle findet nicht statt. Für das Kündigungsschreiben darf nur der durch die Verordnung vom 3. März 1928 (RGBl. I S. 54) vorgeschriebene Vordruck verwendet werden. Vor der endgültigen Zurückweisung eines Gesuches nach § 1b Abs. 5 MSchG. wird der Urkundsbeamte der Geschäftsstelle den Vermieter, der ein mangelhaftes Gesuch persönlich überreicht, bei Abstellung der Mängel unterstützen und ihm das mangelhafte Gesuch zunächst zur Verbesserung zurückgeben.

Nach dem Gesetz (§ 1b Abs. 2 Nr. 3 MSchG.) muß das Kündigungsschreiben die bestimmte Angabe der Tatsachen enthalten, auf welche die Kündigung gestützt wird. Es wird daher eine allgemein gehaltene Angabe, z. B. daß der Mieter den Vermieter erheblich belästigt oder den Mietraum gefährdet oder daß der Vermieter ein überwiegendes Interesse an der Erlangung des Mietraums habe, nicht genügen; vielmehr ist zu verlangen, daß die einzelnen tatsächlichen Vorgänge, in denen die dem Mieter vorgeworfenen Verfehlungen gesehen werden und die einzelnen Umstände dargelegt werden, aus denen sich das überwiegende Interesse des Vermieters ergeben soll. Die Frage, ob die Kündigung für den beantragten Zeitpunkt zulässig ist, entscheidet sich nach § 5 MSchG.

2. Die Urschrift des Kündigungsschreibens bleibt bei den Akten. Die Zustellung des Kündigungsschreibens an den Mieter erfolgt von Amts wegen (§ 1c MSchG.); beizufügen ist der vorgeschriebene Vordruck für die Rechtsbelehrung.

In der Rechtsbelehrung wird dem Mieter auch die Anschrift der zuständigen Fürsorgebehörde (vgl. Nr. III) mitgeteilt. In Zweifelsfällen stellt der Urkundsbeamte der Geschäftsstelle diese Fürsorgebehörde durch Rückfrage fest.

Von der Zustellung des Kündigungsschreibens an den Mieter und von dem rechtzeitig erhobenen Widerspruch des Mieters wird der Vermieter unverzüglich von Amts wegen benachrichtigt (§§ 1c und 1e MSchG.). Die Benachrichtigung über die Erhebung des Widerspruchs ist zuzustellen. Die Benachrichtigung des Vermieters von der Zustellung des Kündigungsschreibens kann mit Postkarte erfolgen. Dem Mieter wird auf Verlangen eine Bescheinigung über rechtzeitige Erhebung des Widerspruchs erteilt.

III. Mitteilungen an die Fürsorgebehörden.[1]

1. Die Geschäftsstellen der Amtsgerichte haben der Fürsorgebehörde (vgl. Nr. 2) unverzüglich nach Eingang eines Kündigungsschreibens, einer Aufhebungsklage oder einer Herausgabeklage zuzustellen:

a) eine Abschrift des Kündigungsschreibens, wenn die Kündigung eines Wohnraums (nicht: Geschäftsraumes) entweder ausschließlich oder neben anderen Gründen auf Zahlungsverzug des Mieters gestützt wird (§§ 1c und 3 MSchG.);

b) eine Abschrift der Klage, mit der die Aufhebung eines auf Wohnraum bezüglichen Mietverhältnisses auf Grund des § 3 MSchG. verlangt wird (§ 10 Abs. 2 MSchG.);

c) eine Abschrift der Herausgabeklage bei einem vom Mieterschutz freigegebenen Wohnraum nach § 52e Abs. 1 Nr. 4 MSchG.

Nach § 10 Abs. 2 in Verbindung mit § 1c Abs. 2 und § 52e Abs. 1 Nr. 4 Satz 3 MSchG. muß die Zustellung in allen Fällen „unter Hinweis auf die Fürsorgepflicht gemäß den Reichsgrundsätzen über Voraussetzung, Art und Maß der öffentlichen Fürsorge“ erfolgen. Diesem Erfordernis wird genügt, wenn auf das zuzustellende Schriftstück und auf das bei den Akten verbleibende Schriftstück folgender Vermerk gesetzt wird:

„Mitgeteilt unter Hinweis auf die Reichsgrundsätze über die Fürsorgepflicht. Amtsgericht ....“

2. Die an die Fürsorgebehörde zu machenden Zustellungen erfolgen:

a) soweit der Wohnraum sich im Amtsbezirk einer unmittelbaren Stadt befindet, an den städtischen Wohlfahrtsausschuß (beim Stadtrat),

b) soweit der Wohnraum sich im Amtsbezirk einer mittelbaren Gemeinde befindet, an den Bezirksfürsorgeausschuß (beim Bezirksamt).

3. Der städtische Wohlfahrtsausschuß und der Bezirksfürsorgeausschuß werden ihrerseits prüfen, ob sie sachlich und örtlich zuständige Fürsorgebehörde sind und verneinendenfalls die Mitteilung an die sachlich und örtlich zuständige Fürsorgebehörde weiterleiten.

Die sachliche und örtliche Zuständigkeit der Fürsorgebehörden richtet sich nach den Vorschriften der Reichsverordnung über die Fürsorgepflicht vom 13. Februar 1924 und 8. Juni 1926 (RGBl. I 1924 S. 100, 1926 S. 255), der bayerischen vorläufigen Ausführungsverordnung vom

27. März 1924 (GVBl. S. 126) und der bayerischen Verordnung über die Verwaltung der Fürsorgeverbände vom 12. Januar 1925 (GVBl. S. 39).

1. Zur Ausführung der Ziff. III ergingen zwei Anordnungen, nämlich

1. die Bek. der Staatsministerien des Innern und für Soziale Fürsorge über die Mitwirkung der Fürsorgeverbände beim Vollzug des Mieterschutzgesetzes vom 30. März 1928 (StAnz. Nr. 75);
2. die Bek. der gleichen Staatsministerien vom 30. April 1928 (StAnz. Nr. 101), deren Vollzug jedoch durch Entschl. vom 9. Juli 1928 (StAnz. Nr. 157) vorläufig ausgesetzt werden soll. Die Bek. hat folgenden Wortlaut:

„Nach einem Beschluß des Reichstages ist die Auswirkung des Kündigungsverfahrens nach §§ 2—4 des Mieterschutzgesetzes u. a. auch hinsichtlich der Anrufung der Fürsorgebehörden und des erfolgreichen Eingreifens der Fürsorgebehörden statistisch zu erfassen.

Zur weiteren Ausführung der Ziff. III der Bek. d. StMin. d. Justiz v. 28. 3. 28 Nr. 13061 (StAnz. Nr. 74, vergl. auch Bek. des StMin. des Innern und für Soz. Fürs. v. 30. 3. 28 Nr. 2750 c I/3, StAnz. Nr. 75) haben daher die Fürsorgeverbände vierteljährlich eine Zusammenstellung über die von ihnen geleisteten Mietunterstützungen (Angabe der Zahl der Unterstützungsfälle und des Gesamtaufwands der Mietunterstützungen, ausgeschieden nach Wohn- und Geschäftsräumen) herzustellen. Die Bezirksverwaltungsbehörden legen die Zusammenstellung (für die Orts- und Bezirksfürsorgeverbände) jeweils unmittelbar nach Abschluß des Kalendervierteljahres der zuständigen Regierung, Kammer des Innern, vor, die Regierungen legen je eine Gesamtzusammenstellung für den Regierungsbezirk bis spätestens 20. des ersten Monats des Kalendervierteljahres dem Staatsministerium des Innern und für Soziale Fürsorge vor. Erstmals ist die Zusammenstellung für das 2. Kalendervierteljahr 1928 zu fertigen."

IV. Räumungsbefehl.

1. Der Räumungsbefehl wird auf die freie Stelle der ersten Seite der Urschrift des Kündigungsschreibens, die bei den Akten bleibt, gesetzt (§ 1f Abs. 3 MSchG.). Er wird folgendermaßen gefaßt:

„Räumungsbefehl.

Dem Mieter wird aufgegeben, die in diesem Kündigungsschreiben bezeichneten Mieträume — am .....

19 . . — sofort — . . . . . . — nach Zustellung dieses Befehls — an den Vermieter herauszugeben und die unten berechneten Kosten zu tragen.

Gegen den Räumungsbefehl ist binnen 1 Woche Einspruch beim Amtsgericht zulässig (schriftlich oder zu Protokoll der Geschäftsstelle).

Der Räumungsbefehl ist — nach Rechtskraft — vorläufig — vollstreckbar.

. . . ., den . . . . 19 . .

. . . .

als Urkundsbeamter der Geschäftsstelle des Amtsgerichts.

Kostenrechnung:

Gebühr für das Kündigungsverfahren (§ 1o MSchG.)	. . . . *RM*
Schreibgebühren (§ 71 GKG.)	. . . . *RM*"

Ist die Kündigungsfrist bei der Verfügung des Räumungsbefehls bereits abgelaufen, so wird dem Mieter die sofortige Räumung aufgegeben.

2. Ein Ersatzraum (§ 6 MSchG.) kann im Räumungsbefehl nicht zugesprochen werden. Das Verlangen des Mieters auf Gewährung eines Ersatzraumes wird als Widerspruch gegen die Kündigung behandelt (§ 1k Abs. 3 MSchG.).

3. Der Räumungsbefehl, gegen den der Einspruch zulässig ist (§ 1g MSchG.), ist in der Regel erst nach Ablauf der Einspruchsfrist vollstreckbar (§ 1i MSchG.); nur ausnahmsweise kann die vorläufige Vollstreckbarkeit ausgesprochen werden, wenn die in § 13 Abs. 3 MSchG. vorgeschriebenen Voraussetzungen vorliegen.

4. Hat die Fürsorgebehörde angezeigt, daß sie zur Befriedigung des Vermieters bereit sei (§ 3 Abs. 3 in Verbindung mit § 1f Abs. 2 MSchG.) oder hat der Mieter angezeigt, daß er binnen der Widerspruchsfrist den im Kündigungsschreiben angegebenen Mietzinsrückstand durch Zahlung getilgt oder eine gegenüber der Mietzinsforderung zulässige Aufrechnung erklärt habe (§ 1h Abs. 2 MSchG.), so vergewissert sich der Urkundsbeamte der Ge-

schäftsstelle vor der Entscheidung über einen vom Vermieter gestellten Antrag auf Erlaß des Räumungsbefehls über die erfolgte Zahlung, erforderlichenfalls durch Nachfrage bei dem Vermieter oder der Fürsorgebehörde. Ein förmliches Beweisverfahren ist nicht zulässig.

5. Die Zustellung des Räumungsbefehls an den Vermieter erfolgt durch Zustellung einer beglaubigten Abschrift von Amts wegen. Die Zustellung an den Mieter erfolgt durch Vermittlung des Urkundsbeamten der Geschäftsstelle, sofern nicht der Vermieter erklärt hat, selbst einen Gerichtsvollzieher mit der Zustellung beauftragen zu wollen (§ 1f Abs. 3 MSchG.). Die Zustellung an den Vermieter kann unterbleiben, wenn der Urkundsbeamte der Geschäftsstelle die Zustellung an den Mieter zu vermitteln hat.

6. Die Kostenrechnung auf dem Räumungsbefehl ist auszufüllen, soweit der Vermieter die Zahlung der Kosten nachgewiesen hat oder diese sich aus den Akten ergibt. Auf Grund des Räumungsbefehls kann der Vermieter nur die Erstattung von Gerichtskosten verlangen (§ 1o MSchG.).

7. Die Zwangsvollstreckung aus dem Räumungsbefehl erfolgt auf Grund einer mit der Vollstreckungsklausel versehenen Ausfertigung des Räumungsbefehls. Ist dieser nicht für vorläufig vollstreckbar erklärt, so ist zur Erteilung der Vollstreckungsklausel der Nachweis der Rechtskraft erforderlich (§ 1i MSchG.).

V. Verfahren nach Erhebung des Widerspruchs oder nach Einlegung des Einspruchs.

1. Wird der Widerspruch gegen die Kündigung mündlich bei der Geschäftsstelle angebracht, so wird darüber ein Protokoll aufgenommen (§ 1d MSchG.).

2. Für die geschäftliche Behandlung in dem Verfahren nach Erhebung des Widerspruchs gegen die Kündigung eines Mietverhältnisses oder nach Einlegung des Einspruchs gegen einen Räumungsbefehl gelten die Vorschriften über die geschäftliche Behandlung in dem Verfahren nach Erhebung des Widerspruchs gegen einen Zah-

lungsbefehl oder nach Einspruch gegen den Vollstreckungsbefehl entsprechend. Das Ergebnis des Einspruchs (vgl. Spalte 17 und 18 des Mietkündigungsregisters) wird zum Mietkündigungsregister mitgeteilt.

VI.

Die Bekanntmachung vom 30. Oktober 1926 Nr. 2750 c I 27 (StAnz. Nr. 252) ist mit Wirkung vom 1. April 1928 an aufgehoben.

VII.

Wegen der justizstatistischen Zählungen über Mietaufhebungsstreitigkeiten und Kündigungsverfahren ergeht noch besondere Entschließung.[2]

2. Bek. des Staatsministeriums der Justiz über die Herstellung einer Statistik in Mieterschutzsachen vom 14. April 1928 (JustMinABl. S. 46).

3. Bekanntmachung über ein Schiedsverfahren vor dem Mieteinigungsamt.

Vom 21. Juni 1927 (GVBl. S. 226) und vom 14. April 1928 (GVBl. S. 202).

I.

Auf Grund des § 52a des Gesetzes über Mieterschutz und Mieteinigungsämter in der Fassung der Bekanntmachung vom 17. Februar 1928 (RGBl. I S. 25) wird für Gemeinden, für deren Bezirk ein gemeindliches Mieteinigungsamt besteht, angeordnet:

1. Einer Klage, mit der die Herausgabe eines nach § 52 MSchG. in Verbindung mit der dritten Verordnung zur Lockerung des Mieterschutzes und der Mietzinsbildung in Bayern vom 29. März 1928 (GVBl. S. 174, StAnz. Nr. 75) von den Vorschriften des ersten Abschnittes des Mieterschutzgesetzes ausgenommenen Raumes verlangt wird, hat[1] mit Ausnahme[2] der Fälle des § 554 BGB. ein Schiedsverfahren vor dem Mieteinigungsamt vorauszugehen.[3]

2. Ein Termin zur mündlichen Verhandlung über die Räumungsklage darf erst bestimmt werden, wenn der Vermieter eine Bescheinigung des Mieteinigungsamtes darüber beibringt, daß in einem Termin, in dem der Vermieter oder ein von ihm zum Vergleichsabschluß ermächtigter Vertreter erschienen war, ein gütlicher Ausgleich zwischen den Parteien erfolglos versucht oder daß der Mieter in dem Termin ausgeblieben ist.[4]

3. Ein bei dem Prozeßgericht angebrachter Güteantrag ist an das Mieteinigungsamt zu verweisen.

4. Die Entscheidung auf eine vor dem Inkrafttreten dieser Anordnung erhobene Räumungsklage ist bis zur Erledigung des Schiedsverfahrens auszusetzen.

5. Ein Schiedsverfahren kann auch von dem Mieter beantragt werden, der eine Räumungsklage befürchtet.

6. Das Schiedsverfahren ist gebührenfrei.[5] Die Erstattung von Auslagen kann nicht gefordert werden.

7. Die Vorschriften für das Verfahren vor dem Mieteinigungsamt finden auf das Schiedsverfahren entsprechende Anwendung.

II.

In Gemeinden, für deren Bezirk ein gemeindliches Mieteinigungsamt nicht besteht, kann die Bestimmung eines Termins zur Güteverhandlung vor dem Amtsgericht auch[6] von dem Mieter beantragt werden, der eine Herausgabeklage befürchtet (§§ 52 Abs. 1 S. 2; 9 MSchG.).

III.

Die Bekanntmachung tritt sofort in Kraft.[7]

1. Das Schiedsverfahren vor dem MEA. muß — unverzichtbare Vorschrift § 49 MSchG. — der Räumungsklage vorausgehen, gleichviel, ob es sich um Wohn- oder andere Räume handelt. Nur bei den auf Grund des § 52 MSchG. landesrechtlich vom MSchG. freigegebenen Räumen kommt ein Schiedsverfahren in Betracht (Anm. 1 zu § 52a MSchG.).

2. Die Herausgabeklage muß auf das Mietrecht gestützt sein; Klagen auf Grund des § 985 BGB. weil z. B. ein gültiges Mietverhältnis nicht vorlag oder infolge Anfechtung wegen Irrtums ungültig war, gehören nicht hierher. Ausdrücklich bestimmt ist, daß kein Schiedsverfahren erforderlich ist, wenn die Kündigung, auf welche die Klage gestützt wird, wegen Zahlungsverzug des Mieters nach § 554 BGB. erfolgt ist.

3. Termin zur mündlichen Verhandlung über die Räumungsklage darf also erst angesetzt werden, wenn eine Bescheinigung des MEA. vorgelegt wird, daß ein solches Schiedsverfahren stattgefunden hat (Ziff. 2). War dies der Fall, so braucht der Klagerhebung ein nochmaliges Güteverfahren vor dem Amtsgericht nicht vorauszugehen. Wo die LockerungsVO. keine Anwendung findet, entfällt die Notwendigkeit der Beibringung der Bescheinigung LG. I Berlin MietG. 1927, 57.

4. Das Schiedsverfahren ist auch dann notwendig, wenn im Weg der Klagerweiterung oder Widerklage (§ 281 ZPO.) ein Räumungsanspruch erhoben wird. Ist die Räumungsklage offensichtlich unbegründet, so braucht das Verfahren nicht ausgesetzt zu werden, LG. I Berlin MietG. 1928, 14 gegen Schubart, MietG. 1927, 157.

5. Nicht gebührenfrei ist das an das Schiedsverfahren sich anschließende Rechtsbeschwerdeverfahren.

6. Wo ein gemeindl. MEA. nicht besteht (§ 5 der AusfVO. z. MSchG. v. 5. Aug. 1927), greift das Schiedsverfahren nicht Platz; hier gilt nur das Güteverfahren, das nach dem Vorbild der Ziff. 5 auch von dem Mieter beantragt werden kann, der eine Herausgabeklage befürchtet.

7. D. i. am 22. Juni 1927.

4. Lockerungsverordnungen.

Wegen der Neubezeichnungen der Verordnungen vom 18. Aug. und 28. Dez. 1926 vgl. Anm. 1 zur dritten Verordnung.

a) Erste Verordnung zur Lockerung des Mieterschutzes und der Mietzinsbildung in Bayern.

Vom 18. August 1926 GVBl. S. 415.

Geltungsdauer: 1. September mit 31. Dezember 1926. Soweit auf Grund dieser VO. Mietverhältnisse vom Mieterschutz und von der gesetzlichen Mietpreisbildung ausgenommen wurden, bleiben sie auch nach Außerkrafttreten dieser VO. weiterhin befreit, § 5 Abs. 2 der zweiten, § 4 Abs. 2 der dritten Lockerungsverordnung.

Auf Grund des § 22 Satz 3 des Reichsmietengesetzes vom 24. März 1922 (RGBl. I S. 273) und des § 52 Abs. I Satz 1 des Gesetzes über Mieterschutz und Mieteinigungsämter in der Fassung der Bekanntmachung vom 30. Juni 1926 (RGBl. I S. 347) wird nach Anhörung und, soweit erforderlich, mit Zustimmung des Reichsarbeitsministers unter dem Vorbehalt des jederzeitigen Widerrufs angeordnet was folgt:

I.

Die Vorschriften des ersten Abschnittes des Reichsgesetzes über Mieterschutz und Mieteinigungsämter in der Fassung der Bekanntmachung vom 30. Juni 1926 (RGBl. I S. 347) sowie die Bestimmungen über die gesetzliche Mietpreisbildung finden keine Anwendung:

1. auf Mietverhältnisse über Räume, die nach dem 31. August 1926 auf Grund des § 2 Abs. III der Verordnung über Maßnahmen gegen Wohnungsmangel in Bayern (WMVO.) vom 18. August 1926 (GVBl. S. 403) begründet werden, soferne und solange diese Räume zu Wohnzwecken vermietet werden,

2. auf Mietverhältnisse über Räume, die nach dem 31. August 1926 auf Grund des § 19 Abs. IV WMVO. begründet werden,

3. auf Mietverhältnisse über Wohnungen, die nach dem 31. August 1926 auf Grund des § 25 Abs. III—VII WMVO. — im Falle des § 25 Abs. VI WMVO. mit Genehmigung der Ortspolizeibehörde — begründet werden,

4. auf Mietverhältnisse über Räume, die gewerblich oder geschäftlich benutzt werden, falls deren Jahresfriedensmiete die Mietgrenzen des § 25 Abs. III WMVO. übersteigt und die Räume nach dem 31. August 1926 neu vermietet werden.

Bei Mietverhältnissen, die sich auf zusammenhängende Wohnräume und geschäftlich oder gewerblich benutzte Räume beziehen, ist zur Beurteilung der Frage, ob die Mietgrenzen des § 25 Abs. III WMVO. überschritten werden, von der Gesamtjahresfriedensmiete auszugehen.

II.

Die Bestimmungen über die gesetzliche Mietpreisbildung finden auf Untermietverhältnisse nur dann noch Anwendung, wenn diese sich ausschließlich auf Wohnraum beziehen, in dem der Untermieter eine eigene Wirtschaft oder Haushaltung führt, es sei denn, daß der Vermieter nach dem 31. August 1926 auf Grund des § 19 Abs. IV WMVO. freiwillig vermietet hat (I Ziff. 2 dieser VO.). § 24 Abs. II MSchG. gilt entsprechend.

III.

Die Verordnung tritt am 1. September 1926 in Kraft. Mit dem gleichen Tage tritt Ziff. II der Bekanntmachung vom 27. Dezember 1924 Nr. 1512 a 7 (StAnz. Nr. 301) außer Kraft.

b) Zweite Verordnung zur Lockerung des Mieterschutzes und der Mietzinsbildung in Bayern.

Vom 28. Dezember 1926 GVBl. S. 533.

Geltungsdauer: Vom 1. Januar 1927 bis 31. März 1928. Soweit auf Grund dieser VO. Mietverhältnisse vom Mieterschutz und von der gesetzlichen Mietpreisbildung ausgenommen wurden, bleiben sie auch nach Außerkrafttreten dieser VO. weiterhin befreit, § 4 Abs. 2 der dritten Lockerungsverordnung.

Auf Grund des § 22 Satz 3 des Reichsmietengesetzes vom 24. März 1922 (RGBl. I S. 273) und des § 52 Abs. 1 Satz 1 des Reichsgesetzes über Mieterschutz und Mieteinigungsämter vom 30. Juni 1926 (RGBl. I S. 347) wird nach Anhörung und, soweit erforderlich, mit Zustimmung des Reichsarbeitsministers **in jederzeit widerruflicher Weise** angeordnet:

§ 1.

Die Vorschriften des ersten Abschnittes des Gesetzes über Mieterschutz und Mieteinigungsämter sowie die Bestimmungen über die gesetzliche Mietpreisbildung finden keine Anwendung:

1. auf Mietverhältnisse über Räume, die nach dem 31. August 1926 auf Grund des § 2 Abs. III der Verordnung über Maßnahmen gegen Wohnungsmangel in Bayern (WMVO.) vom 18. August 1926 (GVBl. S. 403), **künftig in der Fassung der Verordnung vom 28. Dezember 1926 (GVBl. S. 552), begründet worden sind oder künftig** begründet werden, soferne und solange diese Räume zu Wohnzwecken vermietet werden,

2. auf Mietverhältnisse über Räume, die nach dem 31. August 1926 auf Grund des § 19 Abs. IV WMVO. begründet worden sind oder künftig begründet werden,
3. auf Mietverhältnisse über Wohnungen, die nach dem 31. Dezember 1926 auf Grund des § 25 Abs. III WMVO. begründet werden.

§ 2.

I Die Vorschriften des ersten Abschnittes des Gesetzes über Mieterschutz und Mieteinigungsämter finden mit Wirkung vom 1. Juli 1927 an auf Mietverhältnisse über Räume, die gewerblich oder geschäftlich benützt werden, keine Anwendung.

II Die Aufhebung des Mieterschutzes (Abs. I) gilt nicht:
1. für Mietverhältnisse über gewerblich oder geschäftlich benützte Räume, deren Jahresfriedensmiete
   in München den Betrag von . . . . . 1400 ℳ
   in Nürnberg, Fürth und Ludwigshafen den Betrag von . . . . 1200 ℳ
   in den Orten der Ortskl. A den Betrag von 960 ℳ
   in den Orten der Ortskl. B den Betrag von 720 ℳ
   in den Orten der Ortskl. C den Betrag von 480 ℳ u.
   in den Orten der Ortskl. D den Betrag von 360 ℳ
   nicht übersteigt,
2. für Mietverhältnisse über gewerblich oder geschäftlich benützte Räume, die Teile einer Wohnung sind,
3. für Mietverhältnisse über Räume, die ausschließlich gemeinnützigen, religiösen, mildtätigen, schulischen oder erzieherischen Zwecken dienen. Ob diese Voraussetzungen im Einzelfalle vorliegen, entscheidet im Streitfalle das Staatsministerium, zu dessen Geschäftsbereich die in den Räumen betriebene Tätigkeit gehört.

III Mietverhältnisse über gewerblich oder geschäftlich benützte Räume, für welche nach Abs. I mit Wirkung vom 1. Juli 1927 ab der Mieterschutz aufgehoben ist, können von dem Inkrafttreten der Verordnung (§ 5) ab gekündigt werden, wenn die Kündigung frühestens zum 30. Juni 1927 wirksam wird.

IV Mietverhältnisse über gewerblich oder geschäftlich benützte Räume, die wegen des wirtschaftlichen Zusammenhangs mit Wohnräumen zusammen mit solchen vermietet sind, sind mit Wirkung vom 1. Juli 1927 ab vom Mieterschutz befreit, wenn der auf die gewerblich oder geschäftlich benützten Räume entfallende Anteil der Gesamtjahresfriedensmiete die Mietgrenzen des Abs. II Ziff. 1 übersteigt. Im Streitfalle wird dieser Teil vom Mieteinigungsamte festgesetzt. Abs. III findet Anwendung.

§ 3.

I Die Bestimmungen über die gesetzliche Mietpreisbildung finden mit Wirkung vom 1. Juli 1927 ab auf Mietverhältnisse über Räume, die gewerblich oder geschäftlich benützt werden, keine Anwendung.

II Die Aufhebung der gesetzlichen Mietpreisbildung (Abs. I) gilt nicht für die in § 2 Abs. II bezeichneten Mietverhältnisse.

III Mietverhältnisse über gewerblich oder geschäftlich benützte Räume der in § 2 Abs. IV bezeichneten Art sind mit Wirkung vom 1. Juli 1927 ab von der gesetzlichen Mietpreisbildung befreit, wenn der auf die gewerblich oder geschäftlich benützten Räume entfallende Teil der Gesamtjahresfriedensmiete die Mietgrenzen des § 2 Abs. II Ziff. 1 übersteigt. Im Streitfalle wird dieser Teil vom Mieteinigungsamte festgesetzt.

§ 4.

Die Bestimmungen über die gesetzliche Mietpreisbildung finden auf Untermietverhältnisse nur dann noch Anwendung, wenn diese sich ausschließlich auf Wohnraum beziehen, in dem der Untermieter eine eigene Wirtschaft oder Haushaltung führt. Auch in diesem Falle gelten sie dann nicht, wenn der Vermieter nach dem 31. August 1926 auf Grund des § 19 Abs. IV WMVO. freiwillig vermietet hat oder künftig freiwillig vermietet (§ 1 Ziff. 2 dieser Verordnung). § 24 Abs. 2 MSchG. gilt entsprechend.

§ 5.

I Die Verordnung tritt am 1. Januar 1927 in Kraft. Mit dem gleichen Tage tritt die Verordnung vom 18. August 1926 (GVBl. S. 415) außer Kraft.

II Mietverhältnisse, die auf Grund der Verordnung vom 18. August 1926 vom Mieterschutz und von der gesetzlichen Mietpreisbildung ausgenommen worden sind, bleiben hiervon auch weiterhin befreit.

c) Dritte Verordnung zur Lockerung des Mieterschutzes und der Mietzinsbildung in Bayern.[1]

Vom 29. März 1928 GVBl. S. 174.

Auf Grund[2] des § 22 Satz 3 des Reichsmietengesetzes in der Fassung der Bekanntmachung vom 20. Februar 1928 (RGBl. I S. 38) und des § 52 Abs. 1 Satz 1 des Reichsgesetzes über Mieterschutz und Mieteinigungsämter in der Fassung der Bekanntmachung vom 17. Februar 1928 (RGBl. I S. 25) wird nach Anhörung und, soweit erforderlich, mit Zustimmung des Reichsarbeitsministers verordnet:[3] [4] [5]

1. Die Verordnung über Mieterschutz und Mietzinsbildung in Bayern vom 18. August 1926 (GVBl. S. 415, StAnz. Nr. 192) erhält die Bezeichnung: „Erste Verordnung zur Lockerung des Mieterschutzes und der Mietzinsbildung in Bayern", die Verordnung gleichen Betreffs vom 28. Dezember 1926 (GVBl. S. 553, StAnz. Nr. 303) die Bezeichnung „Zweite Verordnung zur Lockerung des Mieterschutzes und der Mietzinsbildung in Bayern".

2. Rechtsgrundlage für die landesrechtliche Freistellung der Räume bilden die §§ 22 Satz 3 RMG. und 52 Abs. 1 Satz 1 MSchG. Hiernach gilt für diese Räume:

a) Die §§ 1—36 MSchG. und die Bestimmungen über die gesetzliche Mietpreisbildung d. i. das RMG. und die bayer. AusfVO. über Mietzinsbildung vom 29. März 1928, soweit sie die gesetzliche Mietpreisbildung betreffen, finden keine Anwendung.

b) Die Vorschriften des reichsrechtlichen Übergangsrechts (§§ 52a—52e MSchG., § 22a RMG.) treten in Kraft.

1. Der Räumungsklage hat ein Schiedsverfahren vorauszugehen (§ 52a MSchG., Bay. Bek. vom 21. Juni 1927/14. April 1928).

2. Die Zubilligung eines ausreichenden Ersatzraums nach Maßgabe des § 6 MSchG. ist dem Gericht gestattet (§ 52 Abs. 1 Satz 2), da die LockerungsVO. dies nicht verbietet, wozu sie nach § 52 Abs. 1 Satz 3 MSchG. in der Lage wäre. Für eine Beseitigung der Ersatzraumklausel nach § 52 d (vgl. Anm. 1) ist hiernach im Rahmen der dritten LockerungsVO. kein Raum.

3. Über die Zulässigkeit einer Kündigung und über die Möglichkeit des Übergangs zur Räumungsklage vor Inkrafttreten der VO. und endlich über die Erledigung eines anhängigen Aufhebungsverfahrens vgl. §§ 52 b, 52 c MSchG.

4. Zulässigkeit der Bewilligung einer Räumungsfrist auch bei Nichtwohnräumen § 52 e Abs. 1 Ziff. 1 MSchG. und Verlängerung der Räumungsfrist gemäß § 5 Abs. 4 MSchG. auf Grund des Art. II der VO. vom 29. März 1928 (GVBl. S. 180).

5. Unwirksamkeit vertraglichen Aufrechnungsverbotes, des Verbotes der Ausübung eines Zurückbehaltungs- oder Minderungsrechtes des Mieters nach Maßgabe des § 52 e Abs. 1 Ziff. 2 MSchG. (Anm. 1 Ziff. 2).

6. Beschränkung des Kündigungsrechtes des Vermieters — unabdingbar —

a) der fristlosen Kündigung auf die Fälle des § 2 MSchG., §§ 553, 554 BGB. nach Maßgabe des § 52 e Abs. 1 Ziff. 4 MSchG. (Anm. 1 Ziff. 4). Eintreten der Fürsorgebehörde im Falle des § 554 BGB. schiebt den Erlaß des Räumungsurteils hinaus;

b) der ordentlichen Kündigung: Verlängerung der Kündigungsfrist bei monatlicher Mietzinsbemessung. Die Beschränkung gilt nicht für Untermietverhältnisse § 52 e Abs. 1 Ziff. 5 MSchG.

7. Der bisherige gesetzliche Mietzins ist weiterzuzahlen, soweit keine Vereinbarungen getroffen sind; jedoch hat jeder Vertragsteil das Recht auf die Vertragsmiete nach Maßgabe des § 22 a Ziff. 1 RMG. Im übrigen bleiben bei Fortzahlung des bisherigen Mietzinses die Bestimmungen des RMG. über die Verpflichtung zur Tragung der Betriebs- und Instandsetzungskosten (§ 20) aufrechterhalten und die landesrechtlichen Festsetzungen der gesetzlichen Miete gelten ohne weiteres auch für den weiterzuzahlenden Mietzins. § 22 a Ziff. 1 gilt nicht für Untermietverhältnisse.

8. Der Vermieter kann reichsrechtlich bei längeren Zahlungsfristen vierteljährliche Mietzinszahlung fordern § 52 e Abs. 1 Ziff. 3 MSchG.; landesrechtlich kann der Mieter wie der Vermieter wöchentliche oder monatliche Mietzinszahlung verlangen Art. II der VO. vom 29. März 1928.

3. Die Verordnung umfaßt

1. Untermietverhältnisse bei Wohnräumen § 3: soweit der Untermieter oder der ihm nach § 24 Abs. 2 MSchG. gleichstehende Verfügungsberechtigte in dem ausschließlich überlassenen Wohnraum eine eigene Wirtschaft oder Haushaltung führt, bleiben ihm die Schutzrechte des MSchG. — wie bereits in § 24 bestimmt — und des RMG. gewahrt. Ausnahme: Hat der Vermieter Wohnräume, die eine abgeschlossene Wohnung nicht darstellen und auch nicht durch Teilung einer unbenutzten Großwohnung im Sinne des § 25 c WMVO. gewonnen wurden, nach dem 31. März 1928 gemäß § 25 f Abs. 2 ohne Zustimmung der Ortspolizeibehörde an die in § 25 c Abs. 1 genannten Personenkreise in Untermiete vergeben, so gelten die Bestimmungen der §§ 1—36 MSchG. und der gesetzlichen Mietpreisbildung für den Untermieter auch dann nicht, wenn er eine eigene Wirtschaft oder Haushaltung führt. Wegen der Begriffe vgl. Kiefersauer, Grundstücksmiete I, 139.

2. Wohnräume (§ 1). Befreit sind lediglich

a) ohne Rücksicht auf die Höhe der Jahresfriedensmiete Wohnungen, die an den in § 25 c Abs. 1 WMVO. bestimmten Personenkreis nach dem 31. März 1928 frei, d. h. ohne Zustimmung der Ortspolizeibehörde vermietet wurden. Es handelt sich dabei um Wohnungen, die neu gewonnen wurden oder gewonnen werden,

α) durch Teilung einer unbenutzten Wohnung von fünf und mehr Wohnräumen (§ 25 c) oder

β) durch Teilung einer benutzten Wohnung von fünf und mehr Wohnräumen im Einverständnis des Inhabers (§ 25 d) oder

γ) durch Teilung oder Ausbau einer Wohnung, gleich welcher Größe, wenn die Erstellung nach dem 1. Juli 1918 erfolgt ist und § 25 c keine Anwendung findet (§ 25 f Abs. 1) oder

δ) durch Ausbau unbenutzter oder mit Einverständnis des Inhabers benutzter gewerblicher Räume (§ 25 e).

Im Falle δ) dauert die Befreiung von der Zwangswirtschaft nur solange, als die neu gewonnene Wohnung zu Wohnzwecken vermietet ist. Vgl. hieher §§ 33 a, 33 b MSchG. und § 16 Abs. 1 RMG.;

b) hochwertige Wohnungen, sofern sie nach dem 31. Dez. 1926 neu vermietet sind. Die Mietgrenzen entsprechen dem bisherigen § 25 Abs. 3 WMVO. (s. § 25 a Anm. 1). Jahresfriedensmiete ist die Miete, die für die Zeit vom 1. Juli 1914 an beginnende Mietzeit vereinbart war (§ 2 Abs. 1 S. 1 RMG.), bei Staffelmiete der Durchschnittssatz. Änderungen der FM. gemäß § 2 Abs. 4, 5 RMG. sind zu berücksichtigen. Bei Wohnungen mit Sammelheizung und Warmwasserversorgung ist der Mietbetrag unter Einrechnung der Heizungskosten in Ansatz zu bringen (§ 2 Abs. 1 Satz 3 RMG.). Auf die Größe der Wohnung kommt es nicht an.

Über Ortsklassenverzeichnis vgl. MinBek. 28. Okt. 1924 (StAnz. Nr. 252), vom 20. Okt. 1925/8. Mai 1926 (StAnz. Nr. 245/106).

3. Nichtwohnräume, d. h. gewerblich oder geschäftlich (wohl auch beruflich vgl. § 4 MSchG.) benutzte Räume (§ 3). Sie sind grundsätzlich außerhalb der §§ 1—36 MSchG. gestellt und von den Bestimmungen über die gesetzliche Mietpreisbildung (Anm. 2) befreit. MSchG. und RMG. haben jedoch Geltung

a) ohne Rücksicht auf die Höhe der Jahresfriedensmiete für Mieträume, die

α) ausschließlich gemeinnützigen, religiösen, mildtätigen, schulischen oder erzieherischen Zwecken dienen. Wegen der Begriffe vgl. Kiefersauer, Grundstücksmiete I S. 157 (gemeinnützig) S. 253 (religiös, mildtätig). Im Streitfalle entscheidet das zuständige Staatsministerium. Die Zweckverbindung muß eine ausschließliche sein; jede andere Zweckverwendung hat den Verlust des Rechtsschutzes zur Folge;

β) Teile einer Wohnung, d. h. räumlich mit ihr verbunden, sind z. B. Anwaltskanzleien in der Wohnung, Sprechzimmer des Arztes. Auch Wohnungen, welche Teile eines Geschäftsraums bilden, zählen hierher, z. B. Höckerläden mit anschließendem Wohnraum LG. III Berlin EA. 587 und 646. Zweck der Vorschrift ist Schutz des Wohnraums, daher auch Schutz, wenn der Wohnraum nur von einem Angestellten des Ladeninhabers benutzt wird;

b) für Nichtwohnräume, deren Jahresfriedensmiete bestimmte Beträge nicht übersteigt (Abs. 2 Ziff. 1).

Soweit Nichtwohnräume wegen ihres wirtschaftlichen Zusammenhangs mit Wohnräumen vermietet sind, gilt die Befreiung nur, wenn der auf die Nichtwohnräume entfallende Teil der Gesamtjahresfriedensmiete die Mietgrenzen des Abs. 2 Ziff. 1 übersieht (Abs. 3). Bei Zweckverwendung der in Abs. 2 Ziff. 3 bezeichneten Art verbleibt es selbstverständlich auch hier beim Schutz des RMG. und MSchG. Im Gegensatz zu Abs. 2 Ziff. 2 kommt es hier auf den wirtschaftlichen, nicht den räumlichen Zusammenhang an; es handelt sich vielmehr gerade um die Fälle, in denen Wohnung und Geschäftsräume getrennt liegen. Entscheidend ist, ob der Mieter aus wirtschaftlichen Gründen mit Rücksicht auf den in den Räumen zu führenden Gewerbe- oder Geschäftsbetrieb gerade diesen Wohnraum und diesen Geschäftsraum gemietet hat, Ebel-Lilienthal Mieterschutzges. S. 381: RG. 4. April 27 EA. 566 (= JW. 1927, 1967); LG. I, II und III, dargestellt EA. 644; Stern MietG. 1927, 88. Der Begriff des wirtschaftl. Zusammenhangs darf jedenfalls nicht zu eng ausgelegt werden, KG. 20. April 1928 JW. 1928, 2531; KG. 26. Juni 1928 JW. 1928, 2530. Die Zweckbestimmung geht vom Mieter aus; allerdings muß man voraussetzen, daß der Vermieter beim Vertragsabschluß von den Absichten des Mieters Kenntnis hatte. Daß die Räume in einem einheitlichen Mietvertrag gemietet sind, ist nicht erforderlich (vgl. hierher LG. I Berlin MietG. 1928, 119). Weder zeitliche noch räumliche Verbundenheit der Mietverträge ist notwendig. Gegenüber dem wirtschaftlichen Zusammenhang kommt nicht in Betracht, ob der Wohnzweck oder der Geschäftszweck überwiegt. Bei der Ermittlung des auf die Nichtwohnräume entfallenden Teiles der Gesamtjahresfriedensmiete ist unter Heranziehung von Vergleichsräumen der ortsübliche Mietzins des Geschäftsraums allein und der ortsübliche Mietzins der Wohnräume allein festzustellen und dann die wirklich bestehende Gesamtjahresfriedensmiete auf den Geschäftsraum und die Wohnräume so zu verteilen, wie es dem Verhältnis der ortsüblichen Mieten entspricht, LG. München II 30. Sept. 27 BayZ. 1927, 347. Im allgemeinen zu vergl. Stern, Genthe BayGemVZ. 1927, 192 und 649.

4. Wegen Lockerungsmaßnahmen auf dem Gebiete des Wohnungsmangelrechts vgl. Ziff. II der Vorbem. zur WMVO. vom 29. März/12. Okt. 1928, unten S. 109.

5. Zu der wichtigen reichsrechtlichen Lockerung der Mietzinsbildung vgl. § 1 Abs. 1 Satz 4 RMG. und Anm. 2 hierzu und § 21 der VO. über Mietzinsbildung in Bayern vom 29. März 1928.

§ 1.

Die Vorschriften des ersten Abschnittes des Gesetzes über Mieterschutz und Mieteinigungsämter sowie die Bestimmungen über die gesetzliche Mietpreisbildung finden keine Anwendung

1. auf Mietverhältnisse über Wohnungen, die nach dem 31. Dezember 1926 begründet worden sind oder künftig begründet werden und deren Jahresfriedensmiete

in München	3000 ℳ,
in Nürnberg, Fürth und Ludwigshafen	2000 ℳ,
in Orten der Ortsklasse A	1800 ℳ,
in Orten der Ortsklasse B	1500 ℳ,
in Orten der Ortsklasse C	1200 ℳ,
in Orten der Ortsklasse D	900 ℳ

und mehr beträgt,

2. auf Mietverhältnisse über Wohnungen, die nach dem 31. März 1928 auf Grund der §§ 25c mit e, § 25f Abs. I, § 25g der Verordnung über Maßnahmen gegen Wohnungsmangel in Bayern in der Fassung der Verordnung vom 29. März 1928 (GVBl. S. 161) begründet werden, im Falle des § 25e a. a. O. jedoch nur solange, als die durch Ausbau gewonnene Wohnung zu Wohnzwecken vermietet ist.

§ 2.

I Die Vorschriften des ersten Abschnittes des Gesetzes über Mieterschutz und Mieteinigungsämter sowie die Bestimmungen über die gesetzliche Mietpreisbildung finden auf Mietverhältnisse über Räume, die gewerblich oder geschäftlich benützt werden, keine Anwendung.

II Mieterschutz und Mietpreisbildung bleiben bestehen:

1. bei Mietverhältnissen über gewerblich oder geschäftlich benützte Räume, deren Jahresfriedensmiete

in München	1400 ℳ,
in Nürnberg, Fürth und Ludwigshafen	1200 ℳ,
in den Orten der Ortsklasse A	960 ℳ,
in den Orten der Ortsklasse B	720 ℳ,
in den Orten der Ortsklasse C	480 ℳ,
und in den Orten der Ortsklasse D	360 ℳ

nicht übersteigt;
2. bei Mietverhältnissen über gewerblich oder geschäftlich benützte Räume, die Teile einer Wohnung sind;
3. bei Mietverhältnissen über Räume, die ausschließlich gemeinnützigen, religiösen, mildtätigen, schulischen oder erzieherischen Zwecken dienen. Ob diese Voraussetzungen im Einzelfalle vorliegen, entscheidet im Streitfalle das Staatsministerium, zu dessen Geschäftsbereich die in den Räumen betriebene Tätigkeit gehört.

Für die Berechnung der Jahresfriedensmiete gilt § 25a Abs. IV WMVO.

III Mietverhältnisse über gewerblich oder geschäftlich benützte Räume, die wegen des wirtschaftlichen Zusammenhangs zusammen mit Wohnräumen vermietet sind, sind vom Mieterschutz und von der gesetzlichen Mietpreisbildung befreit, wenn der auf die gewerblich oder geschäftlich benützten Räume entfallende Teil der Gesamtjahresfriedensmiete die Mietgrenzen des Abs. II Ziff. 1 übersteigt und nicht die Voraussetzungen des Abs. II Ziff. 3 gegeben sind. Im Streitfalle wird dieser Teil vom Mieteinigungsamte festgesetzt.

§ 3.

Die Vorschriften des ersten Abschnittes des Gesetzes über Mieterschutz und Mieteinigungsämter sowie die Bestimmungen über die gesetzliche Mietpreisbildung finden auf Untermietverhältnisse nur noch Anwendung, wenn diese sich ausschließlich auf Wohnraum beziehen, in dem der Untermieter eine eigene Wirtschaft oder Haushaltung führt. Auch in diesem Fall gelten sie nicht, wenn der Vermieter nach dem 31. März 1928 auf Grund des § 25f Abs. II WMVO. vermietet. § 24 Abs. 2 MSchG. gilt entsprechend.

§ 4.

I Die Verordnung tritt am 1. April 1928 in Kraft. Mit dem gleichen Tage tritt die zweite Verordnung zur Lockerung des Mieterschutzes und der Mietzinsbildung in Bayern vom 28. Dezember 1926 (GVBl. S. 553, StAnz. Nr. 303) außer Kraft.

II Mietverhältnisse, die auf Grund der ersten und zweiten Verordnung zur Lockerung des Mieterschutzes und der Mietzinsbildung in Bayern vom Mieterschutz und von der gesetzlichen Mietpreisbildung ausgenommen sind, bleiben auch weiterhin befreit.

5. Ministerial-Bekanntmachung über Grundsätze für die Beurteilung der Angemessenheit des Mietzinses im Sinne des § 49a des Mieterschutzgesetzes.

Vom 13. Dezember 1927 (StAnz. Nr. 290).

Nach § 52 Abs. 3 des Mieterschutzgesetzes in der Fassung des Gesetzes vom 17. März 1927 (RGBl. I S. 71) hat die oberste Landesbehörde für Räume, die nach Abs. 1 von den Vorschriften des 1. Abschnittes des Gesetzes ausgenommen sind, allgemeine Grundsätze über die Gesichtspunkte aufzustellen, die unter Berücksichtigung der örtlichen Verhältnisse für die Beurteilung der Angemessenheit des Mietzinses im Sinne des § 49a von Bedeutung sind.

Die erforderlichen Grundsätze sind nun schon in den Urteilen des Reichsgerichts vom 11. März 1927 I 57/26 (Entsch. in Strafs. Bd. 61 S. 130; Juristische Wochenschrift 1927 S. 1155) und vom 13. Juni 1927 II 12/27 (die Veröffentlichung in der Entscheidungssammlung steht noch aus) entwickelt. Das erstgenannte Urteil nimmt eingehend zu allen in Frage kommenden wesentlichen Gesichtspunkten Stellung und unterzieht die einzelnen Teile, aus denen sich, wirtschaftlich betrachtet, der Mietzins zusammensetzt, vor allem die Verzinsung des eigenen und fremden Kapitals, die Betriebs- und Instandsetzungskosten, die Mietzinssteuer, die Vergütung für besondere vertragliche Leistungen einer grundlegenden Prüfung; auch die Zulässigkeit sogenannter Abfindungssummen wird erörtert. Das Urteil geht zwar von § 4 der Preistreibereiverordnung aus, behandelt aber auch das Verhältnis zwischen dieser Vorschrift und der des § 49a des Mieterschutzgesetzes. Seine Ausführungen sind deshalb auch für die Auslegung des Begriffes „unangemessene Vergütung“ im Sinne des § 49a des Mieterschutzgesetzes anwendbar. Das zweitgenannte Urteil tritt den Darlegungen des ersten Urteils bei und ergänzt diese namentlich hinsichtlich der Frage der Zulässigkeit von Abfindungssummen. Den Ausführungen beider Urteile wird vollständig zugestimmt. Sie können deshalb als Grundsätze im Sinne des § 52 Abs. 3 des Mieterschutzgesetzes gelten.

Lebhaft wird, besonders aus den Kreisen des gewerblichen Mittelstandes, neuerdings darüber geklagt, daß die teilweise Aufhebung des Mieterschutzes zu übermäßigen Mietzinssteigerungen geführt habe. Die Polizeibehörden werden deshalb Mißständen bei der Vereinbarung des Mietzinses im freien Wirtschaftsleben ihr besonderes Augenmerk zuwenden, die Justizbehörden aber gegen strafbare

Handlungen, die zu ihrer Kenntnis kommen, mit allem Nachdruck einschreiten.

Zur ganzen Frage vgl. die vor Erlaß der MBek. niedergeschriebenen Ausführungen bei Staudinger Komm. z. BGB. 9. Aufl. Bd. II 2 S. 355; ferner St. in BayGemVZ. 1928, 66; Ebel-Lilienthal zu § 49a MSchG.; RG. 225/57 III JW. 1928, 2532; RG. 2 D 949/27 JW. 1928, 2540; RG. 1 D 1171/27 BayZ. 1928, 191.

B. Wohnungsmangelrecht.

I. Reichsrecht.

Das Reichswohnungsmangelgesetz vom 26. Juli 1923 mit dem Ergänzungsgesetz vom 24. Dez. 1923 (RGBl. I S. 1247) ist in der Grundstücksmiete Teil I S. 223 erläutert.

Nicht berücksichtigt ist dort das Ergänzungsgesetz vom 2. März 1927 (RGBl. I 69), welches nachstehende neue Vorschrift als **§ 8 a** dem Wohnungsmangelgesetz eingefügt hat:

„Der Reichsarbeitsminister kann mit Zustimmung des Reichsrats Vorschriften über die Anlage und Führung von Verzeichnissen der Wohnungsuchenden (Wohnungslisten, Wohnungskarteien) in den Gemeindebehörden, insbesondere über die Voraussetzungen der Eintragung und über deren Geltungsdauer erlassen."

II. Bayerisches Landesrecht.

1. Verordnung über Maßnahmen gegen Wohnungsmangel in Bayern (WMVO.).

Vom 29. März 1928 (GVBl. S. 161, StAnz. Nr. 75) und 12. Oktober 1928 (GVBl. S. 407, StAnz. Nr. 238).

Vorbemerkung.

I. Bis zum 1. April 1928, dem Tage des Inkrafttretens dieser Verordnung (§ 43), galt die Verordnung vom 18. Aug. 1926 mit den beiden Abänderungen vom 28. Dez. 1926 und 6. Okt. 1927. Die nachträglichen Änderungen sind bei den wichtigsten Vorschriften erkenntlich — gesperrt gedruckt — gemacht, so daß der jeweils geltende Rechtsstand ohne weiteres ermittelt werden kann. Aufgehoben sind gegenüber der VO. vom 18. Aug. 1926 — erl. bei Kiefersauer Grundstücksmiete I 274 — folgende Vorschriften: § 2 Abs. 3; § 3 Satz 3; § 7 Abs. 1 Buchst. b, d und e, Abs. 2—4; § 10 Abs. 2, 3, 4 (Schlußsatz) und 5; § 14 Abs. 2 (letzter Halbsatz); § 15 **Abs.** 4 (geändert); § 17 Abs. 1 (überzählige Wohnungen); § 19 Abs. 4, 5; § 20 Abs. 1 (Hinweis auf § 7); § 26 Abs. 1 Ziff. 3 (Kriegsblinde).

Die neue VO. vom 29. März 1928 ist mit Wirkung vom 20. Okt. 1928 in § 27 bereits wieder abgeändert worden.

II. Die Lockerungsmaßnahmen auf dem Gebiet des Wohnungsmangelrechts sind seit der VO. vom 18. Aug. 1926 weiter ausgedehnt worden.

1. Für einzelne Gemeinden ist die teilweise Außerkraftsetzung des Wohnungsmangelrechts zulässig § 40a und zwar:
   a) in Gemeinden unter 5000 Einwohnern durch Beschluß des Gemeinderats, der der Genehmigung der Aufsichtsbehörde bedarf;
   b) in Gemeinden von 5000 Einwohnern und mehr auf Antrag durch Verfügung des Staatsminist. für Landwirtschaft und Arbeit (Abt. Arbeit) § 40a Abs. IV.

   Über den Umfang der Außerkraftsetzung vgl. § 40a Anm. 2.
2. Einschränkung des Beschlagnahmerechts. Nach dem Zweck: nur zur Unterbringung wohnungsuchender Personen mit eigener Wirtschaft oder Haushalt (seit MinBek. v. 27. Dez. 1924, Kiefersauer Grundstücksmiete I 284). Nach dem Beschlagnahmeobjekt: seit 1. April 1928 dürfen nur mehr Wohnungen und zu Wohnzwecken geeignete andere Räume, soweit sie unbenutzt sind und bei Doppelwohnungen die nicht als Hauptwohnung anzusehende Wohnung (§ 7 Abs. 1) beschlagnahmt werden. Dagegen sind nunmehr völlig beschlagnahmefrei
   a) Geschäftsräume, benutzte und unbenutzte (letztere, soweit nicht § 7 Abs. 1 Buchst. a zutrifft);
   b) Räume und Nebenräume zu großer Wohnungen (bisheriger § 7 Abs. 1 Buchst. b, Abs. 2 — Aufhebung der sog. Zwangsrationierung —.
3. Erleichterung der Ingebrauchnahme (§ 25 h) und der freien Vermietbarkeit von Wohnungen § 25 a bis 25 h. Ausnahme vom allgemeinen Verbot der Vermietung, Überlassung oder Ingebrauchnahme von Wohnungen ohne vorherige schriftliche Zustimmung der Ortspolizeibehörde § 25. Über das Verhältnis dieser Vorschrift zum Beschlagnahmerecht vgl. Kiefersauer Grundstücksmiete I 283.
   a) Wohnungen jeder Größe können ohne Rücksicht auf den Mietpreis frei vermietet werden, wenn die Ortspolizeibehörde schriftlich bestätigt, daß sie diese Wohnung nicht benötigt § 25 b;
   b) hochwertige (§ 25 a Abs. 1) und teuere (§ 25 a Abs. 2) Wohnungen können innerhalb bestimmter Frist im Falle des Freiwerdens an einen bestimmten Personenkreis (im wesentlichen) frei vermietet werden § 25 a;
   c) neu gewonnene Räume, die räumlich und wirtschaftlich selbständige Wohnungen darstellen, können an einen bestimmten Personenkreis frei vermietet werden, wenn sie gewonnen wurden

α) durch Teilung einer unbenutzten Wohnung von fünf oder mehr Wohnräumen (§ 25c) oder

β) durch Teilung einer benutzten Wohnung solcher Art mit Einverständnis des Inhabers (§ 25d) oder

γ) durch Teilung oder Ausbau einer Wohnung gleich welcher Größe, wenn die Erstellung nach dem 1. Juli 1918 erfolgt ist und § 25c keine Anwendung findet (§ 25f Abs. 1) oder

δ) durch Ausbau unbenutzter oder bei Einverständnis des Inhabers auch benutzter gewerblicher Räume (§ 25e).

d) Wegen der Untermietverhältnisse vgl. § 25f Abs. 2.

III. Die Freistellung vom Mieterschutz und der gesetzlichen Mietpreisbildung ist in der Dritten LockerungsVO. vom 29. März 1928 geregelt. Vgl. hieher Anm. 3 hierzu (oben S. 101).

Auf Grund der §§ 1, 6, 9, 10 und 16 des Wohnungsmangelgesetzes vom 26. Juli 1923 (RGBl. Teil I, Seite 754 ff.) wird — soweit erforderlich — mit Zustimmung des Reichsarbeitsministers folgendes verordnet:

§ 1.

I Ohne vorhergehende behördliche Zustimmung dürfen

a) Gebäude oder Teile von Gebäuden nicht abgebrochen,

b) mehrere Wohnungen zu einer nicht vereinigt,

c) Gebäude oder Bestandteile und Zubehör von Gebäuden nicht in einer Art verändert werden, die auf die Brauchbarkeit für Wohnzwecke von Einfluß ist.

II Im Falle der Zuwiderhandlung können Hausbesitzer oder Wohnungsinhaber zur Wiederherstellung des früheren Zustandes angehalten werden. Im Weigerungsfalle kann die Wiederherstellung auf ihre Kosten erfolgen. Die Kosten sind in unmittelbaren Städten wie Gemeindegefälle, im übrigen gemäß Art. 6 des Gesetzes zur Ausführung der Reichszivilprozeßordnung und Konkursordnung beizutreiben.

III Zuständig zu den in den vorstehenden Vorschriften vorgesehenen Verfügungen ist in unmittelbaren Städten der Stadtrat, in mittelbaren Gemeinden das Bezirksamt.

§ 2.

I Räume, die bis zum 1. Juli 1926 ständig oder zeitweise zu Wohnzwecken bestimmt oder benutzt waren, dürfen zu anderen Zwecken, insbesondere als Fabrik-, Lager-,

Werkstätten-, Dienst- oder Geschäftsräume nicht verwendet werden. In besonderen Fällen kann in unmittelbaren Städten der Stadtrat, in mittelbaren Gemeinden das Bezirksamt Ausnahmen zulassen,[1] wenn für den beanspruchten Raum neuer Wohnraum erstellt oder der Gemeinde eine angemessene, für Neubauzwecke zu verwendende Summe zur Verfügung gestellt wird. Beschlüsse letzterer Art (Zahlung eines Geldbetrages) sind mit den Unterlagen unverzüglich der Aufsichtsbehörde zur Kenntnis vorzulegen und dürfen erst nach Ablauf einer Frist von 14 Tagen, vom Tage der Vorlage an gerechnet, vollzogen werden, falls die Aufsichtsbehörde nicht innerhalb der Frist Erinnerung erhebt.

II Die Vorschrift des Abs. I findet keine Anwendung,

a) wenn die zu Wohnzwecken bestimmten, aber zuletzt nicht hiezu benutzten Räume vom gleichen Inhaber zu einem anderen Zwecke oder beim Wechsel des Inhabers für den gleichen Zweck benutzt werden,

b) wenn die zu Wohnzwecken bestimmten Räume nachweislich seit dem 1. Oktober 1918[2] ununterbrochen zu Geschäftszwecken (als Fabrik-, Lager-, Werkstätten-, Dienst- oder Geschäftsräume) verwendet worden sind, soferne es sich nicht um Teile einer Wohnung handelt. Den Nachweis hat der Verfügungsberechtigte der Ortspolizeibehörde zu erbringen, die auf Verlangen eine Bestätigung darüber erteilen muß, daß der Raum zu Wohnzwecken auf Grund dieser Bestimmung nicht beansprucht wird. Im Streitfalle entscheidet die Beschwerdestelle gemäß § 34.

1. Bei Benutzung zu Nichtwohnzwecken ohne Genehmigung gelten die Räume als unbenutzt § 5 Abs. 2 Ziff. 5 WMVO.

2. Stichtag wurde in Übereinstimmung gebracht mit § 2 Abs. 2 WMG.

§ 3.

Der Hauseigentümer oder sein Stellvertreter hat der Ortspolizeibehörde binnen 48 Stunden Anzeige zu erstatten, sobald in dem Anwesen Wohnungen unbenutzt sind

(§ 5), oder sobald feststeht, daß in dem Anwesen Wohnungen zu bestimmter Zeit frei werden.

§ 4.

Der Wohnungsinhaber oder sein Stellvertreter hat der Ortspolizeibehörde auf Anfordern die Zahl, Lage, Größe und Verwendung der Räume seiner Wohnung, sowie die Anzahl der Personen des Haushalts anzugeben. Der Hauseigentümer, der Wohnungsinhaber und ihre Stellvertreter haben dem Beauftragten der Ortspolizeibehörde Auskunft über Wohnungen und Räume, sowie über deren Vermietung zu erteilen, ferner dem Beauftragten der Gemeinde und jedem Wohnungssuchenden, dem die Wohnung durch die Ortspolizeibehörde zur Auswahl zugewiesen wird und der einen Ausweis der Ortspolizeibehörde hierüber vorzeigt, die Besichtigung zu gestatten.

§ 5.

I Unbenutzt sind Wohnungen und Räume, die völlig leer stehen.

II Als unbenutzt gelten Wohnungen und Räume:

1. die nur zur Aufbewahrung von Sachen dienen, soferne dem Besitzer eine andere Aufbewahrung ohne erhebliche Härte zugemutet werden kann;
2. deren Verfügungsberechtigter seinen Wohnsitz oder Aufenthalt dauernd oder für längere Zeit ins Ausland verlegt hat, soferne die Wohnung auch nicht mehr vom Ehegatten oder volljährigen Verwandten bis zum zweiten Grade benutzt wird, die bis zur Ausreise mit dem Wohnungsinhaber in häuslicher Gemeinschaft gelebt haben;
3. die der Verfügungsberechtigte unter Aufgabe der Eigenbenützung anderen überlassen hat;
4. die ohne die nach § 25 erforderliche behördliche Genehmigung bezogen wurden;
5. die ohne die nach § 2 erforderliche Genehgung zu Nichtwohnzwecken benutzt werden.

III Wohnungen, deren Inhaber sich aus beruflichen oder wirtschaftlichen Gründen in einer anderen inländischen Gemeinde aufhalten müssen und denen dort nachweisbar noch keine angemessene Wohnung zugewiesen werden konnte, die ihnen die Führung eines eigenen Haushalts ermöglicht, gelten nicht als unbenutzt; sie gelten jedoch dann als unbenutzt, wenn der Inhaber die Möbel ganz oder in der Hauptsache aus der Wohnung entfernt hat.

§ 6.

I Wer in der gleichen Gemeinde mehrere Wohnungen oder außer der in der Gemeinde gelegenen Wohnung noch eine oder mehrere andere Wohnungen in anderen Gemeinden hat, muß der Ortspolizeibehörde auf Anfordern Anzeige erstatten und dabei angeben, welche Wohnung als seine Hauptwohnung angesehen werden soll. Die gleiche Anzeige haben auf Anfordern auch Mitglieder eines gemeinsamen Haushalts zu erstatten, die außer der mit den übrigen Haushaltsangehörigen gemeinsamen Wohnung noch eine eigene Wohnung in der gleichen oder in einer anderen Gemeinde besitzen.

II Wird in der Anzeige die in der Gemeinde gelegene Wohnung als Hauptwohnung bezeichnet, so hat die Ortspolizeibehörde die Anzeige an jene Gemeinden weiterzuleiten, in welchen sich andere Wohnungen des Anzeigenden befinden.

III Wird in der Anzeige keine Wohnung als Hauptwohnung bezeichnet, wird die Anzeige unterlassen oder wird als Hauptwohnung eine Wohnung bezeichnet, die nach der Sachlage als solche nicht in Frage kommt, so bestimmt, wenn die Wohnungen in der gleichen Gemeinde liegen, die Ortspolizeibehörde, welche Wohnung als Hauptwohnung anzusehen ist. Liegen die Wohnungen in verschiedenen Gemeinden und kommt zwischen den Ortspolizeibehörden dieser Gemeinden keine Einigung zustande, so wird diese Bestimmung, wenn die Wohnungen im gleichen Bezirk liegen, vom Bezirksamt, wenn sie in verschiedenen Bezirken, aber im gleichen Kreise liegen, von der Regierung, Kammer des Innern, und in den übrigen Fällen vom Staatsministerium für Landwirtschaft und Arbeit (Abteilung Arbeit) getroffen. Liegen die Wohnungen im Bereiche verschiedener Länder, so steht die Bestimmung der Hauptwohnung dem Reichsarbeitsminister zu.

§ 7.[1]

I Zur Unterbringung wohnungsuchender Personen mit eigener Wirtschaft oder Haushaltung können beschlagnahmt[2] werden:

a) unbenutzte Wohnungen oder andere unbenutzte Räume, die zu Wohnzwecken geeignet sind,

b) Wohnungen, die nach § 6 nicht als Hauptwohnung anzusehen sind, auch wenn die Anzeige (§ 6) einer anderen als der beschlagnahmenden Ortspolizeibehörde zu erstatten war.

II Beschlagnahmeverfügungen von Räumen und Nebenräumen zu großer Wohnungen, die auf Grund früherer Wohnungsmangelbestimmungen getroffen sind, gelten mit dem Freiwerden dieser Räume als aufgehoben.

1. Vollständig aufgehoben ist ab 1. April 1928

a) die bisher im engen Rahmen des § 7 Abs. 2 zulässige Beschlagnahme übergroßer Wohnungen (Kiefersauer, Grundstücksmiete I 285) — Zwangsrationierung, bisher § 7 Abs. 1 Buchst. b. Bisherige Beschlagnahmeverfügungen gelten mit dem Freiwerden der Räume d. i. wenn sie leer oder an einen neuen Mieter vermietet werden, als aufgehoben (Abs. 2);

b) die Beschlagnahme benutzter oder unbenutzter Nichtwohnräume, insbes. Geschäftsräume, soweit sie nicht unbenutzt und zu Wohnzwecken geeignet sind (§ 7 Abs. 1 Buchst. b). Die bisherigen Bestimmungen der Buchst. d u. e des § 7 sind aufgehoben.

2. Wegen der Sonderstellung landwirtschaftlicher Anwesen vgl. Bekm. v. 30. Mai 1927 StAnz. Nr. 123 (s. unten S. 150). Wegen der Rückgewähr nach aufgehobener Beschlagnahme § 14, insbes. Abs. 1 S. 2.

§ 8.

Zu Amtszwecken können, wenn dadurch die Inanspruchnahme von Wohnräumen hintangehalten werden kann (§ 7 Abs. IV WMG.), beim Wechsel in der Person des Amtsinhabers die bisherigen Amtsräume beschlagnahmt werden, auch wenn sie Teile einer Wohnung sind.

§ 9.

I Als zuständige Landesbehörde im Sinne des § 7 des Wohnungsmangelgesetzes gilt das Staatsministerium, zu dessen Geschäftsbereich das Gebäude oder die Dienstwohnung gehört.

II Zur Ausstellung der Bescheinigung über die Vertriebenen-Eigenschaft gemäß § 14 des Wohnungsmangelgesetzes sind die Regierungen, K. d. J., zuständig.

§ 10.

I Vor jeder Beschlagnahme ist zu versuchen, unter den Beteiligten eine gütliche Einigung zu erzielen. Hierüber ist eine Niederschrift aufzunehmen. Eingriffe in die Freizügigkeit, in die Unverletzlichkeit der Wohnung und des Eigentums sollen nur erfolgen, nachdem der Versuch einer gütlichen Einigung erfolglos geblieben ist.

II Die Räume können auch für mehrere Wohnungsuchende beschlagnahmt werden.

§ 11.

I Die Verfügungsberechtigten sind vor jeder Beschlagnahme zu hören. Ihre Einwendungen sind zu würdigen.

II Jede Beschlagnahme muß den Verfügungsberechtigten oder ihren in häuslicher Gemeinschaft lebenden Ehegatten schriftlich eröffnet werden (§ 39). Dabei sind die beschlagnahmten Räume genau aufzuführen; ferner ist anzugeben, von welchem Tage ab die Räume beschlagnahmt sind. Die Verfügung ist mit einer Belehrung über die Wirkungen der Beschlagnahme (§ 12) und die Bestrafung bei Zuwiderhandlungen sowie über die Beschwerdemöglichkeit zu versehen.

III Der Hausbesitzer ist von jeder Beschlagnahme in seinem Anwesen zu verständigen.

§ 12.

I Mit der Eröffnung der Beschlagnahmeverfügung (§ 11) verlieren die Verfügungsberechtigten die Befugnis über die beschlagnahmten Räume zu verfügen. Sie dürfen nur mehr mit vorheriger Zustimmung der die Beschlagnahme verfügenden Behörde die Räume anderen überlassen oder bauliche Änderungen und sonstige Arbeiten an den Räumen vornehmen.

II Die Beschlagnahme wird mit dem Eintritt der Rechtskraft der Beschlagnahmeverfügung wirksam. Sie bleibt auch einem neuen Verfügungsberechtigten gegenüber wirksam.

III Die Inhaber beschlagnahmter Räume haben diese innerhalb einer angemessenen Frist zu räumen; die Frist wird von der die Beschlagnahme verfügenden Behörde bestimmt und muß mindestens eine Woche, beginnend mit der Wirksamkeit der Beschlagnahme, betragen.

§ 13.

I Die Ortspolizeibehörde kann nach Anhören des Verfügungsberechtigten und des Hauseigentümers in den beschlagnahmten Räumen (§ 7 Abs. I) bauliche Veränderungen und sonstige Arbeiten, insbesondere die Einrichtung einer Kochgelegenheit, durchführen, unter ihrer Aufsicht vom Mieter durchführen lassen oder die bereits erfolgte Durchführung genehmigen, soweit dies erforderlich ist, um die Räume für den Zweck der Beschlagnahme herzurichten oder wiederherzurichten. Insoweit zur Herstellung des Anschlusses an die Gas- oder elektrische Leitung Arbeiten in den an die beschlagnahmten Räume anschließenden Räumen vorgenommen werden müssen, hat der Verfügungsberechtigte und der Hauseigentümer die Ausführung der Arbeiten und die Belassung der Anschlußleitungen auch in diesen Räumen zu dulden. Die Anordnung baulicher Veränderungen muß die Schaffung eines dauernd verwertbaren Zustandes gewährleisten. Die Ortspolizeizeibehörde kann es dem Hauseigentümer überlassen, die Abänderungen oder Arbeiten binnen bestimmter Frist selbst auszuführen.

II Die Kosten baulicher Änderungen und der sonstigen Arbeiten hat die Gemeinde zu tragen.

III Vor der Vornahme baulicher Änderungen und sonstiger Arbeiten bei Gebäuden im Sinne des § 7 des Wohnungsmangelgesetzes und bei Dienstwohnungen von Beamten hat die Gemeinde die vorherige Zustimmung der zuständigen Reichs- oder Landesbehörde (§ 9) zu erholen.

§ 14.

I Wird die Beschlagnahme von Räumen aufgehoben oder wird die Beschlagnahme aus sonstigen Gründen gegenstandslos, so hat die Gemeinde die Räume dem Verfügungsberechtigten in angemessener Frist zurückzugewähren. Dies gilt auch hinsichtlich auf Grund früherer Wohnungsmangelbestimmungen erfolgter Beschlagnahmen.

II Sind auf Anordnung der Ortspolizeibehörde in beschlagnahmten Räumen bauliche Änderungen oder sonstige Arbeiten vorgenommen worden (§ 13), so hat im Falle des Abs. I die Ortspolizeibehörde auf Verlangen des Hauseigentümers oder des Verfügungsberechtigten den der früheren Zweckbestimmung und Ausstattung entsprechenden Zustand der Räume wieder herzustellen, es sei denn, daß ein schriftliches Einvernehmen über die vorgenommenen Änderungen erzielt war.

III Verlangt der Hauseigentümer im Falle des Abs. I, daß der durch die baulichen Änderungen und die sonstigen Arbeiten (§ 13) geschaffene Zustand erhalten bleiben soll, so hat er der Gemeinde die von ihr für die Änderungen und die Arbeiten gemachten Aufwendungen insoweit zu ersetzen, als der Ertragswert des Anwesens durch diese Arbeiten zur Zeit der Rückgewährung (Abs. I) erhöht ist.

§ 15.

I Die Ortspolizeibehörde hat über die für Zuweisung einer Familienwohnung (selbständigen Wohnung mit Kochgelegenheit) vorgemerkten Personen Listen (Vormerkungslisten) zu führen. Soweit nicht in den nachfolgenden Vorschriften die Gewährung eines Vorzugsrechtes begründet ist, sind die wohnungsuchenden Personen nach der Zeit der Anmeldung ihres Wohnungsanspruchs in die Vormerkungsliste einzutragen. Das Nähere über die Einrichtung der

Vormerkungslisten regelt die Ortspolizeibehörde; sie kann besondere Vormerkungslisten für vordringliche, dringliche und nicht dringliche Wohnungszuweisungen führen und anordnen, daß zunächst nur Wohnungsuchende, die in der Vormerkungsliste für vordringliche Wohnungszuweisungen stehen, eine Wohnung zugewiesen erhalten.

II Die Vormerkung begründet keinen Rechtsanspruch auf Zuweisung einer Wohnung.

III Anspruch auf Eintragung in die Vormerkungsliste haben ortsansässige Personen, die wohnungslos sind oder aus dringenden Gründen ihre Wohnung wechseln müssen, weiterhin Personen, die aus einer fremden Gemeinde aus dringenden beruflichen oder wirtschaftlichen Gründen zugezogen sind oder zuziehen müssen.

IV Die Eintragung in die Vormerkungsliste ist, soferne nicht die Aufsichtsbehörde eine Ausnahme zuläßt, zu versagen:

1. Personen, deren Einkommens- oder Vermögensverhältnisse derart sind, daß ihnen die Beschaffung einer Wohnung durch Neubau oder Miete einer beschlagnahmefreien Wohnung billigerweise zugemutet werden kann,
2. minderjährigen Personen.

Personen, denen nach ihren Einkommens- oder Vermögensverhältnissen die Miete einer Wohnung der in den §§ 25a, 25c bis f, sowie der in den §§ 33a und b MSchG. bezeichneten Art zugemutet werden kann, dürfen, soferne nicht die Aufsichtsbehörde eine Ausnahme zuläßt, nur für solche Wohnungen vorgemerkt werden.

V Weiterhin kann die Eintragung in die Vormerkungsliste und die Zuweisung einer Wohnung versagt werden Angestellten und Arbeitern, die infolge Neugründung oder Erweiterung eines Betriebes oder infolge vorübergehender Betriebsvornahmen durch einen privaten Unternehmer zum Zuzug in eine Gemeinde veranlaßt wurden.

VI Wohnungsuchenden, die vor Zuweisung einer Wohnung

auf Grund ihrer Beschäftigung im öffentlichen Dienst aus einer Gemeinde wegziehen müssen und in dieser Gemeinde noch keine Wohnung inne hatten, die ihnen die Führung eines eigenen Haushalts ermöglichte, ist in der neuen Aufenthaltsgemeinde die Vormerkungszeit anzurechnen, deren Zurücklegung die Ortspolizeibehörde des bisherigen Aufenthaltsortes bestätigt.

VII Wohnungsuchenden, die vor Zuweisung einer Wohnung aus dringenden wirtschaftlichen oder beruflichen Gründen aus einer Gemeinde wegziehen müssen und in dieser Gemeinde noch keine Wohnung inne hatten, die ihnen die Führung eines eigenen Haushaltes ermöglichte, ist in der neuen Aufenthaltsgemeinde die Vormerkungszeit angemessen anzurechnen, deren Zurücklegung die Ortspolizeibehörde des bisherigen Aufenthaltsortes bestätigt.

§ 16.

I Die Ortspolizeibehörde hat sich bei der Vergebung der freiwerdenden Familienwohnungen an die Reihenfolge der Vormerkung zu halten. Zuweisungen außer der Reihe dürfen nur aus dringenden sozialen oder wirtschaftlichen Gründen oder auf besondere Anordnung der Aufsichtsbehörde erfolgen.

II Die Zuweisung außer der Reihe darf nicht im Büroweg, sondern nur durch Sitzungsbeschluß nach näherer Regelung des Stadt- oder Gemeinderates erfolgen. Solche Beschlüsse sind mit den Unterlagen unverzüglich der Aufsichtsbehörde zur Kenntnis vorzulegen und dürfen erst nach Ablauf einer Frist von 14 Tagen, vom Tage der Vorlage an gerechnet, vollzogen werden, falls die Aufsichtsbehörde nicht innerhalb der Frist Erinnerung erhebt; für Gemeinden mit mehr als 25 000 Einwohnern kann die Aufsichtsbehörde die Vorlage der Beschlüsse in widerruflicher Weise erlassen. Erhebt die Aufsichtsbehörde Erinnerung, so ist ihre Entscheidung endgültig.

III Zuweisungen außer der Reihe bedürfen in folgenden Fällen der Genehmigung der Aufsichtsbehörde nicht:

1. bei Hausmeister-, Laden- und Pächterwohnungen,
2. bei Zuweisungen, die wegen Vornahme baulicher Maßnahmen in der bisherigen Wohnung erfolgen müssen,
3. bei Zuweisungen auf Grund ansteckender Tuberkulose,
4. bei Zuweisungen auf Grund des § 36 MSchG. und auf Grund von Räumungsurteilen ohne Ersatzklausel.[1]

IV Wohnungen, welche in unmittelbarem räumlichen Zusammenhange mit Geschäftsräumen stehen (Ladenwohnungen), sind auf Antrag dem Inhaber des Ladens zuzuweisen, falls dieser am Orte eine Familienwohnung freimacht oder der bisherige Inhaber des Ladens und der Ladenwohnung auf die Zuweisung einer Familienwohnung in einer inländischen Gemeinde verzichtet und der Hauseigentümer mit der Anmietung des Ladens und der Wohnung einverstanden ist. Außerdem sind Ladenwohnungen in der Regel solchen Inhabern des Ladens zuzuweisen, welche am Orte für eine Familienwohnung vorgemerkt sind; die Ortspolizeibehörden können im letzteren Falle die Zuweisung von Ladenwohnungen von einer Vormerkungsdauer bis zu einem Jahre abhängig machen.

V Die Zuweisung einer Wohnung außer der Reihe gegen Zahlung eines Geldbetrages ist unzulässig. Aus besonderen Gründen kann mit Genehmigung der Aufsichtsbehörde eine Wohnung unter der Bedingung außer der Reihe zugewiesen werden, daß durch den Wohnungsuchenden mindestens die gleiche Anzahl von Wohnräumen durch Neu- oder Einbau hergestellt und der Ortspolizeibehörde zur freien Verfügung gestellt werden. Der Vollzug der Wohnungszuweisung soll in diesem Falle erst erfolgen, wenn die neu zu erstellenden Wohnräume bezugsfertig sind.

VI Die Stadt- oder Gemeinderäte können durch Satzung mit Genehmigung der Regierung, Kammer des Innern, die Vergebung von Wohnungen mittels Mietberechtigungskarte (Wohnungssuchkarte) in widerruflicher Weise einführen, die Regierungen, Kammern des Innern, können die Einführung der Mietberechtigungskarte im Bedarfsfalle auch von Aufsichts wegen anordnen. Die Mietberechtigungskarte ist eine von der Ortspolizeibehörde (Wohnungsamt) ausgestellte Bestätigung darüber, daß die in der Karte näher bezeichnete Person berechtigt ist, wegen Anmietung einer Familienwohnung der in der Mietberechtigungskarte näher bezeichneten Art und Größe mit dem jeweiligen Vermieter in Verbindung zu treten und einen vorläufigen Mietvertrag abzuschließen, der jedoch erst nach erfolgter schriftlicher Genehmigung durch die Ortspolizeibehörde rechtswirksam wird und zum Einzug berechtigt. Die Mietberechtigungskarten dürfen nur an eine begrenzte Anzahl der am längsten vorgemerkten oder sonst besonders berücksichtigungswerten Wohnungssuchenden (Abs. I und VII) ausgegeben werden; der Vermieter hat keinen Rechtsanspruch auf Vermietung an einen Inhaber einer Mietberechtigungskarte; die Vergebung von Wohnungen kann auch weiterhin durch Zuweisung erfolgen.

VII Wohnungsinhabern, die ihre Wohnung freiwillig aufgeben, ohne zurzeit eine andere Wohnung am gleichen Orte oder an einem anderen Orte zu beanspruchen, kann durch die Ortspolizeibehörde ein Wohnungsgutschein ausgestellt werden; auf späteres Verlangen ist den Inhabern solcher nicht übertragbarer Wohnungsgutscheine sofort außer der Reihe eine möglichst gleichwertige Wohnung zuzuweisen bzw. eine Mietberechtigungskarte auf eine solche Wohnung auszustellen.

1. Die letzten Worte „und ..." sind durch Art. II der VO. vom 28. Dez. 1926 (GVBl. S. 552) eingefügt worden.

§ 17.

I Die Abwendung der Beschlagnahme von Doppelwohnungen kann gegen Zahlung einer angemessenen Geldsumme unter der Voraussetzung zugelassen werden, daß der geleistete Betrag von der Gemeinde unverzüglich zur Schaffung neuen Wohnraums oder zur Freimachung alten Wohnraums verwendet wird.

II Die Abwendung der Zwangsräumung von Wohnungen, die ohne Zustimmung der Ortspolizeibehörde bezogen wurden, durch Geldzahlung ist in jedem Falle unzulässig.

§ 18.

I Dem Eigentümer eines Hauses ist auf Verlangen eine in seinem Hause freiwerdende Wohnung zuzuweisen, falls sie seinem Wohnbedarf entspricht und er eine annähernd gleichwertige Wohnung am gleichen Orte freimacht oder der Ortspolizeibehörde zur Verfügung stellt. Letztere Bedingungen entfallen, wenn seit dem Erwerb des Anwesens drei Jahre verflossen sind und der Hauseigentümer am Orte auf eine Familienwohnung — an Orten mit abgestufter Vormerkung (§ 15 Abs. I) vordringlich — vorgemerkt ist; von dem Erfordernis der Vormerkung kann die Ortspolizeibehörde Befreiung erteilen. Diese Bestimmungen finden auch auf verheiratete Kinder des Hauseigentümers sinngemäße Anwendung. Ist die zuzuweisende Wohnung eine Beamtenwohnung, so steht der zuständigen Behörde (§ 27) das Verfügungsrecht über die bisherige Wohnung des Hauseigentümers oder über die freigemachte oder zur Verfügung gestellte Ersatzwohnung zu.

II Dem Käufer des Hauses ist, soferne er Inländer ist, in der Regel eine durch den Wegzug des Verkäufers in dem Haus freiwerdende Wohnung zuzuweisen, soferne sie den Wohnbedarf des Käufers nicht erheblich übersteigt und der Verkäufer auf Zuweisung einer selbständigen, der Zwangswirtschaft unterliegenden Wohnung in einer anderen bayerischen Gemeinde schriftlich verzichtet. Die Zuweisung kann auch unter einer Auflage erteilt werden.

III Wohnungen, die durch Bezug einer ohne Inanspruchnahme öffentlicher Mittel[1] erstellten Neubauwohnung frei werden, sind in der Regel einem vom bisherigen Wohnungsinhaber bezeichneten, für eine Familienwohnung an dem betreffenden Orte vorgemerkten oder eine solche Wohnung frei machenden Wohnungsuchenden zuzuweisen, wenn dies bei der Ortspolizeibehörde noch vor Freiwerden der Wohnung beantragt wird. Die Zuweisung kann auch unter einer Auflage erteilt werden.

1. Vgl. § 28 Abs. 2—4 der VO. über Mieterschutz in Bayern in der Fassung vom 29. März 1928 (GVBl. S. 179).

§ 19.

I Die Ortspolizeibehörde kann dem Verfügungsberechtigten für unbenutzte, rechtswidrig benutzte, beschlagnahmte oder demnächst freiwerdende Räume einen Wohnungsuchenden oder mehrere Wohnungsuchende zur Auswahl zuweisen. Entscheidet sich bei der Zuweisung mehrerer Wohnungsuchender der Verfügungsberechtigte nicht binnen einer angemessenen, von der Ortspolizeibehörde festzusetzenden Frist für einen bestimmten Wohnungsuchenden, so weist ihm die Ortspolizeibehörde einen solchen zu.

II Kommt zwischen dem Verfügungsberechtigten und dem ausgewählten oder zugewiesenen Wohnungsuchenden ein Mietvertrag nicht zustande, so setzt auf Anrufen der Beteiligten oder der Ortspolizeibehörde das Mieteinigungsamt, in unmittelbaren Gemeinden ohne Mieteinigungsamt die nach § 34 errichtete Beschwerdestelle, in mittelbaren Gemeinden ohne Mieteinigungsamt das Bezirksamt, falls für den Verfügungsberechtigten kein unverhältnismäßiger Nachteil aus der Vermietung an sich oder aus der Person des Mieters zu besorgen ist, den Mietvertrag fest. Der Vertrag gilt als geschlossen, wenn der Wohnungsuchende nicht innerhalb einer von der zur Festsetzung des Zwangsmietvertrags zuständigen Stelle zu bestimmenden Frist bei dieser Widerspruch erhebt. Bis zur endgültigen Festsetzung des Mietvertrages kann die Ortspolizeibehörde oder die Aufsichtsbehörde den Vertrag vorläufig festsetzen. Der Inhalt des Vertrags gilt den Parteien gegenüber als vereinbart.

III Die festsetzende Stelle kann dabei anordnen, daß die Gemeinde an Stelle des Wohnungsuchenden als Mieter gilt und berechtigt ist, die Mieträume dem Wohnungsuchenden weiter zu vermieten. In diesem Falle steht der Gemeinde ein Widerspruchsrecht gegen den Zwangsmietvertrag nicht zu.

§ 20.

I Auf Räume, die zur Unterbringung von Angehörigen eines Betriebes von dem Inhaber des Betriebes oder dessen Vorgänger errichtet oder zu diesem Zwecke vor dem 1. Juli 1918 zu Eigentum erworben oder gemietet sind, finden die Vorschriften der §§ 3, 4, 7 Abs. I Buchst. a und b, sowie der §§ 19 und 25 keine Anwendung, auch wenn die Betriebsart inzwischen geändert wurde, es sei denn, daß solche Räume länger als vier Wochen nicht benutzt sind und keine sichere Aussicht auf die Benutzung innerhalb der nächsten vier Wochen besteht.

II Soweit es sich um die Unterbringung von Personen handelt, die vor dem 1. Januar 1914 ihren Wohnsitz nicht in Deutschland hatten oder nicht zu den in § 14 des Wohnungsmangelgesetzes genannten vertriebenen Personen gehören, bedarf der Inhaber des Betriebes der Zustimmung der Ortspolizeibehörde, es sei denn, daß es sich um die Belegung von Räumen handelt, die für die besonderen Zwecke der Unterbringung von Wanderarbeitern oder ähnlichen Personen errichtet sind.

III Wohnungen, in denen Arbeiter oder versicherungspflichtige oder versicherungsberechtigte Angestellte oder diesen sozial gleichgestellte Beamte des Kohlenbergbaues wohnen, dürfen nur zur Unterbringung von Personen der gleichen Berufsklassen in Anspruch genommen werden.

§ 21.

Werden vor dem 1. Juli 1918 bezugsfertig gewordene Räume, die im Eigentume von Gesellschaften oder Genossenschaften der im § 16 Abs. I Satz 3 des Reichsmietengesetzes bezeichneten Art stehen, von der Ortspolizeibehörde zur Unterbringung von Wohnungsuchenden in Anspruch genommen, so ist die Ortspolizeibehörde zur Bezeichnung der aufzunehmenden Wohnungsuchenden erst dann berechtigt, wenn die Gesellschaft oder Genossenschaft die Räume nicht innerhalb der ihr gestellten Frist an einen Wohnungsuchenden vergibt, der bereits seit mindestens einem Jahre der Gesellschaft oder Genossenschaft als Mitglied angehört.

§ 22.

Die durch Inanspruchnahme von Gebäuden im Sinne des § 7 des Wohnungsmangelgesetzes und von Dienstwohnungen von Beamten gewonnenen Wohnungen sind zunächst an Beamte und Angestellte des betreffenden Dienstzweiges, dann an Beamte und Angestellte überhaupt zu vergeben.

§ 23.

Erfolgt die Beschlagnahme auf Grund des § 7 Abs. I Buchst. b, so bemißt sich die Pflicht der Ortspolizeibehörde zur Entschädigung des Verfügungsberechtigten nach den Grundsätzen über die Enteignung; kommt eine Einigung nicht zustande, so entscheiden die ordentlichen Gerichte. Das gleiche gilt hinsichtlich derjenigen Beschlagnahmeverfügungen, die auf Grund des § 7 Abs. I Buchst. a getroffen wurden, soferne es sich um unbenutzte Wohnungen gemäß § 5 Abs. II Ziff. 1 handelt.

§ 24.[1]

I Wohnungen dürfen nur durch die Ortspolizeibehörden vermittelt werden.

II Jede private, gewerbsmäßige Vermittlung und Ermittlung von Wohnungen und Wohnungstauschen ist verboten; Ausnahmen hiervon können die Bezirkspolizeibehörden — in München, Nürnberg und Fürth der Stadtrat — zuverlässigen Personen, Organisationen oder Firmen in jederzeit widerruflicher Weise gestatten.

III Wohnungsgesuche und -Angebote sowie alle auf Vermittlung von Wohnungen bezügliche Ankündigungen jeder Art dürfen nur mit vorheriger Zustimmung der Ortspolizeibehörde veröffentlicht werden.

1. Neugefaßt durch Art. III der VO. vom 28. Dez. 1926 (GVBl. S. 552).

§ 25.

I Wohnungen dürfen nur mit vorheriger schriftlicher Zustimmung der Ortspolizeibehörde vermietet, überlassen oder in Gebrauch genommen werden, soweit nicht für bestimmte Gruppen von Wohnräumen die Zustimmung allgemein erteilt wurde. Die Zustimmung der Ortspolizeibehörde ist nicht notwendig

a) hinsichtlich der ehelichen Wohnung, wenn der eine Ehegatte nach Eingehen der Ehe in ein bereits bestehendes Mietverhältnis des anderen Ehegatten eintritt,

b) bei Wohnungen in Gebäuden, die im Eigentum oder in der Verwaltung des Reichs, eines Landes, einer Gemeinde, soweit sie in deren Bezirk liegen, einer sonstigen Körperschaft oder einer Stiftung des öffentlichen Rechtes, einer gemeinnützigen Anstalt, sowie einer gemeinnützigen, nicht auf Erwerb gerichteten Organisation stehen sowie bei Dienstwohnungen von Beamten,

c) bei Wohnungen, die im Falle eines Hausverkaufes vom bisherigen Hauseigentümer als Mieter oder vom bisher berechtigten Wohnungsinhaber in Hauptmiete weiter bewohnt werden,

d) bei Ingebrauchnahme einer Altenteilswohnung durch den Altenteilsberechtigten.

II Als Ingebrauchnahme von Wohnungen gilt auch die Fortsetzung des Mietverhältnisses oder der Wohnungsbenutzung durch die Erben des verstorbenen Wohnungsinhabers, nicht jedoch die Fortsetzung des Mietverhältnisses oder der Wohnungsbenutzung durch den Ehegatten oder volljährige Verwandte bis zum zweiten Grade des verstorbenen Wohnungsinhabers, die mit letzterem bis zu dessen Tode in häuslicher Gemeinschaft gelebt haben. Als Ingebrauchnahme von Wohnungen gilt ferner das Verbleiben des Untermieters in den gemieteten Räumen nach Erlöschen des Hauptmietverhältnisses.

III Jeder Wechsel im Eigentum oder im Besitz eines Wohnhauses ist der Ortspolizeibehörde von dem bisherigen

Besitzer, bei Erbfällen vom Erben unter Mitteilung der genauen Anschrift des neuen Anwesensbesitzers mitzuteilen; die Anzeige ist spätestens binnen zweier Wochen von dem Übergang des Eigentums oder Besitzes, bei Erbfällen von der Feststellung des Erbrechtes ab, zu erstatten. Zum Beziehen der durch den Eigentums- oder Besitzwechsel freiwerdenden Wohnungen ist die vorherige Zustimmung der Ortspolizeibehörde erforderlich.

IV Sind in einer Wohnung, welche vom Wohnungsinhaber aufgegeben wird, volljährige Verwandte ersten oder zweiten Grades des Wohnungsinhabers, die mit ihm seit längerer Zeit gemeinschaftlichen Haushalt geführt haben, so ist die Wohnung auf Antrag in der Regel diesen Verwandten oder einem derselben dann zuzuweisen, wenn von ihnen ein eigener Haushalt in der Wohnung weitergeführt wird.

§ 25 a. [1,2]

I Wohnungen, deren Jahresfriedensmiete

in München		2400 ℳ
in Nürnberg, Fürth und Ludwigshafen		1800 ℳ
in den Orten	der Ortsklasse A	1500 ℳ
	der Ortsklasse B	1200 ℳ
	der Ortsklasse C	900 ℳ
	der Ortsklasse D	600 ℳ

und mehr beträgt, können im Falle des Freiwerdens innerhalb einer Frist von zwei Monaten, vom Tage der Anmeldung (§ 3) an gerechnet, an Wohnungsuchende, die am Orte für eine Familienwohnung vorgemerkt sind oder am Orte eine Familienwohnung freimachen oder zur Verfügung stellen, nach Maßgabe der Absätze III und IV vermietet werden. Das Erfordernis der Vormerkung entfällt bei Beamten, bei Beamten im Ruhestande, bei Beamtenhinterbliebenen, sowie bei den in § 26 Abs. I Ziff. 1 aufgeführten Personen; die Ortspolizeibehörde kann in einzelnen Fällen von dem Erfordernis der Vormerkung auf eine Familienwohnung Befreiung erteilen.

II Auf Wohnungen, deren Jahresfriedensmiete

in München		1800—2400 ℳ
in Nürnberg, Fürth und Ludwigshafen		1200—1800 ℳ
in den Orten	der Ortsklasse A	1000—1500 ℳ
	der Ortsklasse B	800—1200 ℳ
	der Ortsklasse C	500—900 ℳ
	der Ortsklasse D	300—600 ℳ

(jeweils ausschließlich des Endbetrages) beträgt, findet Abs. I Anwendung, soweit nicht bei Beamtenwohnungen den zuständigen Behörden ein Verfügungsrecht gemäß § 27 zusteht.

III Der Vermieter hat den Mietvertrag über Wohnungen nach Abs. I und II der Ortspolizeibehörde zur Prüfung der Frage vorzulegen, ob die Voraussetzungen der Abs. I und II gegeben sind. Die Ortspolizeibehörde hat binnen 14 Tagen nach der Vorlage des Mietvertrages dem Vermieter eine schriftliche Bestätigung darüber zu erteilen, daß gegen die Vermietung keine Erinnerung besteht; wird innerhalb dieser Frist die Bestätigung nicht erteilt, so steht dem Vermieter die Beschwerde nach § 34 zu. Der Mietvertrag wird erst mit der Erteilung der Bestätigung der Ortspolizeibehörde oder der Beschwerdestelle wirksam. Vor Erteilung der Bestätigung darf die Wohnung bei Meidung polizeilicher Räumung nicht bezogen werden. Die Ortspolizeibehörde kann die Frist des Abs. I allgemein oder für Einzelfälle verlängern.

IV Als Friedensmiete im Sinne der Abs. I und II gilt der Betrag, der sich nach § 3 der Verordnung über Mietzinsbildung in Bayern vom 29. März 1928 (GVBl. S. 175) errechnet; erforderlichenfalls ist die Friedensmiete vom Mieteinigungsamte (in Gemeinden ohne gemeindliches Mieteinigungsamt vom Amtsgerichte) auf Antrag der Ortspolizeibehörde oder der Beteiligten festzusetzen (§ 2 RMG.).

1. Die §§ 25a—25h sind neueingefügt. Der bisherige § 25 Abs. III—VI, sowie Abs. IX erhielt durch die AbänderungsVO. vom 28. Dez. 1926 — gültig vom 1. Januar 1927 bis 1. April 1928 — folgende Fassung:

III Wohnungen, deren Jahresfriedensmiete

in München	3000 ℳ,
in Nürnberg, Fürth und Ludwigshafen	2000 ℳ,
in Orten der Ortsklasse A	1800 ℳ,
in Orten der Ortsklasse B	1500 ℳ,
in Orten der Ortsklasse C	1200 ℳ,
in Orten der Ortsklasse D	900 ℳ

und mehr beträgt, können innerhalb einer Frist von zwei Monaten, vom Tage des Freiwerdens der Wohnung an gerechnet, an Wohnungssuchende, die am Orte für eine Familienwohnung vorgemerkt sind, oder am Orte eine Familienwohnung freimachen oder zur Verfügung stellen, an die in § 26 Abs. I Ziff. 1 aufgeführten Personen, sowie an Beamte oder an Beamte im Ruhestand nach Maßgabe der Absätze V und VII vermietet werden. Die Ortspolizeibehörde kann in einzelnen Fällen von dem Erfordernis der Vormerkung auf eine Familienwohnung Befreiung erteilen.

IV Wohnungen, deren Jahresfriedensmiete

in München	2000—3000 ℳ,
in Nürnberg, Fürth und Ludwigshafen	1400—2000 ℳ,
in Orten der Ortsklasse A	1200—1800 ℳ,
in Orten der Ortsklasse B	900—1500 ℳ,
in Orten der Ortsklasse C	600—1200 ℳ,
in Orten der Ortsklasse D	360— 900 ℳ

beträgt, dürfen, falls sie nach dem 31. Dez. 1926 frei werden, innerhalb einer Frist von zwei Monaten, vom Tage des Freiwerdens der Wohnung an gerechnet, an die in Abs. III aufgeführten Personenkreise nach Maßgabe der Abs. V mit VII vermietet werden, soweit nicht bei Beamtenwohnungen den zuständigen Behörden ein Verfügungsrecht gemäß § 27 zusteht.

V Der Vermieter hat den Mietvertrag über Wohnungen nach Abs. III und IV der Ortspolizeibehörde zur Prüfung der Frage vorzulegen, ob die Voraussetzungen der Abs. III mit IV gegeben sind. Die Ortspolizeibehörde hat binnen 14 Tagen nach der Vorlage des Mietvertrages dem Vermieter eine schriftliche Bestätigung darüber zu erteilen, daß gegen die Vermietung keine Erinnerung besteht; wird innerhalb dieser Frist die Bestätigung nicht erteilt, so steht dem Vermieter die Beschwerde nach § 34 zu. Der Mietvertrag wird erst mit Erteilung der Bestätigung der Ortspolizeibehörde oder Beschwerdestellen wirksam. Vor Erteilung der Bestätigung darf die Wohnung bei Meidung polizeilicher Räumung nicht bezogen werden. Die Ortspolizeibehörde kann die Fristen der Abs. III und IV allgemein oder für Einzelfälle verlängern.

VI Mit dem Zeitpunkt der rechtswirksamen Vermietung von Wohnungen gemäß Abs. III und V gilt eine auf Grund des § 7 Abs. I Buchst. b erfolgte oder durch Zuweisung ausgesprochene Beschlagnahme als aufgehoben.

Die Einwohnerzahl der Gemeinde (Abs. VIII) bemißt sich nach den Ergebnissen der Volkszählung vom 16. Juni 1926; hierbei ist die Zahl der Wohnbevölkerung maßgebend.*)

2. Wegen der Übersicht über die Neuregelung der §§ 25a bis 25h s. Ziff. II der Vorbem. (S. 109). Wegen der Befreiung vom Mieterschutz und von der gesetzlichen Mietpreisbildung vgl. Anm. 3 zur Dritten LockerungsVO. (oben S. 101).

§ 25b.

Wohnungen können ohne vorherige schriftliche Zustimmung der Ortspolizeibehörde (§ 25 Abs. I) an Wohnungsuchende vermietet werden wenn die Ortspolizeibehörden — bei Beamtenwohnungen außerdem die nach § 27 zuständige Behörde — schriftlich bestätigen, daß sie diese Wohnung für einen Wohnungsuchenden nicht benötigen. Diese Bestätigung muß auf Antrag, der erst nach dem Freiwerden der Wohnung gestellt werden kann, erteilt werden, wenn innerhalb einer Frist von sechs Wochen, vom Einlauf des Antrages bei der Ortspolizeibehörde — für Beamtenwohnungen bei der nach § 27 zuständigen Behörde — angerechnet für die Wohnung kein Wohnungsuchender zugewiesen wird. Wird die Zuweisung gegenstandslos oder die Wohnung späterum wieder frei, so ist das Verfahren nach Satz 1 entsprechend zu wiederholen.

§ 25c.

I Wird durch Teilung einer unbenutzten Wohnung von fünf oder mehr Wohnräumen eine neue räumlich und wirtschaftlich selbständige Wohnung gewonnen, so kann die neue Wohnung an Beamte, Beamte im Ruhestand, Beamtenhinterbliebene, an die in § 26 Abs. I aufgeführten Personen, an volljährige bis zum zweiten

*) Vgl. „Gemeindeverzeichnis für den Freistaat Bayern" Heft 110 der Beiträge zur Statistik Bayerns; Zeitschrift des Bayerischen Statistischen Landesamts 1926, Heft 1.

Grade mit dem Verfügungsberechtigten verwandte oder in gerader Linie verschwägerte Personen, an am Orte vorgemerkte oder an demselben eine Familienwohnung freimachende Personen frei vermietet werden. Die Ortspolizeibehörde kann in Einzelfällen von dem Erfordernis der Vormerkung Befreiung erteilen, sie kann auch allgemein die freie Vermietung solcher Wohnungen an Wohnungsuchende gestatten. Als neue Wohnung gilt der Teil der bisherigen Wohnung, in dem eine Küche nicht vorhanden war.

II Der Vermieter hat den Mietvertrag über eine Wohnung dieser Art der Ortspolizeibehörde zur Prüfung der Voraussetzungen der freien Vermietung (Abs. I) vorzulegen; diese hat binnen 14 Tagen nach Vorlage dem Vermieter eine schriftliche Bestätigung darüber zu erteilen, daß gegen die Vermietung eine Erinnerung nicht besteht; die Bestätigung darf bei Vorliegen der Voraussetzungen nicht verweigert werden. Wird innerhalb der Frist die Bestätigung nicht erteilt, so steht dem Vermieter die Beschwerde nach § 34 zu. Der Mietvertrag wird erst mit Erteilung der Bestätigung der Ortspolizeibehörde oder der Beschwerdestelle wirksam. Vor Erteilung der Bestätigung darf die Wohnung bei Meidung polizeilicher Räumung nicht bezogen werden.

III Die Ingebrauchnahme einer Wohnung dieser Art ist dem Verfügungsberechtigten unbeschränkt gestattet. Dieser muß jedoch unverzüglich die Ingebrauchnahme der Ortspolizeibehörde schriftlich anzeigen.

IV Die Ortspolizeibehörde muß von der Anordnung oder Durchführung einer Beschlagnahme absehen, wenn der Verfügungsberechtigte sich verpflichtet, innerhalb einer von ihr zu bestimmenden Frist von mindestens vier Wochen die Teilung einer Wohnung der in Abs. I bezeichneten Art vorzunehmen und die Arbeiten innerhalb dieser Frist ausführt.

V Eine Beschlagnahme oder Zuweisung der neuen Wohnung ist unzulässig. Im übrigen bleiben auch für die neue Wohnung die Bestimmungen dieser Verordnung mit Ausnahme der §§ 3 und 27 bestehen (vgl. auch § 28).

VI Die Abs. I mit V finden auch auf den verbleibenden Teil der bisherigen Wohnung Anwendung, wenn die Ortspolizeibehörde dies durch schriftliche und unwiderrufliche Genehmigung gestattet. Einer solchen Genehmigung bedarf es jedoch nicht, wenn der verbleibende Teil der bisherigen Wohnung als räumlich und wirtschaftlich selbständige Wohnung außer der Küche noch mindestens zwei Wohnräume umfaßt.

VII Die Abs. I mit VI finden auch entsprechende Anwendung auf räumlich abgeschlossene Wohnungen, die gemäß § 19 Abs. IV der Wohnungsmangelverordnung vom 18. August 1926 (GVBl. S. 403) durch Teilung gewonnen wurden, soferne diese Wohnungen räumlich und wirtschaftlich selbständig sind und die ursprüngliche Wohnung vor der Teilung fünf oder mehr Wohnräume umfaßte.

§ 25 d.

Wird durch Teilung einer benutzten Wohnung von fünf oder mehr Wohnräumen im Einverständnis mit dem rechtmäßigen Inhaber eine neue räumlich und wirtschaftlich selbständige Wohnung gewonnen, so findet auf die neue Wohnung § 25c Abs. I mit V, auf die Restwohnung nach deren Freiwerden § 25c Abs. VI und VII Anwendung. Das gleiche gilt entsprechend, wenn der Verfügungsberechtigte seine eigene Wohnung in der angeführten Weise abteilt.

§ 25e.

Wird aus unbenutzten gewerblichen Räumen oder im Einverständnis mit dem rechtmäßigen Inhaber aus benutzten gewerblichen Räumen durch Ausbau eine räumlich und wirtschaftlich selbständige Wohnung gewonnen, so findet auf diese Wohnung § 25c entsprechende Anwendung. Dies gilt nicht, wenn die Räume gemäß § 2 zu anderen als Wohnzwecken nicht oder nur bedingt benutzt werden dürfen. Dürfen die Räume nur bedingt zu Nichtwohnzwecken benutzt werden, so muß die Ortspolizeibehörde die Genehmigung erteilen, falls die Einhaltung der Bedingung sichergestellt ist. Bei späterem Freiwerden können die Räume wiederum zu Wohnzwecken oder geschäftlichen Zwecken benützt werden.

§ 25f.

I Räumlich abgeschlossene Wohnungen, welche durch Teilung oder Ausbau einer Wohnung nach dem 1. Juli 1918 gewonnen sind oder künftig gewonnen werden, können, soferne auf sie nicht die Bestimmungen des § 25c Anwendung finden, ohne Zustimmung der Ortspolizeibehörde an die in § 25c Abs. I genannten Personenkreise vermietet werden.

II Das gleiche gilt entsprechend für Wohnräume, die eine abgeschlossene Wohnung nicht darstellen und in Untermiete vermietet werden, soferne in diesen eine eigene Wirtschaft oder Haushaltung geführt wird.

§ 25g.

Die Vorschriften der §§ 25c mit f finden auch bei späterem Freiwerden der Wohnung entsprechende Anwendung.

§ 25 h.

Der Vermietung eines Wohnraums im Sinne dieser Verordnung steht die nicht mietweise Überlassung eines Wohnraums und die Ingebrauchnahme eines Wohnraums durch den Verfügungsberechtigten gleich.

§ 26.

I Die nachstehend bezeichneten Personen sind bei der Zuweisung von Wohnungen von Amts wegen in der Weise vorzugsweise zu berücksichtigen, daß sie in der Reihenfolge der Wohnungsvormerkungen um mindestens 3/4 Jahre vorgezogen werden:

1. Personen, die im Sinne des § 14 des Wohnungsmangelgesetzes als vertriebene Deutsche zu erachten sind,
2. die in der Pfalz angestellten Reichs- und Staatsbeamten, die aus den Landesteilen rechts des Rheins stammen und bei der Versetzung in den Ruhestand in das rechtsrheinische Bayern zurückkehren,
3. Schwerkriegsbeschädigte,
4. Familien mit drei oder mehr in der häuslichen Gemeinschaft lebenden Kindern.

II Falls mehrere Bevorzugungsgründe gleichzeitig vorliegen, ist die Bevorzugung aus jedem Grunde gesondert zu gewähren.

§ 27.

I Über die durch Versetzung eines Beamten unmittelbar oder auch mittelbar freiwerdende Wohnung kann die zuständige Behörde zugunsten eines oder mehrerer Beamter ihrer oder einer anderen Verwaltung bis spätestens sechs Wochen nach Freiwerden der Wohnung verfügen; sie kann dieses Verfügungsrecht auch innerhalb der gleichen Frist zugunsten eines ausgeschiedenen oder ausscheidenden Beamten oder einer noch in einer Dienstwohnung befindlichen Familie eines verstorbenen Beamten ausüben.

II Das Verfügungsrecht der zuständigen Behörde tritt nur dann ein, wenn der Ortspolizeibehörde über die freiwerdende Wohnung auf Grund dieser Verordnung das Verfügungsrecht zustehen würde und die Wohnung tatsächlich frei wird; die Wohnung wird dann nicht frei, wenn sie vom Inhaber vertauscht wird.

III Einer Versetzung gleichzustellen ist die Einberufung eines Beamten zur Dienstleistung in einen anderen Zweig der Reichs- oder Staatsverwaltung und die Versetzung in den einstweiligen Ruhestand (mit Wartegeld) sowie der Fall, daß ein Beamter freiwillig seine Wohnung aufgibt.

IV Als versetzt im Sinne dieser Verordnung ist auch ein Beamter anzusehen, dessen Dienstesstelle verlegt wird und der dadurch am neuen Orte dieser Dienstesstelle seinen Wohnsitz nehmen muß.

V Über Wohnungen, die dadurch unmittelbar oder mittelbar frei werden, daß ein Beamter, Angestellter oder Arbeiter des Reichs eine Dienstwohnung oder reichseigene Wohnung zugewiesen erhält, verfügt innerhalb der Frist des Abs. I die zur Verfügung über die Dienstwohnung oder die reichseigene Wohnung berechtigte Behörde oder die dieser vorgesetzte Behörde. Über Wohnungen, die unmittelbar oder mittelbar dadurch frei werden, daß ein Beamter, Angestellter oder Arbeiter des bayerischen Staates eine Dienstwohnung oder eine staatseigene Wohnung zugewiesen erhält, verfügt innerhalb der Frist des Abs. I das Staatsministerium für Landwirtschaft und Arbeit (Abteilung Arbeit).[1]

VI Über Wohnungen, die dadurch unmittelbar oder mittelbar frei werden, daß ein Beamter, Angestellter, Arbeiter, ein ausgeschiedener oder in den Ruhestand versetzter Beamter oder Beamtenhinterbliebene in eine mit Arbeitgeberdarlehen des Reiches oder Landes erbaute Wohnung übernommen werden, steht das Verfügungsrecht innerhalb der Frist des Abs. I derjenigen Behörde zu, die das Arbeitgeberdarlehen gegeben hat. Als Arbeitgeberdarlehen sind in der Regel solche Darlehen anzusehen, die von der ausgebenden Stelle langfristig und mit geringer Verzinsung und unter der ausdrücklichen Bedingung gewährt werden, daß der Bauherr bis zur Rückzahlung des Darlehens die mit diesem Darlehen erstellten Wohnungen nur an Beamte, pensionierte Beamte oder Hinterbliebene von Beamten vermieten darf. Das Verfügungsrecht tritt nur dann ein, wenn dieses Arbeitgeberdarlehen in Gemeinden bis zu 25000 Einwohnern mindestens zweitausend Mark, in den anderen Gemeinden mindestens dreitausend Mark erreicht. Der Gewährung eines Arbeitgeberdarlehens wird die Übernahme der Bürgschaft für ein Baukapital aus privater Hand in gleicher Höhe dann gleichgeachtet, wenn vom Bürgen die Mieten der mit Hilfe dieses Baukapitals errichteten Wohnungen, soweit nach anderen gleichgerichteten Maßnahmen noch erforderlich, durch Gewährung von Zinszuschüssen soweit verbilligt werden, daß sie unter Ansetzung angemessener Hausbelastung die jeweilige gesetzliche Miete gleichwertiger Altwohnungen nicht übersteigen.[2]

VII Über die durch Todesfall oder Übertritt in den dauernden oder zeitlichen Ruhestand oder durch Ausscheiden eines Beamten aus dem Reichs- oder Staatsdienst innerhalb neun Monaten freiwerdende Wohnung kann die zuständige Behörde innerhalb einer Frist von sechs Wochen nach Freiwerden der Wohnung zugunsten der in Abs. I aufgeführten Personen verfügen. Die Ortspolizeibehörde ist verpflichtet, der zuständigen Behörde vom Freiwerden einer solchen Wohnung sofort Mitteilung zu machen. Die Frist wird erst vom Tage nach dem Eingang dieser Mitteilung bei der zuständigen Behörde an gerechnet.

VIII Bei Vorliegen der Voraussetzungen nach Abs. I mit VII bemißt sich das Verfügungsrecht über die Wohnungen nach Abs. V und VI.

IX Die Zuweisung der Wohnung nach Abs. I—VIII erfolgt durch die Ortspolizeibehörde; diese ist verpflichtet, dem Antrage der zuständigen Behörde auf Zuweisung einer Wohnung an den von ihr bezeichneten Beamten sofort zu entsprechen.

X Weigert sich der Vermieter, mit dem zugewiesenen Beamten einen Mietvertrag abzuschließen, so hat die Ortspolizeibehörde die Festsetzung eines Zwangsmietvertrages bei der nach § 19 bezeichneten Stelle zu beantragen. Wird der Abschluß eines Zwangsmietvertrages abgelehnt, so kann die zuständige Behörde innerhalb der Frist des Abs. I wiederum über die Wohnung verfügen.

XI Zuständige Behörde ist für bayerische Landesbeamte das Staatsministerium für Landwirtschaft und Arbeit (Abteilung Arbeit), für Beamte des Reichs diejenige Oberste Reichsbehörde in Bayern, welcher der Beamte bis zu seiner Versetzung, seiner Ruhestandsversetzung, seinem Ausscheiden oder seinem Tode angehört hat.[1] Die zuständige Behörde kann die Ausübung des ihr auf Grund dieser Verordnung zustehenden Verfügungsrechtes über Wohnungen an unterstellte Behörden oder auch an andere Behörden allgemein oder im Einzelfall übertragen.

XII Trifft die zuständige Behörde über die freiwerdende Wohnung des Beamten innerhalb der Frist des Abs. I keine Verfügung, so verfügt über die Wohnung die Ortspolizeibehörde zugunsten eines Beamten, falls ein solcher die Wohnung benötigt, und zwar zunächst eines Beamten der betreffenden Körperschaft (Reich, Land usw.); Beamte, die Entschädigung für getrennte Haushaltführung beziehen, sind vorzugsweise zu berücksichtigen.

XIII Versetzte Reichs- oder Staatsbeamte sind in der Reihenfolge der Wohnungsvormerkung um mindestens 3/4 Jahre vorzuziehen. Das Staatsministerium für Landwirtschaft und Arbeit (Abteilung Arbeit) behält sich vor, für einzelne Orte die Bevorzugungszeit zu erhöhen.

XIV Unter Beamte im Sinne dieser Verordnung sind die planmäßigen und nicht planmäßigen Beamten des Reiches, die etatmäßigen und nichtetatmäßigen Beamten Bayerns, die Beamten der Reichsbank und der Deutschen Reichsbahngesellschaft, die in den einstweiligen Ruhestand versetzten Beamten sowie Beamte im Vorbereitungsdienst, soweit sie die Stelle eines Beamten dauernd wahrnehmen, zu verstehen. Zu den Beamten zählen auch die Angehörigen der Reichswehr und der Landespolizei.

XV Vorstehende für Reichsbeamte geltenden Vorschriften finden auch auf Kreis-, Bezirks- und Gemeindebeamte, auf die Beamten der Träger der Sozialversicherung, sowie auf die Geistlichen der Religionsgesellschaften des öffentlichen Rechtes entsprechende Anwendung.[1]

1. Neufassung durch die AbänderungsVO. vom 12. Okt. 1928 (GVBl. S. 407, StAnz. Nr. 238). Neufassung gültig ab 20. Okt. 1928; vom gleichen Tage ab aufgehoben sind die Bek. vom 31. Jan. 1926 (StAnz. Nr. 20) und vom 17. August 1927 (StAnz. Nr. 188) über den Wohnungstausch der Staatsbeamten. Für die Übergangszeit sind in Ziff. VIII der Bek. vom 12. Okt. 1928 Nr. 1659/18 (StAnz. Nr. 238) besondere Bestimmungen getroffen, s. Vollzugsbekanntmachungen.

2. Dieser letzte Satz wurde der VO. eingefügt durch die AbänderungsVO. vom 6. Okt. 1927 (GVBl. S. 345).

§ 28.

Wollen Personen, die vor dem 1. Januar 1914 in Deutschland ihren Wohnsitz hatten oder Personen, bei denen die in § 14 des Wohnungsmangelgesetzes genannten Voraussetzungen vorliegen, ihre selbständigen benutzten Wohnungen innerhalb des Reichsgebietes miteinander tauschen, so sind sie verpflichtet, die Zustimmung der beteiligten Ortspolizeibehörden unter Beifügung des schriftlich gegebenen Einverständnisses der Vermieter vor Durchführung des Tausches einzuholen. Unter diesen Voraussetzungen ist die Zustimmung der Ortspolizeibehörde innerhalb einer Frist von 14 Tagen zu erteilen; die Frist beginnt in dem Zeitpunkt, in dem die erforderlichen Unterlagen der Ortspolizeibehörde vollzählig vorliegen. Bei Überschreitung dieser Frist gilt die Genehmigung als erteilt. Wird das Einverständnis durch den Vermieter versagt, so kann die gemäß § 19 zur Festsetzung des Zwangsmietvertrages zuständige Stelle das Einverständnis des Vermieters auf Antrag ersetzen; das Einverständnis kann nicht ersetzt werden, falls hienach für den Vermieter ein unverhältnismäßiger Nachteil aus der Art des Mieters zu besorgen ist (§ 19 Abs. II), ferner nicht bei Wohnungen, deren Mieter keinen Mieterschutz genießen.

§ 29.

I Zuständig zu den Verfügungen und Entscheidungen dieser Verordnung sind, soweit nichts anderes bestimmt ist, die Ortspolizeibehörden. Diese können mit Zustimmung der Aufsichtsbehörde unter Fortdauer ihrer Verantwortung und unter ihrer ständigen Aufsicht und Leitung die Anordnung und Durchführung der auf Grund dieser Verordnung zu treffenden Maßnahmen einer besonderen gemeindlichen Stelle (Wohnungsamt) übertragen.

II Die Tätigkeit des Wohnungsamtes kann nach Beschluß des Gemeinderats mit Zustimmung der Aufsichtsbehörde durch einen Wohnungsausschuß wahrgenommen werden, der mit einem unparteiischen Vorsitzenden und der gleichen Anzahl von Mietern und Vermietern zu besetzen ist.

III Als Ortspolizeibehörden im Sinne dieser Verordnung gelten in München, Nürnberg und Fürth die Stadträte.

§ 30.

Die Ortspolizeibehörden sind verpflichtet, von den Befugnissen dieser Verordnung Gebrauch zu machen, soweit es zur Bekämpfung des Wohnungsmangels notwendig ist. Soweit dies nicht oder nicht in genügendem Maße geschieht, haben die Gemeindeaufsichtsbehörden die den Ortspolizeibehörden zukommenden Befugnisse an deren Stelle auszuüben.

§ 31.

Die Ortspolizeibehörden sind verpflichtet, die von ihnen verfügten Beschlagnahmen aufzuheben, wenn die Voraussetzungen für die Beschlagnahme weggefallen sind.

§ 32.

Stadträte und Gemeinderäte können zur Durchführung der Vorschriften dieser Verordnung allgemeine Anordnungen erlassen. Diese bedürfen der Genehmigung des Staatsministeriums für Landwirtschaft und Arbeit (Abteilung Arbeit) oder der vom Staatsministerium für Landwirtschaft und Arbeit (Abteilung Arbeit) zur Erteilung der Genehmigung ermächtigten Stelle.

§ 33.

In Gemeinden, für deren Bezirk ein Mieteinigungsamt nicht errichtet ist, sind die in dieser Verordnung den Mieteinigungsämtern zugewiesenen Befugnisse von der gemäß § 34 zur Verbescheidung von Beschwerden zuständigen Stelle auszuüben, mit Ausnahme der Festsetzung der Friedensmiete gemäß § 25a Abs. IV.

§ 34.

I Gegen die auf Grund dieser Verordnung im Einzelfalle getroffenen Verfügungen der Ortspolizeibehörden können die Beteiligten innerhalb einer Woche nach Eröffnung der Verfügung Beschwerde einlegen. Die Beschwerde ist bei der Stelle einzureichen, welche die Verfügung getroffen hat. Diese kann der Beschwerde abhelfen.

II Über Beschwerden gegen Verfügungen der Ortspolizeibehörden und Wohnungsämter entscheidet eine Beschwerdestelle. Für jede unmittelbare Stadt ist eine solche zu errichten. Sie ist mit einem rechtskundigen Vorsitzenden und je einem Vertreter der Mieter und Vermieter zu besetzen. Der rechtskundige Vorsitzende und die Beisitzer werden vom Stadtrat bestellt. Falls die örtlichen Organisationen der Mieter und Vermieter Vorschlagslisten für die Wahl der Beisitzer zum Mieteinigungsamt einreichen, sind die Beisitzer der Beschwerdestelle aus diesen Vorschlagslisten zu besetzen.

III In dieser Besetzung entscheiden die Beschwerdestellen über Beschwerden gegen Verfügungen der Ortspolizeibehörden und Wohnungsämter, durch die in bestehende Rechte eingegriffen wird. In den übrigen Fällen entscheidet der Vorsitzende der Beschwerdestelle oder sein Stellvertreter im Büroweg.

IV Die Stadträte der unmittelbaren Städte werden ermächtigt, die den Beschwerdestellen auf Grund dieser Verordnung zukommenden Befugnisse den gemeindlichen Mieteinigungsämtern zu übertragen. Die Mieteinigungsämter gelten in diesem Falle als Beschwerdestellen.

V Über Beschwerden gegen Verfügungen der Ortspolizeibehörden und Wohnungsämter mittelbarer Gemeinden entscheiden als Beschwerdestellen die Mieteinigungsämter, soweit solche nicht vorhanden sind, die Bezirksämter.

VI Über Beschwerden gegen Verfügungen, die von den Bezirksämtern an Stelle der Ortspolizeibehörden erlassen werden, entscheiden die Regierungen, Kammern des Innern.

§ 35.

I Gegen die Entscheidung der Beschwerdestellen nach § 34 und der Mieteinigungsämter und Bezirksämter nach § 19 und 28 steht den Beteiligten die Rechtsbeschwerde zu. Diese muß innerhalb einer Frist von einer Woche nach Eröffnung der Verfügung eingelegt und gleichzeitig begründet werden; sie kann nur darauf gestützt werden, daß die Entscheidung auf einer Verletzung des Gesetzes beruhe. Hat der Beschwerdeführer im Falle des § 39 Satz 2 innerhalb der einwöchigen Beschwerdefrist die Erteilung einer Abschrift des angefochtenen Beschlusses beantragt, so kann die rechtzeitig erhobene Beschwerde noch binnen einer Woche nach Aushändigung der Abschrift des angefochtenen Beschlusses gerechtfertigt werden. Die Beschwerde ist bei der Stelle einzureichen, welche die angegriffene Verfügung erlassen hat; erachtet diese Stelle die Beschwerde für begründet, so hat sie ihr abzuhelfen, andernfalls muß sie die Beschwerde der nächstvorgesetzten Aufsichtsbehörde unverzüglich vorlegen, die endgültig im Büroweg entscheidet.

II Die Beschwerdestellen und die Mieteinigungsämter, soweit sie im Vollzuge des Wohnungsmangelgesetzes und der gegenwärtigen Verordnung tätig werden, sind Verwaltungsstellen, die unter der Aufsicht des Staatsministeriums für Landwirtschaft und Arbeit (Abteilung Arbeit) und der Aufsichtsbehörden ihrer Gemeinden entscheiden; sie haben sich in ihrer Tätigkeit an die von ihren vorgesetzten Stellen aufgestellten Verwaltungsgrundsätze für die Handhabung der Vorschriften über Maßnahmen gegen Wohnungsmangel zu halten.

III Im übrigen entscheiden die Bezirksämter, Beschwerdestellen und Mieteinigungsämter nach billigem Ermessen.

IV Für das Verfahren vor den Beschwerdestellen und Mieteinigungsämtern gelten die für das Verfahren vor den Mieteinigungsämtern erlassenen Vorschriften entsprechend.

V Bei Abweisung der Beschwerden werden die Gebühren erhoben, die das Bayer. Kostengesetz vorsieht; bei Mieteinigungsämtern und Beschwerdestellen unmittelbarer Städte kommen die Gebühren für die Bescheide der Bezirksverwaltungsbehörden in Ansatz. Im Falle der Abweisung der Beschwerde sind weiter die baren Auslagen des Verfahrens festzusetzen und ist zu bestimmen, wer sie zu tragen hat. Falls die Regierungen, Kammern des Innern, über Beschwerden gegen Verfügungen entscheiden, die von den Bezirksämtern an Stelle der Ortspolizeibehörden erlassen wurden, gilt dies entsprechend.

§ 36.

Eine Beschwerde an das Staatsministerium für Landwirtschaft und Arbeit (Abteilung Arbeit) findet in keinem Falle statt. Das Staatsministerium für Landwirtschaft und Arbeit (Abteilung Arbeit) behält sich jedoch vor, aus erheblichen Gründen des öffentlichen Interesses Ortspolizeibehörden zur Zuweisung von Wohnungen an bestimmte Persönlichkeiten zu veranlassen und den Vollzug von Verfügungen, die auf Grund der Vorschriften über Maßnahmen gegen Wohnungsmangel ergangen sind, einzustellen. Das Staatsministerium für Landwirtschaft und Arbeit (Abteilung Arbeit) behält sich weiter vor, die Vorschriften dieser Verordnung für bestimmte Landesteile außer Wirksamkeit zu setzen oder in einzelnen Fällen von den Vorschriften dieser Verordnung Befreiung zu erteilen.

§ 37.

Die Beschwerde nach § 34 und die Rechtsbeschwerde nach § 35 Abs. I haben aufschiebende Wirkung. Beschwerden solcher Personen, die eine freigewordene Wohnung ohne Genehmigung der Ortspolizeibehörde (§ 25) unrechtmäßig nach dem Freiwerden bezogen haben, ohne in dieser Wohnung bisher gewohnt zu haben, ist die aufschiebende Wirkung versagt. In der Räumungsverfügung ist hierauf besonders hinzuweisen mit dem Bemerken, daß die Zwangsräumung ungeachtet der Einlegung einer Beschwerde nach 3 Tagen vollzogen werden kann. Die zur Verbescheidung der Beschwerde zuständigen Stellen können den vorläufigen Vollzug einer Verfügung der unteren Instanz vor und nach Einlegung einer Beschwerde sowie den sofortigen Vollzug ihrer eigenen Entscheidung anordnen, wenn eine Abänderung der Entscheidung voraussichtlich nicht zu erwarten ist. Die zur Verbescheidung der Beschwerden zuständigen Stellen können den sofortigen Vollzug einstellen.

§ 38.

I Die zur Bekämpfung des Wohnungsmangels getroffenen Verfügungen können im Wege des unmittelbaren polizeilichen Zwanges durchgeführt werden. Insbesondere können Wohnungen, die unter Verletzung der Vorschriften dieser Verordnung bezogen worden sind, im Wege unmittelbaren Zwanges geräumt werden. Das gleiche gilt, wenn im Falle des § 12 Abs. III die Räumung verweigert wird. Unmittelbarer Zwang kann ferner angewendet werden, wenn der Verfügungsberechtigte nach Festsetzung des Zwangsmietvertrages sich weigert, dem Zwangsmieter die zugewiesenen Räume zu überlassen, und wenn im Falle des § 13 die Vornahme baulicher Änderungen und sonstiger Arbeiten verhindert wird.

II Die Kosten fallen dem Ungehorsamen zur Last. Sie werden in unmittelbaren Städten wie Gemeindegefälle, im übrigen gemäß Art. 6 des Gesetzes zur Ausführung der Reichszivilprozeßordnung und Konkursordnung beigetrieben.

III Gegen Reich und Land ist die Anwendung derartiger Zwangsmaßnahmen unzulässig. Das gleiche gilt für die Reichsbank und die Deutsche Reichsbahngesellschaft.

§ 39.

Die zur Bekämpfung des Wohnungsmangels getroffenen Verfügungen sind unter Belehrung über Zulässigkeit, Form und Frist der Beschwerde mit schriftlicher, tatsächlicher und rechtlicher Begründung dem Betroffenen zuzustellen. Die Zustellung entfällt, wenn die Entscheidung am Schlusse einer mündlichen Verhandlung in Gegenwart des Betroffenen oder seines Vertreters unter Beschwerderechtsbelehrung verkündet wurde.

§ 40.

I Als Wohnungen im Sinne dieser Verordnung gelten auch Wohnräume, in denen eine eigene Wirtschaft oder Haushaltung geführt wird oder geführt werden kann, sowie Wohnräume, die in Hauptmiete vermietet werden und nicht Teile einer Wohnung sind (z. B. Künstlerateliers, Treppenzimmer).

II Die Vorschriften des Wohnungsmangelgesetzes und dieser Verordnung finden auf Neubauten oder durch Um- oder Einbauten neugeschaffene Räume keine Anwendung, wenn sie nach dem 1. Juli 1918 bezugsfertig geworden sind oder künftig bezugsfertig werden.

III Die mit Unterstützung des Hilfswerkes Oppau errichteten Räume unterliegen in allen Fällen der Beschlagnahme.

§ 40 a.[1]

I Gemeinderäte (Stadträte) in Gemeinden unter 5000 Einwohnern können bestimmen, daß die Vorschriften dieser Verordnung mit Ausnahme[2] der §§ 1, 2, 5, 6, 7 Abs. I, 8, 27, 28, 30 und 41 keine Anwendung finden, insoferne ihre Weitergeltung nicht zur Durchführung der aufrechterhaltenen Vorschriften notwendig erscheint.

II Der Beschluß bedarf der Genehmigung der Aufsichtsbehörde, welche diese in widerruflicher Weise erteilt, wenn der Stand des Wohnungsmarktes die Ausnahmebestimmung rechtfertigt. Die Aufsichtsbehörde kann auch für einzelne Gemeinden die Außerkraftsetzung der Wohnungsmangelverordnung gemäß Satz 1 nach Einvernahme des Gemeinderats (Stadtrats) in jederzeit widerruflicher Weise anordnen.

III Die Beschlüsse oder Anordnungen nach Abs. I und II sind im Amtsblatt der Aufsichtsbehörde, bei unmittelbaren Städten in deren Amtsblättern zu veröffentlichen und erhalten mit Beginn des auf die Veröffentlichung folgenden zweiten Monats Wirksamkeit.

IV Die Vorschriften der Abs. I mit III finden auch auf Gemeinden mit einer Einwohnerzahl von 5000 und darüber entsprechende Anwendung, falls dies im Einzellfall auf Antrag einer Gemeinde vom Staatsministerium für Landwirtschaft und Arbeit (Abteilung Arbeit) in Zukunft bestimmt wird.

V Die Einwohnerzahl der Gemeinde (Abs. I und IV) bemißt sich nach den Ergebnissen der Volkszählung vom 16. Juni 1926; hiebei ist die Zahl der Wohnbevölkerung maßgebend.[3]

1. Neu eingeführt mit Wirkung vom 1. Jan. 1927 durch die AbänderungsVO. vom 28. Dez. 1926; die ursprüngliche Fassung lautete:

I. Gemeinderäte (Stadträte) in Gemeinden unter 2000 Einwohnern (s. § 25 Abs. IX) können bestimmen, daß die Vorschriften der Wohnungsmangelverordnung mit Ausnahme der §§ 1, 2, 5, 6, 7 Abs. I Buchst. a und c, 8, 27 und 28 keine Anwendung finden, insoweit ihre Weitergeltung nicht zur Durchführung der aufrecht erhaltenen Vorschriften notwendig erscheint. Die auf Grund der bisherigen Vorschriften getroffenen Maßnahmen behalten bis zur ausdrücklichen Aufhebung weiterhin Wirksamkeit.

II. Der Beschluß bedarf der Genehmigung der Aufsichtsbehörde, welche sie nur in widerruflicher Weise und nur dann erteilen darf, wenn der Stand des Wohnungsmarktes die Ausnahmebestimmung rechtfertigt. Die Aufsichtsbehörde kann auch für einzelne Gemeinden die Außerkraftsetzung der WMVO. gemäß Satz 1 nach Einvernahme des Gemeinderats (Stadtrats) in jederzeit widerruflicher Weise anordnen.

III. Die Beschlüsse oder Anordnungen nach Abs. I sind im Amtsblatt der Aufsichtsbehörden zu veröffentlichen und erhalten mit Beginn des auf die Veröffentlichung folgenden zweiten Monats Wirksamkeit.

2. Trotz Aufhebung der Geltung der WMVO. bleiben in Kraft:

1. Die auf Erhaltung des Wohnungsbestandes abzielenden Vorschriften des § 1 (insbes. das Verbot des Abbruchs und der Vereinigung mehrerer Wohnungen);
2. das Verbot der Verwendung von Wohnräumen zu anderen Zwecken nach § 2 ;
3. die Bestimmungen über die Behandlung der Doppelwohnungen § 6;
4. die Vorschriften über Beschlagnahme unbenutzter (§ 5) Räume, von Doppelwohnungen (§ 7 Abs. 1) und von Amtsräumen (§ 8);
5. die Vorschriften des § 27 über Beamtenwohnungen;
6. die Vorschriften über Wohnungstausch § 28;
7. die Verpflichtung der Ortspolizeibehörde zur Durchführung der nach Ziff. 1—6 noch geltenden Bestimmungen der WMVO. § 30;
8. die Strafvorschriften des § 41.

3. Vgl. „Gemeindeverzeichnis für den Freistaat Bayern", Heft 110 der Beiträge zur Statistik Bayerns; Zeitschrift des Bayerischen Statistischen Landesamts 1926, Heft 1.

§ 41.

Zuwiderhandlungen gegen die Anordnungen dieser Verordnung oder die auf Grund dieser Verordnung ergehende Verfügungen werden mit Gefängnis und mit Geldstrafe oder mit einer dieser Strafen bestraft.

§ 42.

Ein vor dem Inkrafttreten dieser Verordnung anhängiges Verfahren ist nach den neuen Vorschriften zu erledigen. Hinsichtlich der Beschwerden gegen die vor dem Inkrafttreten dieser Verordnung erlassenen Beschlüsse der Beschwerdestellen finden jedoch die bisherigen Vorschriften Anwendung. Die von den Stadträten und Gemeinderäten auf Grund des § 32 der Wohnungsmangelbekanntmachung vom 25. September 1923 und der Wohnungsmangelverordnung vom 18. August 1926 erlassenen Anordnungen behalten weiterhin ihre Gültigkeit, soferne sie mit den Bestimmungen dieser Verordnung nicht in Widerspruch stehen. Das gleiche gilt hinsichtlich der vom Staatsministerium für Landwirtschaft und Arbeit (Abteilung Arbeit) oder von den Aufsichtsbehörden auf Grund des § 35 a. a. O. aufgestellten Verwaltungsgrundsätze.

§ 43.

I Die Verordnung tritt am 1. April 1928 in Kraft.

II Mit dem gleichen Tage tritt die Verordnung über Maßnahmen gegen Wohnungsmangel (WMVO.) vom 18. August 1926 (GVBl. S. 403, StAnz. Nr. 192) in der Fassung der Verordnungen vom 18. Dezember 1926 (GVBl. S. 552, StAnz. Nr. 303) und vom 6. Oktober 1927 (GVBl. S. 345, StAnz. Nr. 231) außer Kraft.

2. Vollzugsbekanntmachungen.

Bekanntmachungen, die obgleich zur WMVO. vom 18. August 1926 erlassen, auch auf die WMVO. vom 29. März 1928 Anwendung finden; vgl. MBekm. vom 27. März 1927 StAnz. Nr. 75.

a) Vollzugsbekanntmachung vom 8. November 1927 (StAnz. Nr. 263) — Zuweisung von Wohnungen an Räumungspflichtige —

Gemäß § 36 des Gesetzes über Mieterschutz und Mieteinigungsämter in der Fassung der Bekanntmachung vom 30. Juni 1926 (RGBl. I S. 347) sind die Gemeindebehörden dann zur beschleunigten Zuweisung einer Ersatzwohnung an den Räumungsschuldner verpflichtet, wenn die Zwangsvollstreckung aus dem Mietaufhebungs- oder Räumungsurteil von der Sicherung eines Ersatzraums abhängig gemacht ist; die gleiche Verpflichtung trifft die Gemeindebehörde im Falle eines gerichtlichen Mietaufhebungs- oder Räumungsvergleiches, wenn das Gericht die beschleunigte Zuweisung eines Ersatzraumes angeordnet hat; ein Ersatzraum ist auch in den Fällen der §§ 22, 23 (Werkwohnungen), 32 (Wohnungen in öffentlichen Gebäuden) beschleunigt zuzuweisen, wenn der Mieter den Mietraum gegen Zahlung eines Geldbetrages herausgeben muß, oder wenn in Fällen des § 32 die Zwangsvollstreckung von der Sicherung eines Ersatzraums abhängig gemacht ist. Dabei haben die Gemeindebehörden den bisherigen Vermieter vom Zeitpunkte der Zuweisung zu benachrichtigen.

Es sind nun von seiten der Hauseigentümer, so insbesondere von Eigentümern von Werkwohnungen, Klagen darüber laut geworden, daß die Ortspolizeibehörden der ihnen obliegenden Verpflichtung nicht oder in nicht befriedigender Weise nachkommen; dabei wurde in diesen Klagen vielfach der Standpunkt vertreten, eine beschleunigte Zuweisung der Ersatzwohnungen hätte unter Übergehung sämtlicher vorgemerkter Wohnungsuchender zu erfolgen. Es besteht daher Veranlassung, die bisherige, vom Staatsministerium für Soziale Fürsorge gebilligte Praxis der Wohnungsämter in der Auslegung des Begriffes „beschleunigte Zuweisung" zur allgemeinen Kenntnis zu bringen.

Die Vorschrift des § 36 MSchG. kann nicht dahin ausgelegt werden, daß eine Ersatzwohnung unter Übergehung sämtlicher Vorgemerkter außer der Reihe zuzuweisen ist, sonst würden sich auf dem Wohnungsmarkte geradezu unhaltbare Zustände ergeben, da in vielen größeren Orten mit unvermindertem Wohnungsmangel Hunderte von Räumungsurteilen mit Ersatzraumklausel vorliegen und der gesamte Anfall von Wohnungen einer sehr erheblichen Zeitspanne ausschließlich zur Zuweisung an Räumungspflichtige verwendet werden müßte. Eine derartige Benachteiligung schon lange vorgemerkter und auf eine Wohnung wartender Wohnungsuchender hat der Gesetzgeber nicht gewollt. Sie könnte nicht vertreten werden. Allgemeine Richtlinien über den Begriff „beschleunigte Zuweisung" lassen sich nicht aufstellen, da die Wartezeiten für die Erlangung einer Wohnung in den einzelnen Gemeinden ganz verschieden sind. Im großen und ganzen wird daran festgehalten werden müssen, daß die Räumungsschuldner den Personenkreisen gleichzustellen sind, welche gemäß § 14 WMG. bei der Wohnungszuweisung vorzugsweise zu berücksichtigen sind; eine Besserstellung gegenüber diesen Personenkreisen hat der Gesetzgeber den Räumungsschuldnern offenbar nicht zugedacht, sonst hätte er bestimmen müssen, daß sie „vor allen anderen Wohnungsuchenden unterzubringen" sind, wie dies durch Art. V Abs. 1 des Notgesetzes vom 24. Februar 1923 (RGBl. S. 147) für die Ausgewiesenen angeordnet war. Auf jeden Fall sind die Räumungsschuldner aus der Gruppe derjenigen vorgemerkten Wohnungsuchenden hervorgehoben, für welche die Zuweisung in der Reihe der Vormerkung gemäß § 16 Abs. I Satz 1 WMVO. erfolgt. Die Vorschrift einer beschleunigten Zuweisung ist demnach dahin auszulegen, daß der Räumungspflichtige in der Reihe der Vormerkungen angemessen vorzudatieren ist, damit er gegenüber anderen Wohnungsuchenden beschleunigt mit einer Wohnung versorgt wird. In vielen Fällen, so namentlich in Gemeinden mit verminderter Wohnungsnot, wird die angemessene Vordatierung in der Vormerkungsliste alsbald zum Ziele führen, ohne daß die Rechte länger vorgemerkter Personen in nicht vertretbarer Weise verletzt werden. In anderen Gemeinden mit einer sehr großen Anzahl vorgemerkter Personen wird allerdings auch durch die angemessene Vordatierung die Vollstreckung eines Räumungsurteils eine bedeutende Verzögerung erfahren. Dieser Zustand wird wohl als mißlich empfunden werden, läßt sich aber unter obwaltenden Umständen nicht ändern. Immerhin kann in besonderen Ausnahmefällen, in denen die Verhinderung der alsbaldigen Freimachung einer zu räumenden Wohnung mit erheblichen sozialen und wirtschaftlichen Nachteilen für den Verfügungsberechtigten verbunden ist, hinter die schließlich auch die Rechte länger vorgemerkter Wohnungsuchender zurücktreten müssen, mit Zuweisung einer Wohnung außer der Reihe gemäß § 16 Abs. I Satz 2 WMVO. vorgegangen werden; veranlaßten Falles wird diese Zuweisung außer der Reihe auf Anordnung der Aufsichtsbehörde erfolgen. Immerhin kann es sich hier nur um Ausnahmefälle handeln, da der Gesetzgeber bei der Anordnung einer beschleunigten Zuweisung keinen Unterschied gemacht hat, ob es sich um ein Aufhebungs- bzw. Räumungsurteil wegen unbefugter Überlassung des Mietraums an Dritte, wegen Nichtzahlung der Miete, wegen Eigenbedarfes oder wegen Freimachung einer Werkwohnung handelt. Letztere Fälle sind sonach grundsätzlich einander gleichgestellt.

In Gemeinden, in welchen gemäß § 40a WMBO. die Wohnungsmangelbestimmungen teilweise außer Kraft gesetzt sind, kann eine Verpflichtung der Ortspolizeibehörden zur beschleunigten Zuweisung nur mehr in beschränktem Umfange anerkannt werden. In diesen Gemeinden werden keine Vormerkungslisten mehr geführt, die Wohnungen können ohne Zustimmung der Ortspolizeibehörden rechtswirksam von jedermann angemietet werden. Hier müssen die Räumungsgläubiger ohne Mitwirkung der Ortspolizeibehörde Wohnungen auf dem freien Markte anmieten und dem Räumungsschuldner zur Verfügung stellen, falls der Räumungsschuldner selbst sich weigern sollte, freie Wohnungen anzumieten (s. § 16 Abs. I Satz 3 MSchG.); eine Verpflichtung zur Mitwirkung entfällt daher für die Ortspolizeibehörden insoweit, als Räume nicht mehr der öffentlichen Bewirtschaftung unterliegen; in diesen Gemeinden kommt demnach eine Mitwirkung der Ortspolizeibehörde nur insoweit in Betracht, als für sie, da auch in solchen Ausnahmegemeinden § 7 Abs. 1 a, c WMBO. noch aufrechterhalten ist, bei auftretendem Wohnungsbedarf auch weiterhin noch die Verpflichtung besteht, unbenutzte Wohnungen, deren Vermietung an Wohnungsuchende grundlos verweigert oder verzögert wird, für den öffentlichen Wohnungsmarkt zu beschlagnahmen; solche Wohnungen wären sodann nach erfolgter Beschlagnahme Räumungsschuldnern von der Ortspolizeibehörde zuzuweisen.

b) Vollzugsbekanntmachung vom 18. August 1926 (StAnz. Nr. 192) — Zuständigkeit der Behörden bei Verfügung über Beamtenwohnungen — abgedruckt in Anm. 2 zu § 27 WMBO., Grundstücksmiete Teil I S. 325.

c) Vollzugsbekanntmachung vom 30. Mai 1927 (StAnz. Nr. 123) — Sonderstellung landwirtschaftlicher Anwesen —.

Zum Vollzuge der VO. über Maßnahmen gegen Wohnungsmangel in Bayern vom 18. August 1926 in der Fassung der VO. vom 28. Dezember 1926 (GVBl. 1926 Nr. 21 und 31) ergehen folgende Anordnungen:

I.

1. Wohnungen in landwirtschaftlichen Anwesen und deren Nebengebäuden, die für den Fall der Übergabe des Anwesens zur Aufnahme des Übergebers oder der auf dem Anwesen verbliebenen Geschwister des Übernehmers bestimmt sind oder bestimmt werden (Altenteils- oder Austragswohnungen), sind als unbenutzte Wohnungen gemäß § 7 Abs. I Buchst. a WMBO. dann nicht zu beschlagnahmen, wenn die Übergabe des Anwesens und der Bezug dieser Wohnungen in naher Zeit in sicherer Aussicht steht.
2. Von einer Inanspruchnahme der in Ziff. 1 genannten Wohnungen ist auch für den Fall der Zulässigkeit der Beschlagnahme dann abzusehen, wenn die Durchführung der Beschlagnahme und die Einweisung des für die Wohnung in Aussicht genommenen Mieters eine erhebliche Gefährdung oder Erschwerung des landwirtschaftlichen Betriebes zur Folge haben würde.
3. Beim Vorliegen der Voraussetzungen in Ziff. 1 und 2 ist von einer weiteren Inanspruchnahme künftig freiwerdender Altenteilswohnungen abzusehen.
4. Räumungspflichtigen Inhabern von Altenteils- oder Austragswohnungen ist, falls diese Wohnungen bei oder nach Übergabe eines landwirtschaftlichen Anwesens dringend benötigt werden, mit aller Beschleunigung eine andere Wohnung, in besonders dringenden Fällen vor anderen, wenn auch länger vorgemerkten Wohnungsuchenden zuzuweisen.

II.

Die Aufsichtsbehörden werden ermächtigt, die Zuweisung einer Wohnung außer der Reihe gemäß § 16 Abs. V WMBO. in begründeten Fällen auch dann zu genehmigen, wenn die der Ortspolizeibehörde zur Verfügung gestellten Ersatzräume nach Zahl und Ausmaß nicht vollkommen der beanspruchten Wohnung entsprechen.

III.

In einer größeren Zahl von Gemeinden unter 2000 Einwohnern ist die gemäß § 40a WMVO. zulässige teilweise Außerkraftsetzung der WMBestimmungen nicht erfolgt, trotzdem zweifelsohne die Voraussetzungen hiefür gegeben wären. Die Aufsichtsbehörden werden deshalb angewiesen, die teilweise Außerkraftsetzung der WMVO. nach § 40a Abs. I Satz 1 und Abs. II Satz 2 WMVO. nach Einvernahme des Gemeinderats in denjenigen Gemeinden anzuordnen, in denen der Stand des Wohnungsmarktes diese Maßnahme rechtfertigt.

d) Vollzugsbekanntmachung vom 29. Dez. 1926 (StAnz. Nr. 303) — Statistische Meldungen der Bezirksämter —

Zum Vollzug des § 40a der VO. über Maßnahmen gegen Wohnungsmangel in Bayern vom 18. August 1926, in der Fassung der VO. vom 28. Dezember 1926 (GVBl. 1926 Nr. 31, StAnz. Nr. 303) ergeht folgende Anordnung:

Die Bezirksämter berichten zum 1. jeden Monats unter Benützung des nachstehenden Formblattes an die Regierungen, Kammern des Innern, über den Stand des Vollzuges des § 40a der WMVO. Ein Abdruck des Berichtes und des ausgefüllten Formblattes ist jeweils dem Staatsministerium für Landwirtschaft und Arbeit (Abteilung Arbeit) unmittelbar vorzulegen. Fehlanzeigen sind erlassen. In den Berichten sind auch etwa erfolgte Widerrufe zu berücksichtigen. Die Regierungen, Kammern des Innern, berichten vierteljährig, zum erstenmal am 1. April 1927, dem Staatsministerium für Landwirtschaft und Arbeit (Abteilung Arbeit) über die im Vollzug des § 40a WMVO. gemachten Erfahrungen.

In den von den Vorschriften der WMVO., mit Ausnahme der §§ 1, 2, 5, 6, 7 Abs. I Buchst. a und c, 8, 27 und 28 ausgenommenen Gemeinden gelten die aufgehobenen Bestimmungen der WMVO. fürderhin auch noch insoweit, als ihre Weitergeltung zur Durchführung der aufrechterhaltenen Bestimmungen notwendig erscheint, z. B.

finden die Vorschriften über den Abschluß von Zwangsmietverträgen (§ 19 WMVO.) dann noch Anwendung, wenn der Zwangsmietvertrag hinsichtlich einer Beamtenwohnung (§ 27 WMVO.) abgeschlossen werden soll.

e) Bekanntmachung sämtl. Staatsministerien vom 26. Mai 1926 (StAnz. Nr. 120) — Wohnungsfürsorge für Staatsbeamte —

Staatsbeamte, die an einen anderen Dienstort versetzt werden, haben sofort nach Bekanntgabe ihrer Versetzung beim Wohnungsamt ihres neuen Dienstortes um dringliche Zuweisung einer Wohnung nachzusuchen und bei der erstmaligen Aufrechnung der Entschädigung für getrennte Haushaltführung die rechtzeitige und dringliche Anmeldung beim Wohnungsamt auf Dienstpflicht zu bestätigen.

f) Bekanntmachung sämtl. Staatsministerien vom 12. Oktober 1928 (GVBl. S. 408, StAnz. Nr. 238) — Bewirtschaftung des Beamtenwohnraums für bayerische Staatsbeamte —

I.

Gemäß § 27 WMVO. vom 29. März 1928 (GVBl. S. 161, StAnz. Nr. 75) in der Fassung der Verordnung vom 12. Oktober 1928 (GVBl. S. 407, StAnz. Nr. 238) verfügt das Staatsministerium für Landwirtschaft und Arbeit (Abteilung Arbeit):

a) über die durch Versetzung von Beamten unmittelbar oder mittelbar freiwerdenden Wohnungen (§ 27 Abs. I, III und IV),

b) über Wohnungen, die durch Zuweisung einer Dienstwohnung oder einer staatseigenen Wohnung an Beamte, Angestellte oder Arbeiter unmittelbar oder mittelbar frei werden (§ 27 Abs. V),

c) über Wohnungen, die durch Übernahme von Beamten, Angestellten, Arbeitern, ausgeschiedenen oder in den Ruhestand versetzten Beamten oder Beamtenhinterbliebenen in mit Arbeitgeberdarlehen des Landes erbaute Wohnungen unmittelbar oder mittelbar frei werden (§ 27 Abs. VI),

d) über Wohnungen, die durch Todesfall oder Übertritt in den dauernden oder zeitlichen Ruhestand oder durch Ausscheiden eines Beamten aus dem Staatsdienste innerhalb neun Monaten frei werden (§ 27 Abs. VII).

. Ausgenommen von der Verfügung sind freiwerdende Dienstwohnungen und Mietwohnungen in staatseigenen Gebäuden; die Zuweisung dieser Wohnungen bemißt sich nach den seitherigen Bestimmungen.

II.

1. Die in Ziffer 1 Buchst. a—d erwähnten Wohnungen werden vom Staatsministerium für Landwirtschaft und Arbeit (Abteilung Arbeit) durch unmittelbare Anweisung an die Ortspolizeibehörden (Wohnungsämter), veranlaßtenfalls auch an die Bezirksämter in Anspruch genommen. Die den Beamten vorgesetzten Dienstesstellen werden ermächtigt, bei Gefahr des Verlustes des Verfügungsrechtes (z. B. Ablauf der Frist des § 27 Abs. I und V mit VIII, bei anderweitig drohendem Verlust infolge Nichtbeachtung der Vorschriften des § 27 durch die Ortspolizeibehörden) Beamtenwohnungen vorsorglich in Anspruch zu nehmen; sie haben in diesem Falle Abdruck der ergehenden Verfügung ungesäumt dem Staatsministerium für Landwirtschaft und Arbeit (Abteilung Arbeit) zu übersenden.

2. Die Berichte der Ortspolizeibehörden gemäß § 27 Abs. VII Satz 2 WMVO. sind an das Staatsministerium für Landwirtschaft und Arbeit (Abteilung Arbeit) zu erstatten.

III.

Die Verfügung über die in Ziffer I Buchst. a—d bezeichneten Wohnungen obliegt dem Staatsministerium für Landwirtschaft und Arbeit (Abteilung Arbeit). Dieses wird die freigewordenen Wohnungen grundsätzlich in erster Linie zur unmittelbaren oder mittelbaren Unterbringung von Beamten verwenden, die Entschädigungen oder Beihilfen für getrennte Haushaltführung beziehen, wenn nicht in ganz besonders gelagerten Fällen aus dienstlichen oder familiären

Gründen von diesem Grundsatze abgewichen werden muß. Abdrucke der Verfügungen über Ernennungen, Versetzungen (einschließlich der Wiederaufhebung von Versetzungen), Beförderungen, die einen Wechsel der Wohnung zur Folge haben, Versetzungen in den einstweiligen und dauernden Ruhestand und Entlassungen übermitteln die verfügenden Stellen jeweils dem Staatsministerium für Landwirtschaft und Arbeit (Abteilung Arbeit); es erhält von diesen Behörden außerdem jeweils Mitteilung vom Tode eines Beamten.

Wird einem Beamten, Angestellten oder Arbeiter eine Dienstwohnung oder eine staatseigene Wohnung zugewiesen, so teilt dies die zuweisende Behörde dem Staatsministerium für Landwirtschaft und Arbeit (Abteilung Arbeit) unter Angabe der freiwerdenden Wohnung mit.

IV.

Jeder Ernennungs-, Versetzungs- usw. Verfügung wird ein Formblatt in doppelter Fertigung nach dem Muster der Anlage*) beigegeben, das dem Beamten usw. auszuhändigen und von diesem binnen 3 Tagen ausgefüllt in doppelter Fertigung unmittelbar an das Staatsministerium für Landwirtschaft und Arbeit (Abteilung Arbeit) einzusenden ist. Bei Verzug oder Unterlassung der Einsendung kann die Entschädigung oder die Beihilfe für getrennte Haushaltführung versagt oder entzogen und der Beamte von der Wohnungszuweisung ausgeschlossen werden.

Beamte, die ihre bisherige Wohnung aufgeben, ohne die Zuweisung einer anderen Wohnung durch das Staatsministerium für Landwirtschaft und Arbeit (Abteilung Arbeit) in Anspruch zu nehmen, sowie Beamte, die ohne Vermittlung des Staatsministeriums für Landwirtschaft und Arbeit (Abteilung Arbeit) eine Wohnung erhalten, haben hievon umgehend dem Staatsministerium für Landwirtschaft und Arbeit (Abteilung Arbeit) bei Gefahr der Haf-

*) Formblätter können vom Expeditionsamt des Staatsministeriums für Landwirtschaft und Arbeit (Abtlg. Arbeit), München I, Brieffach, bezogen werden.

tung für Mietzinsleistungen oder sonstige Verpflichtungen, die dem Staate infolge der Unterlassung oder Verzögerung der Anzeige erwachsen, Mitteilung zu machen.

Beamte usw., die aus triftigen Gründen innerhalb ihres Wohnorts ihre Wohnung zu vertauschen beabsichtigen, können unter Beigabe des entsprechend ausgefüllten Formblattes und eingehender Schilderung ihrer bisherigen Wohnung beim Staatsministerium für Landwirtschaft und Arbeit (Abteilung Arbeit) ein Tauschgesuch anbringen; wird ein solches Gesuch nachträglich gegenstandslos oder ändern sich die Verhältnisse, so ist das Staatsministerium für Landwirtschaft und Arbeit (Abteilung Arbeit) ungesäumt zu verständigen.

V.

Die zur Anweisung der Entschädigungen und Beihilfen für getrennte Haushaltführung zuständigen Stellen geben dem Staatsministerium für Landwirtschaft und Arbeit (Abteilung Arbeit) jeweils unmittelbar von den Fällen Kenntnis, in denen Entschädigungen oder Beihilfen angewiesen, verändert oder entzogen werden. Wird dem Empfänger einer Entschädigung oder Beihilfe vom Staatsministerium für Landwirtschaft und Arbeit (Abteilung Arbeit) eine Wohnung zugewiesen oder werden diesem Staatsministerium sonstige Umstände bekannt, die den Einzug oder die Veränderung der Entschädigung oder Beihilfe rechtfertigen, so benachrichtigt es die zur Anweisung der Entschädigung oder Beihilfe zuständige Stelle.

Über Anträge des Staatsministeriums für Landwirtschaft und Arbeit (Abteilung Arbeit) auf Einzug oder Versagung der Entschädigung oder Beihilfe (Ziff. IV) entscheidet die anweisende Stelle, soweit erforderlich, nach Berichterstattung an das zuständige Staatsministerium.

VI.

Die an das Staatsministerium für Landwirtschaft und Arbeit (Abteilung Arbeit) ergehenden Mitteilungen, Berichte und Anzeigen sind mit dem Betreff „Beamtenwohnungsfürsorge" zu versehen.

VII.

1. Vorstehende Bestimmungen treten am 20. Oktober 1928 in Kraft.

2. Entgegenstehende bisherige Bestimmungen, insbesondere die Bekanntmachungen über den Wohnungstausch der Staatsbeamten vom 23. Januar 1926 (StAnz. Nr. 20) und vom 17. August 1927 (StAnz. Nr. 188) werden mit Wirkung vom 20. Oktober 1928 an aufgehoben.

Die Bekanntmachung sämtlicher Staatsministerien vom 26. Mai 1926 Nr. 26849 (StAnz. Nr. 120) über die Wohnungsfürsorge für Staatsbeamte, durch welche versetzte Staatsbeamte zur Anmeldung bei den Wohnungsämtern verpflichtet sind, bleibt auch weiterhin in Kraft.

VIII.

Übergangsweise wird folgendes bestimmt:

1. Versetzte Beamte usw., die am 20. Oktober 1928 am neuen Dienstsitze noch nicht im Besitze einer Familienwohnung sind, haben, gleichviel ob sie Entschädigung oder Beihilfe für getrennte Haushaltführung beziehen oder nicht, bis längstens 1. November 1928 an das Staatsministerium für Landwirtschaft und Arbeit (Abteilung Arbeit) ein Formblatt nach Muster der Anlage in doppelter Fertigung ausgefüllt einzusenden.

2. Die bisher mit dem Vollzuge des § 27 WMVO. befaßten Dienststellen teilen umgehend dem Staatsministerium für Landwirtschaft und Arbeit (Abteilung Arbeit) die von ihnen auf Grund dieser Bestimmung in Anspruch genommenen Wohnungen mit, über die sie noch nicht verfügt haben; das gleiche gilt bezüglich der von ihnen bereits zugewiesenen, aber von den Beamten usw. noch nicht bezogenen Wohnungen. Die Mitteilung soll Angaben über Größe, Lage und Preis der Wohnungen enthalten und, soweit möglich, die durch den Bezug der Wohnungen freiwerdenden Wohnungen benennen.

3. Die nach den bisherigen Bestimmungen zur Vergebung von Wohnungen zuständigen Behörden teilen dem Staatsministerium für Landwirtschaft und Arbeit (Abtei-

lung Arbeit) die Anzahl jener Wohnungen mit, welche sie nach dem Stande vom 20. Oktober 1928 den Wohnungsämtern und Reichsbehörden schulden und welche von den Wohnungsämtern und den Reichsbehörden den staatlichen Behörden geschuldet werden.

Anlage.

Formblatt zu Ziffer IV der

Bekanntmachung sämtlicher Staatsministerien über Bewirtschaftung des Beamtenwohnraums für bayerische Staatsbeamte vom 12. Oktober 1928 GVBl. S. 407, StAnz. Nr. 238.

Vor- und Zuname des versetzten Beamten: .... Stand: ....
Bisheriger Dienstsitz: .... Behörde: ....
Zukünftiger Dienstsitz: .... Behörde: ....
Tag des Dienstantritts: ....
Ich beziehe Entschädigung für doppelte Haushaltführung*)
Ich beanspruche Entschädigung für doppelte Haushaltführung*)
Ich beziehe Trennungsentschädigungsbeihilfe*)
Ich habe Trennungsentschädigungsbeihilfe beantragt*)
Kasse, von der die Trennungsentschädigung bzw. -Beihilfe ausgezahlt wird: ....

Familienverhältnisse:

Ledig / verheiratet / verwitwet / geschieden*)
Ständig im Haushalt lebende Kinder:
Vorname: .... Geburtsjahr: ....
....
....
....
....

Sonstige ledige Kinder, die nur vorübergehend (z. B. während der Ferien) nach Hause kommen: ....
....
....

Sonstige zum Hausstand gehörige Personen: ....
....
....

Bisherige Wohnung:

Ort: ...., Straße: .... Nr. .... Stockw. .... mit .... Zimmern, bewohnb. Kammer, ... dunkeln Kammer, Küche, Bad, Keller- und Speicheranteil, Balkon, Gartenanteil, Ofenheizung, Zentralheizung, Gas, elektr. Licht*),
Jahresfriedensmiete: ....
derzeitige Miete: pro Monat: .... pro Jahr: ....

Die Wohnung ist Dienstwohnung,*)
befindet sich in einem staatseigenen Gebäude,*)
in einem Gebäude einer sonstigen öffentlichen Körperschaft,*)
in einem Neubau, erbaut*)
a) mit Staats- und Gemeindedarlehen
b) mit Staats-, Gemeinde- und Landesarbeitgeberdarlehen,
c) ohne öffentliche Mittel.

Aussichtsreiche Tauschverhandlungen sind im Gange*)
Die Wohnung eignet sich nicht zu einem Tausch, weil*) ....
....

Wünsche für die neue Wohnung:

Zimmerzahl: .... bis ...., sonstiges Zubehör (Bad): ....
....

Zentralheizung oder Ofenheizung bevorzugt.
Jahresfriedensmiete bis zu .... RM.
Die Wohnung soll womöglich im .... Stockwerk liegen.

Gesundheitliche oder sonstige Gründe, die eine besondere Rücksichtnahme bei der Auswahl der Wohnung notwendig erscheinen lassen, wären genau anzugeben.

---

*) Nicht Zutreffendes ist durchzustreichen!

C. Mietzinsbildung und Mietzinssteuer.

I. Reichsrecht.

1. Reichsmietengesetz.

In der Fassung*) der Bekanntmachung vom 20. Febr. 1928 (RGBl. I S. 38.)

Vorbemerkung.

Ähnlich wie beim MSchG. lassen sich auch beim RMG. die Änderungen, die die Novelle 1928 gebracht hat, in zwei Hauptgruppen gliedern

I. die Änderung des materiellen Rechtes des Reichsmietengesetzes selbst durch Änderung des § 1 Abs. 1, § 10 Abs. 1, § 16 Abs. 1, nachdem bereits die Novellen der Jahre 1926 und 1927 hier gegenüber dem ursprünglichen Recht im § 1 Abs. 1 und § 16 sowie durch Einfügung des § 13a neues Recht geschaffen hatten;

II. die Neuregelung der landesrechtlichen Lockerungsbestimmungen durch Einführung der Übergangsvorschriften des § 22a, der ähnlich wie § 52e MSchG. zwingend von Reichswegen die Geltung der gesetzlichen Miete für alle Mietverhältnisse regelt, die auf Grund landesrechtlicher Anordnung (§ 22 Satz 3) nach dem 16. Februar 1928 von den Bestimmungen des Reichsmietengesetzes ausgenommen werden.

Gesetzliche Miete.

§ 1.

[1] Der Vermieter wie der Mieter eines Gebäudes oder Gebäudeteils kann jederzeit dem anderen Vertragsteil gegenüber erklären, daß die Höhe des Mietzinses nach den Vorschriften dieses Gesetzes berechnet werden soll (gesetzliche

---

*) Das Reichsmietengesetz vom 24. März 1922 ist geändert durch die Gesetze vom 29. Juni 1926 (Art. VIII) und 10. Juli 1926 (RGBl. I S. 317 u. 403) und zuletzt durch das Gesetz vom 14. Febr. 1928 (RGBl. I S. 21), auf dem die Neufassung beruht. Das Reichsmietengesetz ist in dieser Fassung am 16. Febr. 1928 in Kraft getreten und hat Geltung bis 31. März 1930.

Miete). Die Erklärung bedarf der schriftlichen Form. Sie hat die Wirkung, daß die gesetzliche Miete von dem ersten Termin ab, für den die Kündigung nach § 565 des Bürgerlichen Gesetzbuchs zulässig sein würde, an die Stelle des vereinbarten Mietzinses tritt; wird[1] die Erklärung von dem Mieter nach dem 15. Juli 1926 abgegeben, so hat sie ferner die Wirkung, daß der Vertrag auf Verlangen des Vermieters als auf unbestimmte Zeit geschlossen gilt. Diese Vorschriften finden keine Anwendung[2] auf Mietverträge, die über frei gewordene oder frei werdende Räume nach dem 31. März 1928 auf mehr als zwei Jahre neu abgeschlossen werden und sich entweder ausschließlich auf Geschäftsräume oder auf solche Wohnungen beziehen, die, abgesehen von Küche, Nebengelaß und Mädchenkammer, mindestens sechs Wohnräume mit mindestens hundert Quadratmeter Wohnfläche haben; dies gilt nicht im Falle des Tausches, wenn die Mieter in die beiderseitigen Mietverträge eintreten.

II Kommt ein Einverständnis über die Höhe der gesetzlichen Miete nicht zustande, so entscheidet auf Antrag eines Vertragsteils das Mieteinigungsamt.

III Auf Verlangen der Gemeindebehörde hat das Mieteinigungsamt Mietzinsvereinbarungen über Gebäude oder Gebäudeteile nachzuprüfen und, wenn der vereinbarte Mietzins im Vergleiche zu der gesetzlichen Miete für einen Vertragsteil eine schwere Unbilligkeit darstellt, an Stelle des vereinbarten Mietzinses die gesetzliche Miete festzusetzen.

IV Die oberste Landesbehörde kann für das ganze Land oder für bestimmte Gemeinden oder Gemeindeteile anordnen, daß das Mieteinigungsamt die Nachprüfung und Festsetzung auch von Amts wegen vornehmen kann; sie kann weiter anordnen, daß Vereinbarungen über die Höhe des Mietzinses der Gemeindebehörde oder dem Mieteinigungsamt anzuzeigen sind.

V Diese Vorschriften finden auch Anwendung, wenn der bisherige Mietzins durch das Mieteinigungsamt festgesetzt oder auf Grund landesrechtlicher Vorschriften zu berechnen war.

1. Dieser zweite Halbsatz des Satzes 3 ist durch das Abänderungsgesetz vom 10. Juli 1926 eingefügt worden; die ursprüngliche, vom 15. Juli 1926 bis 16. Febr. 1928 geltende Fassung lautet: „wird die Erklärung von dem Mieter nach dem 15. Juli 1926 abgegeben, so hat sie ferner die Wirkung, daß der Vertrag als auf unbestimmte Zeit geschlossen gilt". Der Vertrag hat sich durch diese Erklärung innerhalb dieser Zeit kraft Gesetzes in einen Vertrag auf unbestimmte Zeit verwandelt und zwar auch gegen den Willen des Vermieters. Die Folge war, daß der Vertrag, soweit nicht die Vorschriften des MSchG. entgegenstanden, von beiden Teilen mit gesetzlicher Frist gekündigt werden konnte. Die Neuregelung, die bewußt den Interessen des Vermieters dienen wollte, hatte übersehen, daß die Befreiung des Mieters aus langfristigen Verträgen u. U. nur diesem zum Vorteil, dagegen dem Vermieter zum Nachteil gereichen konnte.

Die Novelle vom 14. Febr. 1928 hat daher die Umwandlung des Vertrages in einen Vertrag auf unbestimmte Zeit an die weitere Voraussetzung geknüpft, daß der Vermieter dies verlangt. An der Rechtslage bis zum 16. Febr. 1928 hat die Novelle nichts geändert, so daß es bei der Umwandlung des Vertrages kraft der früheren Erklärung sein Bewenden hat.

2. Ausschluß der Möglichkeit der Erklärung der gesetzlichen Miete nach Sätzen 1—3. Für die nachstehend bezeichneten Mietverhältnisse ist lediglich die Einführung der gesetzlichen Miete ausgeschlossen; es entfallen demnach die Vorschriften der §§ 2—12 über die Berechnung der gesetzlichen Miete, über die Sonderzuschläge und Nebenleistungen, des § 13a über Zusatzmiete, des § 14 und insbes. des § 20 (übergesetzliche Verpflichtungen). Dagegen gelten auch hier

a) Abs. 3 und 4 des § 1 — Nachprüfung und Herabsetzung des Mietzinses durch das MEA. —,
b) § 13 — Einstellung der Sammelheizung durch das MEA. —,
c) § 15 — Wirkung der Entscheidungen des MEA. —,
d) § 17 — Wirkungskreis der Mietervertretung —,
e) § 19 — Unverzichtbarkeit der Rechte aus dem RMG. —,
f) § 23 — Strafrecht.

Satz 4 ist durch das Abänderungsgesetz vom 14. Febr. 1928 eingefügt; unberührt bleiben die Bestimmungen des Mieterschutz- und Wohnungsmangelgesetzes. In Betracht kommen

1. Mieträume, die vermietet sind
   entweder als Geschäftsräume — ohne Rücksicht auf Größe und Mietpreis —
   oder als Großwohnungen, d. h. mindestens 6 Wohnräume mit mindestens 100 qm Wohnfläche.

   Bei gemeinschaftlicher Vermietung von Wohn- und Geschäftsräumen muß die Wohnung für sich allein diese Voraussetzungen erfüllen; ist dies nicht der Fall, dann gilt Satz 4 auch nicht für Geschäftsräume.

2. Mietverträge müssen neu abgeschlossen sein und zwar nach dem 31. März 1928. Verlängerung bestehender Verträge genügt nicht. Der Mietvertrag muß auf mehr als zwei Jahre abgeschlossen sein.

Als Neuabschluß kann auch der Tausch (Kiefersauer, Grundstücksmiete I, 256) angesehen werden, wenn nämlich die Tauschenden wirklich völlig neue Mietverträge abschließen. Wenn die Tauschenden dagegen, was die Regel bildet, lediglich in die gegenseitigen Mietverträge eintreten, dann gilt Satz 4 nicht und jede Tauschpartei kann sich auf die gesetzliche Miete berufen.

3. Die Mieträume müssen frei geworden sein, d. h. den Mieter gewechselt haben oder für den Fall des Freiwerdens vermietet sein (vgl. v. Bremen, MietG. 1928, 84). Im letzteren Fall kann auch an den bisherigen Mieter, dessen Vertrag abläuft und der bei fehlendem Mieterschutz räumen müßte, vermietet werden (a. M. Ebel-Lilienthal S. 28). Das gleiche gilt für den rechtskräftig zur Räumung verurteilten Mieter (Stern S. 35).

Berechnung der gesetzlichen Miete.

§ 2.

I Bei Berechnung der gesetzlichen Miete ist von dem Mietzins auszugehen, der für die mit dem 1. Juli 1914 beginnende Mietzeit vereinbart war (Friedensmiete). Der in der Friedensmiete für Betriebs- und Instandsetzungskosten enthaltene Betrag ist abzurechnen. Das gleiche gilt für Vergütungen, die in der Friedensmiete für die Heizstoffe für Sammelheizung oder Warmwasserversorgung oder für andere von der obersten Landesbehörde bestimmte Nebenleistungen (z. B. Glasversicherung) enthalten sind. Die oberste Landesbehörde hat für die abzurechnenden Beträge Hundertsätze der Friedensmiete festzusetzen. Der sich nach Abzug dieser Hundertsätze ergebende Betrag bildet die Grundmiete.

II Der Vermieter hat dem Mieter auf Verlangen Auskunft über die Höhe der Friedensmiete zu geben. Insbesondere hat der Vermieter einen in seinem Besitze befindlichen Mietvertrag über die Räume, aus dem die Höhe der Friedensmiete hervorgeht, dem Mieter auf Verlangen vorzulegen.

III Besteht über die Höhe der Friedensmiete Streit, so ist sie auf Antrag eines Vertragsteils von dem Mieteinigungsamte festzustellen.

IV War eine Friedensmiete nicht vereinbart, oder läßt sie sich nicht mehr feststellen, oder weicht sie aus besonderen Gründen in außergewöhnlichem Umfang von dem damaligen ortsüblichen Mietzins ab, so hat das Mieteinigungsamt auf Antrag eines Vertragsteils als Friedensmiete den ortsüblichen Mietzins festzusetzen. Das gleiche gilt für Gebäude und Gebäudeteile, die nach dem 1. Juli 1914 bezugsfertig geworden oder in erheblicher Weise baulich verändert sind oder zu wesentlich anderen Zwecken verwendet werden, sofern diese Umstände einen abweichenden Mietzins rechtfertigen. Als ortsüblich ist der Mietzins anzusehen, der für die mit dem 1. Juli 1914 beginnende Zeit in der Gemeinde für Räume gleicher Art und Lage regelmäßig vereinbart war. Bei Bauten, deren Fertigstellung in der Zeit vom 1. Juli 1914 bis zum 30. Juni 1918 erfolgte, hat das Mieteinigungsamt die Friedensmiete in der Höhe festzusetzen, welche den gegen die Friedenszeit erhöhten Baukosten entspricht.

V Stehen in einem Gebäude die Friedensmieten der einzelnen Wohnungen oder Räume in einem offenbaren Mißverhältnisse zueinander, so hat das Mieteinigungsamt auf Antrag eines Vertragsteils die Friedensmieten innerhalb ihres Gesamtbetrags gegeneinander auszugleichen. Für das Wertverhältnis ist die Ortsüblichkeit am 1. Juli 1914 maßgebend.

VI Der ortsübliche Mietzins ist nach Abs. 4 auch dann festzusetzen, wenn eine Festsetzung des ortsüblichen Mietzinses auf Grund landesrechtlicher Vorschriften erfolgt war.

§ 3.

I Zu der Grundmiete (§ 2 Abs. 1) treten Zuschläge für

1. die Steigerung der Zinsen einer in der Vorkriegszeit vorhandenen Belastung des damaligen Grundstückswerts, soweit die Belastung in dem Bezirke, für den der Zuschlag festgesetzt wird, allgemein üblich

war, und die Steigerung der Kosten für die Erneuerung dieser Belastung,

2. die Betriebskosten,
3. die Kosten für laufende Instandsetzungsarbeiten.

II Die Zuschläge zu 2 und 3 müssen der jeweiligen Höhe der Betriebskosten und der Kosten für laufende Instandsetzungsarbeiten Rechnung tragen. Sie sind in Hundertsätzen der Grundmiete festzusetzen und können nach Gruppen und Klassen von Mieträumen abgestuft werden.

§ 4.

I Betriebskosten sind für das Haus zu entrichtende Steuern, öffentliche Abgaben, Versicherungsgebühren, Verwaltungskosten und ähnliche Unkosten.

II Die Kosten der Heizstoffe für Sammelheizung und Warmwasserversorgung und die von der obersten Landesbehörde nach § 2 Abs. 1 Satz 3 bestimmten Nebenleistungen sind nicht zu berücksichtigen.

§ 5.

Als laufende Instandsetzungsarbeit gelten nicht die vollständige Erneuerung der Dachrinnen und Ablaufrohre, das Umdecken des Daches, der Abputz oder Anstrich des Hauses im Äußern, der Neuanstrich des ganzen Treppenhauses im Innern, die Erneuerung der Heizanlage bei Sammelheizung und Warmwasserversorgung (große Instandsetzungsarbeiten). Die oberste Landesbehörde kann bestimmen, daß auch ähnliche außerordentliche, einen größeren Kostenaufwand erfordernde Instandsetzungsarbeiten, soweit sie zur ordnungsmäßigen Erhaltung des Hauses als solchen erforderlich sind, als große Instandsetzungsarbeiten gelten sollen.

§ 6.

I Der Instandsetzungszuschlag (§ 3) ist von dem Vermieter für die erforderlichen laufenden Instandsetzungsarbeiten sachgemäß zu verwenden. Der Vermieter hat der Mietervertretung auf Antrag die Verwendung der Gelder nachzuweisen.

II Hat der Vermieter die Ausführung notwendiger laufender Instandsetzungsarbeiten unterlassen oder die Gelder nicht sachgemäß verwendet, so hat eine von der obersten Landesbehörde zu bestimmende Stelle auf Antrag des Mieters oder von Amts wegen die sachgemäße Ausführung der Instandsetzungsarbeiten durch geeignete Anordnungen zu sichern. Sie kann insbesondere anordnen, daß die Mieter einen entsprechenden Teil des Mietzinses nicht an den Vermieter, sondern an die Stelle selbst oder eine andere Stelle zu entrichten haben; der hiernach zu zahlende Betrag darf nicht höher sein als der Instandsetzungszuschlag (§ 3). Ist eine solche Anordnung getroffen, so erlischt insoweit der Anspruch des Vermieters auf Zahlung des Mietzinses; nicht verwendete Beträge sind dem Vermieter herauszugeben.

III Vor einer Anordnung nach Abs. 2 sind beide Vertragsteile zu hören. Handelt es sich dabei um schwierigere heiztechnische Fragen für Heizanlagen größeren Umfanges, so soll vor der Entscheidung eine geeignete sachverständige Stelle gehört werden.

IV Die oberste Landesbehörde regelt das Verfahren im einzelnen; sie kann insbesondere anordnen, daß die Beträge von den Mietern wie Gemeindeabgaben beigetrieben werden können.

Große Instandsetzungsarbeiten.

§ 7.

I Zur Schaffung von Mitteln für große Instandsetzungsarbeiten ist von den Mietern ein weiterer Zuschlag in einem Hundertsatze der Grundmiete zu zahlen, der von der obersten Landesbehörde festzusetzen ist. Dieser Zuschlag ist von dem Vermieter auf ein für sein Haus oder seinen Hausbesitz besonders einzurichtendes Hauskonto einzuzahlen und lediglich für große Instandsetzungsarbeiten an den Gebäuden des Vermieters zu verwenden. Eine Verfügung des Vermieters über das Hauskonto bedarf der Zustimmung der Mieter. Wird die Zustimmung verweigert, so kann sie auf Antrag des Vermieters durch eine von der obersten Landesbehörde zu bestimmende Stelle ersetzt werden. Die oberste Landesbehörde trifft nähere Anordnungen über die Zustimmung der Mieter sowie über die Einrichtung sowie die Verwendung des Hauskontos. Sie kann insbesondere anordnen, daß die Mieter den Zuschlag nicht an den Vermieter, sondern unmittelbar auf das Hauskonto einzuzahlen haben. Ist eine solche Anordnung getroffen, so erlischt insoweit der Anspruch des Vermieters auf Zahlung des Zuschlags. § 6 Abs. 4 findet Anwendung.

II Die oberste Landesbehörde kann ferner anordnen, daß der Vermieter für nicht vermietete Räume sowie für Räume, für welche nicht die gesetzliche Miete zu zahlen ist, den entsprechenden Betrag auf das Hauskonto einzuzahlen hat. § 6 Abs. 4 findet Anwendung.

III Gemeinden und Gemeindeverbände können mit Zustimmung der obersten Landesbehörde einen Ausgleichsfonds einrichten, aus dem für große Instandsetzungsarbeiten, die mit den im Abs. 1 bestimmten Zuschlägen nicht gedeckt werden können, an wirtschaftlich Schwache Beihilfen nach billigem Ermessen gewährt werden. Die Mittel hierzu sind durch einen besonderen Zuschlag zu dem nach den §§ 6, 9 des Gesetzes über die Erhebung einer Abgabe zur Förderung des Wohnungsbaues vom 26. Juni 1921 (Reichsgesetzbl. S. 773) den Gemeinden (Gemeindeverbänden) zufließenden Zuschlag zu der Abgabe zur Förderung des Wohnungsbaues zu beschaffen. Die oberste Landesbehörde kann die Höhe des Zuschlags bestimmen, sie kann ferner nähere Vorschriften über die Verwaltung und Verwendung der Mittel erlassen. Über einen Antrag auf Gewährung von Mitteln aus dem Ausgleichsfonds ist unter Hinzuziehung von Vermieter- und Mietervertretern zu entscheiden. Sind örtliche Vermieter- und Mietervereinigungen vorhanden, so sind die von diesen benannten Vertreter zu hören. Der Ausgleichfonds ist steuerfrei.

IV Mit Zustimmung des Reichsarbeitsministers kann die oberste Landesbehörde Ausnahmen von dem Grundsatz des Abs. 1 zulassen. Soweit eine solche Ausnahme zugelassen ist, ist auf Antrag eines Vertragsteils vom Mieteinigungsamt ein Zuschlag unter Berücksichtigung der Bedürfnisse des Gebäudes für eine im Einzelfalle seit Oktober 1920 ausgeführte oder in den nächsten zwölf Monaten erforderlich werdende große Instandsetzungsarbeit zu bestimmen.

§ 8.

Läßt der Vermieter trotz Aufforderung durch die Gemeindebehörde eine notwendige große Instandsetzungsarbeit innerhalb einer angemessenen, von der Gemeindebehörde bei der Aufforderung zu bestimmenden Frist nicht ausführen, so ist die Gemeindebehörde berechtigt, die Arbeit selbst vorzunehmen. Im Falle des § 7 Abs. 1 kann die Gemeindebehörde die erforderlichen Mittel von dem Hauskonto in Anspruch nehmen. Im Falle des § 7 Abs. 4 ist sie zur Stellung des Antrags bei dem Mieteinigungsamte berechtigt. Das Mieteinigungsamt kann anordnen, daß die Mieter den Zuschlag nicht an den Vermieter, sondern an die Gemeindebehörde zu entrichten haben; ist eine solche Anordnung getroffen, so erlischt insoweit der Anspruch des Vermieters auf Zahlung des Betrags. Die Gemeindebehörde kann die Beträge von den Mietern wie Gemeindeabgaben beitreiben lassen.

§ 9.

I Hat der Vermieter das Gebäude erst nach dem 1. Januar 1920 erworben oder erwirbt er es erst nach dem Inkrafttreten dieses Gesetzes, so kann er die Gewährung von Mitteln für große Instandsetzungsarbeiten zur Beseitigung solcher Mängel nicht verlangen, die beim Erwerbe des Gebäudes bereits vorhanden waren und die er gekannt hat oder kennen mußte.

II Soweit der Vermieter mit Bezug auf das Gebäude Versicherungssummen, Vergütungen für Bergschäden oder Zuwendungen aus anderen Gründen zur Wiederherstellung des früheren Zustandes erhält, sind Mittel für große Instandsetzungsarbeiten nach § 7 nicht zu zahlen.

Gewerbliche Betriebe.

§ 10.

I Sind Räume an den Unternehmer eines gewerblichen Betriebes vermietet, so hat[1] das Mieteinigungsamt auf Antrag des Vermieters einen besonderen Zuschlag zu der gesetzlichen Miete festzusetzen, wenn und soweit infolge der Eigenart des Betriebs besonders hohe Betriebs- und Instandsetzungskosten entstehen und die nach § 3 Abs. 1 Nr. 2 und 3 festgesetzten Zuschläge zur Deckung dieser Kosten nicht ausreichen.

II Für Räume, die zu gewerblichen Zwecken (§ 1 der Reichsgewerbeordnung) hergestellt sind oder mit Zustimmung der Gemeindebehörde für gewerbliche Zwecke verwendet werden, kann ein weiterer Zuschlag in Hundertsätzen der Grundmiete festgesetzt werden. Bei seiner Festsetzung ist auf die allgemeine Lage der Gewerbe sowie darauf Rücksicht zu nehmen, daß wirtschaftlich schwache Betriebe nicht in ihrer Existenz gefährdet werden. Der Zuschlag kann nach Klassen abgestuft werden.

1. Durch die Novelle vom 14. Febr. 1928 wurde die bisherige Kannvorschrift in eine Mußvorschrift umgewandelt: das MEA. hat also nunmehr den Zuschlag festzusetzen, wenn es die Voraussetzungen des Abs. 1 nach billigem Ermessen für gegeben erachtet, § 40 Abs. 3 MSchG.

Festsetzung der Hundertsätze.

§ 11.

Die oberste Landesbehörde kann die in den §§ 2, 3, 7, 10 bezeichneten Hundertsätze für das Land oder für bestimmte Gemeinden oder Gemeindeteile selbst festsetzen oder die Festsetzung der Gemeindebehörde übertragen. Vor der Festsetzung der Hundertsätze sind Vermieter- und Mietervertreter zu hören; sind örtliche Vermieter- oder Mieterorganisationen vorhanden, so sind die von diesen benannten Vertreter zu hören. Eine Änderung der Hundertsätze ist zulässig; ist die Festsetzung durch die Gemeindebehörde erfolgt, so kann auch die oberste Landesbehörde die Sätze ändern. Die Änderung wirkt von dem auf den Zeitpunkt der Bekanntgabe folgenden nächsten Monatsersten oder von dem bei der Bekanntgabe bestimmten späteren Zeitpunkt. Das Nähere über das Verfahren bestimmt die oberste Landesbehörde.

Sammelheizung, Warmwasserversorgung und Nebenleistungen.

§ 12.

I Die Kosten der Heizstoffe für Sammelheizung und Warmwasserversorgung sowie für andere von der obersten Landesbehörde nach § 2 Abs. 1 Satz 3 bestimmte Nebenleistungen sind getrennt von der gesetzlichen Miete zu berechnen. Soweit derartige Nebenleistungen (z. B. Glasversicherung) nur bei einzelnen Mietern entstehen, haben nur diese Mieter sie zu tragen.

II Die oberste Landesbehörde bestimmt, wie die Kosten der Heizstoffe für Sammelheizung und Warmwasserversorgung und die nach § 2 Abs. 1 Satz 3 bestimmten sonstigen Nebenleistungen auf die Mieter umzulegen sind. Sie kann anordnen, daß der Vermieter verpflichtet ist, dem Mieter Auskunft über die Höhe der Kosten der Heizstoffe oder der Nebenleistungen zu geben und die erforderlichen Belege vorzulegen.

§ 13.

I Das Mieteinigungsamt kann, gleichviel ob ein Mietzins vereinbart oder die gesetzliche Miete zu zahlen ist, auf Antrag eines Vertragsteils anordnen, daß der Vermieter berechtigt oder verpflichtet ist, die Sammelheizung oder Warmwasserversorgung in gewissen Fällen ganz oder teilweise einzustellen.

II Ist eine solche Anordnung getroffen, so tritt eine entsprechende Minderung der für die Heizstoffe für Sammelheizung oder Warmwasserversorgung zu leistenden Vergütung ein.

§ 13 a.[1]

I Sind an einem Gebäude oder Gebäudeteile nach dem 1. Juli 1926 mit Zustimmung des Mieters oder der Mehrheit der beteiligten Mieter bauliche Veränderungen vorgenommen, die den Gebrauchswert erhöhen und nicht als Instandsetzungsarbeiten anzusehen sind, auch nicht aus der gesetzlichen Miete ohne Beeinträchtigung der ordnungsmäßigen Bewirtschaftung bezahlt werden können, und ist die Friedensmiete nach § 2 Abs. 4 Satz 2 nicht erhöht worden, so kann[2] der Vermieter die zur angemessenen Verzinsung und Tilgung des zweckmäßig aufgewandten angemessenen Kapitals erforderlichen Beträge nach dem Verhältnis der Friedensmieten auf die Mieter umlegen, für die der Gebrauchswert der gemieteten Räume erhöht wird (Zusatzmiete). Wird der Gebrauchswert in verschiedenem Umfang erhöht, so hat die Umlegung nach dem Verhältnis der Erhöhung zu erfolgen.

II Im Streitfall entscheidet das Mieteinigungsamt.

III Die oberste Landesbehörde kann eine Zusatzmiete festsetzen, soweit die baulichen Veränderungen auf Grund behördlicher Anordnung im öffentlichen Interesse vorgenommen worden sind.

1. Eingeführt durch das Abänderungsgesetz vom 10. Juli 1926 mit Wirkung vom 15. Juli 1926 an. Die Zusatzmiete, die nur bei Mietverhältnissen mit gesetzlicher (nicht vertraglicher, Günther, MietG. 1926, 76; Stern S. 135; anders Ebel-Lilienthal S. 94) Platz greift und nur dann, wenn die gesetzliche Miete einen Überschuß nicht abwirft, setzt voraus

1. die Vornahme baulicher Veränderungen nach dem 1. Juli 1926. Bloße Instandsetzungsarbeiten, auch wenn sie erhebliche Aufwendungen erforderten, zählen nicht hieher. Die baulichen Maßnahmen müssen den Mietgegenstand verändern, sei es äußerlich, sei es im Hause selbst; es genügt auch unter Umständen die Veränderung eines einzigen Mietraumes. In Betracht kommen: Anschluß an die Wasserleitung, Kanalisation, Einrichtung der elektrischen Beleuchtung, der Warmwasserversorgung, des Fahrstuhles usw. Für die baulichen Veränderungen gilt weiterhin:
   a) sie müssen mit Zustimmung des Mieters oder der Mehrheit derjenigen Mieter vorgenommen worden sein, die an der Veränderung ein Interesse haben (dazu Günther, MietG. 1926, 76);
   b) der Kostenaufwand darf nicht so gering sein, daß er aus der gesetzlichen Miete ohne Beeinträchtigung der ordnungsgemäßen Bewirtschaftung des Hauses bezahlt werden kann (dazu Hertel, Gesetzliche Miete S. 295);

2. die Erhöhung des Gebrauchswertes, d. h. die Verbesserung des bisherigen Zustandes als Folge der baulichen Veränderungen. Ob das der Fall ist, bemißt sich nicht nach den zufälligen subjektiven Bedürfnissen der gegenwärtigen Mieter, sondern nach dem objektiven Maßstab der Verkehrsauffassung; daher ist die Einrichtung des elektrischen Lichtes im Treppenhaus als Erhöhung des Gebrauchswertes zu erachten, auch wenn der einzelne Mieter in seiner Wohnung aus irgendwelchen Gründen hievon keinen Gebrauch macht (LG. Berlin, MietG. 1928, 90);

3. die Unterlassung der Festsetzung, d. h. der Erhöhung der Friedensmiete nach § 2 Abs. 4 Satz 2 RMG. eben wegen dieser baulichen Veränderungen. Aus welchen Gründen die Erhöhung der Friedensmiete nicht erfolgte, ist unerheblich (KG. Y 29/28 EA. 707). Die Festsetzung der Friedensmiete aus anderen Gründen steht der Anwendung des § 13a grundsätzlich nicht entgegen; ist aber die bauliche Veränderung bei einer Neufestsetzung der Friedensmiete nach § 2 Abs. 4 Satz 1 bereits berücksichtigt, so wird man trotz des Wortlautes der Vorschrift die Zubilligung der Zusatzmiete als ausgeschlossen erachten müssen (Günther, MietG. 1926, 76; Ebel-Lilienthal S. 94).

Die Zusatzmiete, vom Mieteinigungsamt im Streitfalle festzusetzen, besteht aus einem festen ziffernmäßigen Betrag oder aus einem Hundertsatz der Friedensmiete; sie darf nicht in der Form bewilligt werden, daß die Friedensmiete erhöht wird, weil in diesem Falle der Zusatzbetrag mit der Erhöhung der gesetzlichen Miete steigen würde LG. Hamburg, EA. 562.

Die Zusatzmiete kann, sofern es sich um bauliche Veränderungen handelt, die im öffentlichen Interesse auf Grund behördlicher Anordnung durchgeführt worden sind, auch allgemein von der obersten Landesbehörde festgesetzt werden; die Voraussetzungen des Abs. 1 brauchen hier wohl nicht bei allen Mietgrundstücken vorzuliegen. Dabei wird insbesondere die Frage der Erhöhung des Gebrauchswertes weniger vom Standpunkt des einzelnen Miethauses als vom Gesichtspunkt der Gesamtanlage zu prüfen sein (hygienische Förderung der Gemeinde). Vgl. auch Hertel S. 299. In Betracht kommen für diesen Fall — § 13a Abs. 3 — Einrichtungen, die der ganzen Gemeinde zu Nutzen sind, z. B. Wasserleitungs- und Kanalisationsanlagen mit oder ohne Zwangsbenutzung. Eine Festsetzung oder Nachprüfung der Zusatzmiete durch das Mieteinigungsamt kommt hier nicht in Frage. Es ist jedoch möglich und rechtlich zulässig, daß die Landesbehörde die Erhebung der Zusatzmiete aus bestimmtem Grunde für die Gemeinde zuläßt, die Entscheidung über deren Höhe jedoch dem Mieteinigungsamt für den Einzelfall überläßt KG. Y 54/28 JW. 1928, 2544 = EA. 718.

Die Zusatzmiete ist dazu bestimmt, dem Vermieter einen Ausgleich für die Kapitalsaufwendung zu geben oder ihm die Mittel zu beschaffen, die zur angemessenen Verzinsung und Tilgung eines Kapitals (vgl. Axmann, DWohnA. 1926, 731) erforderlich sind, das in angemessenen Grenzen zweckmäßig zur Durchführung der baulichen Veränderungen aufgewendet werden mußte. Individuelle Verhältnisse sind zu berücksichtigen. Der Gesamtbetrag dieser Kapitalaufwendungen wird auf die Mieter umgelegt, für die der Gebrauchswert der Räume sich erhöht hat. Räume, die nicht vermietet sind, also z. B. verpachtet sind, leer stehen oder vom Hauseigentümer selbst benutzt werden, sind gleichfalls bei der Verteilung des Aufwandes zu berücksichtigen, auch wenn der auf sie treffende Anteil nicht zur Erhebung kommt. Die Umlegung selbst erfolgt grundsätzlich nach dem Verhältnis der Friedensmiete der Räume oder Raumeinheiten; wenn aber der Gebrauchswert der Räume sich in verschiedenem Umfang erhöht hat, erfolgt die Umlegung nach dem Verhältnis der Erhöhung, ein Verfahren, das in der Praxis auf reichliche Schwierigkeiten stoßen dürfte.

2. Im Verhältnis zu § 2 gilt folgendes: Der Anspruch auf Zusatzmiete ist ausgeschlossen, wenn die bauliche Veränderung bereits durch Neufestsetzung der Friedensmiete nach § 2 Abs. 4 Satz 1 oder 2 berücksichtigt ist. Im übrigen hat der Vermieter die Wahl, ob er Antrag nach § 2 stellen oder die Zusatzmiete nach § 13a verlangen will; eine doppelte Berücksichtigung des Bauaufwandes ist ausgeschlossen.

Untermiete.

§ 14.

I Ist ein Mietraum weitervermietet, so muß der hierfür zu entrichtende Mietzins unter Berücksichtigung etwaiger Nebenleistungen, wie Überlassung von Einrichtungsgegenständen und Leistung von Diensten, in einem angemessenen Verhältnis zu dem auf den Raum entfallenden Teile des Hauptmietzinses stehen. Die oberste Landesbehörde hat nähere Bestimmungen über die Berechnung der Untermiete zu treffen. § 1 gilt entsprechend.

II Abs. 1 gilt auch, wenn ein Hauseigentümer oder jemand, der ein Grundstück auf Grund eines Erbbaurechts, Nießbrauchs oder eines ähnlichen Rechtsverhältnisses innehat, einen Teil des von ihm selbst im Hause benutzten Raumes vermietet.

Entscheidungen des Mieteinigungsamts.

§ 15.

Die auf Grund dieses Gesetzes vom Mieteinigungsamte getroffenen Entscheidungen gelten als vereinbarte Bestimmungen des Mietvertrags.

Ausnahmebestimmungen.

§ 16.

[I] Die Vorschriften dieses Gesetzes finden auf Neubauten oder durch Um- oder Einbauten neugeschaffene Räume, wenn sie nach dem 1. Juli 1918 bezugsfertig geworden sind oder künftig bezugsfertig werden, sowie auf Wohnungen, die in den Fällen der §§ 33a, 33b des Gesetzes über Mieterschutz und Mieteinigungsämter neu gewonnen sind, keine Anwendung. Das gleiche gilt für Räume in Gebäuden, die im Eigentume des Reichs, eines Landes oder einer sonstigen Körperschaft des öffentlichen Rechtes stehen und entweder öffentlichen Zwecken oder zur Unterbringung von Angehörigen der Verwaltung des Reichs, des Landes oder der Körperschaft dienen oder diesen Zwecken, falls die Gebäude bereits vor dem 1. Oktober 1918 im Eigentume der genannten Körperschaften standen, zu dienen bestimmt sind. Die Vorschriften des Gesetzes finden ferner keine Anwendung auf die Abgabe von Räumen solcher Gesellschaften und Genossenschaften, deren Zweck ausschließlich darauf gerichtet ist, minderbemittelten Familien oder Personen gesunde und zweckmäßig eingerichtete Wohnungen in eigens erbauten oder angekauften Häusern zu billigen Preisen zu verschaffen und bei denen die unter Ziffer 1 des Abschnitts „Befreiungen" der Nr. 1 des Tarifs zum Reichsstempelgesetze vom 3. Juli 1913 (Reichsgesetzbl. S. 639) in der Fassung des Gesetzes zur Änderung des Reichsstempelgesetzes vom 26. Juli 1918 (Reichsgesetzbl. S. 799) aufgeführten Voraussetzungen vorliegen;[1] das Vorliegen dieser Erfordernisse wird durch eine Bescheinigung der obersten Landesbehörde nachgewiesen.

II Auf Neubauten, die mit Zuschüssen aus den für die Wiederherstellung der während des Krieges zerstörten Gebiete bereitgestellten Mitteln errichtet sind, finden die Vorschriften dieses Gesetzes Anwendung.

1. Neue Fassung des letzten Halbsatzes durch die Novelle vom 14. Febr. 1928. Vgl. § 33 Abs. 1 Satz 2 MSchG. und Erl.

Mietervertretung.

§ 17.

I Die Mieter eines Hauses sind berechtigt, einen oder mehrere von ihnen mit ihrer Vertretung in Mietangelegenheiten zu beauftragen (Mietervertretung, Vertrauensmann der Mieter, Mieterausschuß).

II Die Mietervertretung soll das Einvernehmen zwischen den Mietern und dem Vermieter fördern. Jeder Beteiligte soll sich in Streitfällen, insbesondere vor Anrufung des Mieteinigungsamts, zunächst an die Mietervertretung, soweit eine solche vorhanden, wenden; diese soll den Sachverhalt nach Möglichkeit klären und eine gütliche Einigung herbeizuführen suchen. Die Mietervertretung ist ferner befugt, die nach § 6 zulässigen Anträge neben dem Mieter oder an seiner Stelle zu stellen. In den Fällen des § 7 Abs. 1 Satz 4 und Abs. 4 soll vor der Entscheidung über einen Antrag des Vermieters die Mietervertretung gehört werden. Im Falle des § 7 Abs. 3 kann die oberste Landesbehörde bestimmen, daß die Mietervertretung die Auszahlung von Mitteln beantragen kann. Für Mieträume mit Sammelheizung und Warmwasserversorgung kann von der obersten Landesbehörde bestimmt werden, daß der Vermieter die Kosten der Heizstoffe einer zu diesem Zwecke nach näherer Anordnung der obersten Landesbehörde zu bildenden Mietervertretung nachzuweisen hat und daß dieser ein Mitwirkungs- und Aufsichtsrecht bei Beschaffung, Lagerung und Verwendung der Heizstoffe zusteht.

III Bei der Wahrnehmung ihrer Aufgaben hat die Mietervertretung dahin zu wirken, daß die Vertragsteile Forderungen und Maßnahmen unterlassen, welche die gemeinsamen Interessen der Vertragsteile oder das Gemeininteresse schädigen.

Mietenverzeichnis.

§ 18.

I Die oberste Landesbehörde kann allgemein oder für bestimmte Gemeinden anordnen, daß der Vermieter der Gemeindebehörde binnen einer bestimmten Frist anzuzeigen hat, was ihm über die Höhe der das Haus betreffenden Friedensmieten (§ 2 Abs. 1 Satz 1) bekannt ist. In den Fällen des § 2 Abs. 3, 4 und 5 hat das Mieteinigungsamt die von ihm festgestellte oder festgesetzte Friedensmiete der Gemeindebehörde mitzuteilen.

II Die Gemeindebehörden haben die Anzeigen zu sammeln und nach näherer Bestimmung der obersten Landesbehörde aufzubewahren. Die oberste Landesbehörde bestimmt auch die Form und den Inhalt der von dem Vermieter zu erstattenden Anzeige.

Schlußbestimmungen.

§ 19.

I Auf die nach diesem Gesetze den Vertragsteilen zustehenden Rechte kann nicht verzichtet werden. Eine Vereinbarung, nach der einem Vertragsteile bei Ausübung der Rechte besondere Nachteile erwachsen sollen, ist unwirksam.

II Die Vorschriften dieses Gesetzes finden auch auf Verträge Anwendung, die unter Umgehung oder zum Zwecke der Umgehung des Gesetzes abgeschlossen sind.

§ 20.

Tritt die gesetzliche Miete an die Stelle des vereinbarten Mietzinses, so richtet sich die Verpflichtung zur Tragung der Betriebskosten und zur Instandhaltung des Mietraums nach den Vorschriften des Bürgerlichen Gesetzbuchs; außerdem erlischt jede vom Vermieter oder Mieter übernommene, ihm nach den Vorschriften des Bürgerlichen Gesetzbuchs über den Mietvertrag nicht obliegende Verpflichtung, sofern sie auf die Festsetzung der Höhe des Mietzinses offenbar von Einfluß war. Im übrigen bleiben die auf Gesetz oder Vertrag beruhenden Rechte und Pflichten der Vertragsteile unberührt.

§ 21.

Die Reichsregierung kann mit Zustimmung des Reichsrats Vorschriften zur Ausführung dieses Gesetzes erlassen. Soweit sie von dieser Befugnis keinen Gebrauch macht, kann die oberste Landesbehörde die Ausführungsvorschriften erlassen.

§ 22.

Die oberste Landesbehörde kann die in diesem Gesetz ihr selbst oder der Gemeindebehörde zugewiesenen Befugnisse allgemein oder in bestimmten Fällen anderen Stellen übertragen. Sie kann anordnen, daß die Berechnung der gesetzlichen Zuschläge in bestimmten Gemeinden oder Gemeindeteilen nach anderen Grundsätzen erfolgen soll, als im Gesetze vorgesehen ist, insbesondere, daß die Zuschläge für einzelne Mieträume besonders zu berechnen sind. Sie kann nach Anhörung des Reichsarbeitsministers weiter anordnen, daß bestimmte Gemeinden oder Gemeindeteile oder bestimmte Arten von Mieträumen von den Bestimmungen dieses Gesetzes auszunehmen sind; sie kann nach Anhörung des Reichsarbeitsministers ferner anordnen, daß für das Land oder für bestimmte Gemeinden oder Gemeindeteile die gesetzliche Miete für alle Mietverhältnisse gelten soll.

§ 22a.[1]

Für ein Mietverhältnis, auf das sich eine nach dem 16. Februar 1928 auf Grund des § 22 Satz 3 Halbsatz 1 erlassene Anordnung bezieht,[2] gelten folgende Vorschriften:

1. [3]Galt vor dem Inkrafttreten der Anordnung für ein Mietverhältnis die gesetzliche Miete oder war der Mietzins nach den Vorschriften über die gesetzliche Miete zu berechnen, so ist, wenn der Mietvertrag für den Fall der landesrechtlichen Außerkraftsetzung des Reichsmietengesetzes eine Regelung nicht vorsieht und auch nachträglich keine Vereinbarung erfolgt, der bisherige Mietzins weiterzuzahlen, auch bleibt die Verpflichtung zur Tragung der Betriebs- und Instandsetzungskosten unberührt; Änderungen der in

dem Lande festgesetzten gesetzlichen Miete gelten auch für diese Mietverhältnisse.

[4] Der Vermieter wie der Mieter kann jederzeit dem anderen Vertragsteile gegenüber erklären, daß die Regelung des Vertrags gelten soll. Die Erklärung bedarf der schriftlichen Form. Sie wirkt von dem ersten Termin ab, für den die Kündigung nach § 565 des Bürgerlichen Gesetzbuchs zulässig sein würde. War der Mietzins in Mark oder einer anderen nicht mehr geltenden inländischen Währung bestimmt oder läßt er sich nicht feststellen, so gilt der angemessene Mietzins; bei seiner Bemessung sind die Verhältnisse zur Zeit des Vertragsabschlusses, insbesondere die damalige Beschaffenheit der Mieträume und die damaligen Verhältnisse der Vertragsteile, zu berücksichtigen.

Diese Vorschriften finden auf Mietverhältnisse der im § 14 bezeichneten Art keine Anwendung.

2. Die oberste Landesbehörde kann, soweit die bestehenden landesrechtlichen Vorschriften nicht genügen, bestimmen,[5] daß die Vorschriften des § 6 Abs. 2 bis 4 mit der Maßgabe gelten, daß der Teil des Mietzinses, der für laufende Instandsetzungsarbeiten in Anspruch genommen werden darf, von ihr festgesetzt wird.

1. Neugeschaffen durch das Abänderungsgesetz vom 14. Febr. 1928.

2. Voraussetzung für die Anwendung des § 22a ist eine landesrechtliche Anordnung, durch die bestimmte Gemeinden (Gemeindeteile) oder bestimmte Arten von Mieträumen von den Bestimmungen des Reichsmietengesetzes ausgenommen sind. Die Lockerungsanordnung darf nicht vor dem 17. Febr. 1928 ergangen sein. Daraus ergibt sich:

1. die Vorschrift findet keine Anwendung, wenn z. Zt. des Erlasses der LockerungsVO. für das Mietverhältnis die gesetzliche Miete nicht gegolten hat, z. B. weil eine feste Vertragsmiete vereinbart ist, die sich nicht nach den Vorschriften über die gesetzliche Miete richtet. Es muß also in jedem Falle die gesetzliche Miete für das Mietverhältnis vor der Freigabe maßgebend gewesen sein, gleichviel ob auf Grund Berufung auf die gesetzliche Miete nach § 1 oder auf Grund vertrag-

licher Abmachung, z. B. Vereinbarung eines festen Betrages als Friedensmiete mit den Zuschlägen wie bei der gesetzlichen Miete (abweichend noch Kiefersauer, MietG. 1927, 42).

2. Für die Mietverhältnisse, die bis zum 16. Febr. 1928 vom RMG. auf Grund einer Lockerungsverordnung befreit worden sind, gilt die gesetzliche Regelung des § 22a nicht, auch nicht etwa als authentische Willenserklärung des Gesetzgebers. Die strittige Frage, ob nach Aufhebung des RMG. die alte Vertragsmiete wieder gelten soll oder nicht vgl. das Rundfrageergebnis im EA. 1927, 527 und 551, ferner Hübschmann, MietG. 1927, 13, ist deshalb insoweit noch von Bedeutung. (vgl. Brumby, Miet- und Wohnungsrecht S. 44; Hertel Bd. IV, 11 und Novelle zum Mieterschutzgesetz S. 693; Günther, DWohnA. 1927, 98).

Soweit eine Vertragsmiete während der Geltungsdauer des RMG. durch Berufung auf die gesetzliche Miete umgewandelt worden ist, tritt mit dem Außerkrafttreten des RMG. die ursprünglich vereinbarte Bestimmung über den Mietzins wieder in Kraft; es entfallen aber auch alle Änderungen des Vertrages, die sich aus der Einführung der gesetzlichen Miete ergeben haben, insbesondere die Berechnungsgrundsätze des RMG. (Zuschläge, Abzüge); Sonderverpflichtungen, die nach § 20 RMG. erloschen waren, leben wieder auf. Wie hier KG. 14. Nov. 1927 EA. 649; KG. 17. Febr. 1927 MietG. 1927, 82; KG. 17. Okt. 1927 bei Hertel Bd. V 13 C Nr. 88; LG. I Berlin 7. Mai 1927 EA. 568; Kiefersauer, MietG. 1927, 42; Dahmann, DWohnA. 1927, 156. Zu verwerten für die hier vertretene Ansicht ist wohl auch RG. III 26/27 23. Nov. 1927 MietG. 1927, 148. Vgl. Ebel-Lilienthal S. 388.

Papiermarkmieten des ursprünglichen Vertrages sind nach allgemeinen Grundsätzen aufzuwerten (vgl. Kiefersauer, Grundstücksmiete II, 62), sofern nicht schon Inflationsmietpreise in Frage stehen, wie mindestens für 1920 und später vereinbarte Mietpreise anzunehmen ist, KG. 14. Nov. 1927 EA. 649. In diesen Fällen ist der angemessene Mietpreis festzusetzen, wobei auch die für den Vertragsabschluß maßgebenden besonderen Verhältnisse der Vertragsteile Berücksichtigung finden müssen, LG. I Berlin 5. Okt. 1927 MietG. 1928, 12. Bei der Aufwertung, die wie sonst nicht nur nach dem Dollarkurs erfolgen soll, dürfen auch die Vermögensverhältnisse der Vertragsteile, allerdings nur in engstem Rahmen, Beachtung finden. Bei der Aufwertung sowohl wie bei der Feststellung der angemessenen Miete müssen Veränderungen der Verkehrslage des Mietobjektes entsprechend berücksichtigt werden.

Soweit die gesetzliche Miete von vornherein das Mietverhältnis beherrschte, eine Vertragsmiete also niemals vorgelegen war, entfällt jede Mietpreisregelung mit der Aufhebung des RMG. Alsdann ist der Vermieter nach § 316 BGB. befugt, den Mietpreis von sich aus zu bestimmen; ist die Bestimmung nicht billig, so erfolgt sie durch gerichtliches Urteil, § 315 BGB. Die übrigen Auswirkungen der Einführung der gesetzlichen Miete auf das Mietverhältnis sind durch die Aufhebung des RMG. beseitigt; auch vertragliche Vereinbarungen, die sich an die Regelung des RMG. anlehnen, sind nur als für die Geltungsdauer der gesetzlichen Miete berechnet anzusehen. Dies ist bei der „Bestimmung" des Mietzinses zu beachten. Zu bestimmen ist der für Räume gleicher Art und Lage am Stichtag — Außerkrafttreten des RMG. — übliche oder angemessene Mietzins.

Für Zwangsmietverträge (§ 4 WMG.) gelten diese Grundsätze ebenso wie für den freien Mietvertrag.

3. Die Vorschrift des § 22a findet keine Anwendung auf Untermietverträge im Sinne § 14 (§ 22a Ziff. 1 Abs. 3).
4. Die Vorschrift findet nur Anwendung auf Räume, die landesrechtlich durch eine Anordnung nach § 22 Satz 3 von den Bestimmungen des RMG. befreit sind. Für reichsrechtliche, z. B. nach § 16 befreite Räume gelten diese Grundsätze nicht.

3. Mietzins. Für die Übergangszeit sind Grundsätze gegeben darüber, welche Miete nach Aufhebung des RMG. für die nun freigegebenen Räume zu zahlen sind. Maßgebend sind

1. Die Vereinbarungen der Vertragsteile, mögen sie vor dem Erlaß der Anordnung bereits im Mietvertrag für den Fall der landesrechtlichen Außerkraftsetzung des RMG. getroffen oder nachträglich erfolgt sein. In beiden Fällen hat es hierbei sein Bewenden.
2. Beim Mangel solcher Verabredung bestimmt § 22a, daß trotz Aufhebung des RMG.
   a) der bisherige Mietzins, d. h. die gesetzliche Miete oder die ihr angepaßte Vertragsmiete (Anm. 1 Ziff. 1) weiterhin zu zahlen ist;
   b) daß für den weiter zu entrichtenden Mietzins die landesrechtlichen Festsetzungen der gesetzlichen Miete ohne weiteres gelten, obwohl eine gesetzliche Miete nach Aufhebung des RMG. nicht mehr vorliegt. Feststellungen oder Festsetzungen der Friedensmiete nach § 2 RMG. können indes nicht mehr vorgenommen werden, da das RMG. im übrigen außer Kraft gesetzt ist; unabänderliche Grundlage für die fortdauernde Miete (vgl. aber Abs. 2) bildet lediglich der bisherige Mietzins (anders Vidal-Habamczik S. 93);
   c) daß die Bestimmungen des RMG. über die Verpflichtung zur Tragung der Betriebs- und Instandsetzungskosten nach § 20 RMG. weiterhin gelten sollen. Hiernach sind die Normen des BGB. zwingend maßgebend und es erlöschen alle übergesetzlichen Verpflichtun-

gen des Mieters oder Vermieters, sofern sie auf die Festsetzung der Höhe des Mietzinses von Einfluß waren.

4. Nach Aufhebung des RMG. ist der gemäß Abs. 1 weiterzuzahlende Mietzins nicht mehr wandelbar; insbes. könnte bei einer nach den Grundsätzen des RMG. zu berechnenden Vertragsmiete die gesetzliche Miete nicht durch Erklärung nach § 1 eingefügt werden. Abs. 2 gibt das Recht auf die Vertragsmiete jedem Vertragsteile, in Form und Wirkung dem Recht auf die gesetzliche Miete (§ 1) nachgebildet. Das Ziel der Erklärung ist die Beseitigung der nach Abs. 1 weiterzuzahlenden (gesetzlichen) Miete.

1. Die Erklärung, daß die Regelung des Vertrags gelten soll, kann jederzeit von einem Vertragsteil dem andern gegenüber abgegeben werden. Die Erklärung bedarf der Schriftform. Sie wird wirksam auf den nach § 565 BGB. zulässigen Kündigungstermin. Alles wie im § 1 für die gesetzliche Miete geregelt; vgl. die Erläuterungen dort.
2. Die Berechnung der Vertragsmiete. Eine solche ist — ohne Rücksicht auf die u. U. ungünstigen Auswirkungen auf den einen oder anderen Vertragsteil — nur gestattet
   a) wenn der vertragliche Mietzins sich nicht mehr feststellen läßt oder
   b) wenn der vertragliche Mietzins in Mark oder in einer anderen nicht mehr geltenden inländischen Währung (Gulden, Taler) ausbedungen war.

Nur in diesen beiden Fällen wird von der vereinbarten Vertragsmiete abgewichen und der angemessene Mietzins ermittelt. Dabei sind die für die Vermietung maßgebenden Verhältnisse wie Beschaffenheit der Mieträume, Verkehrslage, Übernahme übergesetzlicher Leistungen durch einen Vertragsteil zu berücksichtigen und zwar sowohl die Verhältnisse im Zeitpunkt des Außerkrafttretens der gesetzlichen Miete als insbesondere — wie das Gesetz ausdrücklich bestimmt — die Verhältnisse im Zeitpunkt des Vertragsabschlusses und die damaligen persönlichen Verhältnisse der Vertragsteile. Inwieweit die oft sehr verschiedenen Verhältnisse in beiden Zeitpunkten Berücksichtigung finden dürfen, ist Sache des billigen Ermessens; es muß ein Ausgleich versucht werden, bei dem Vorteile des Vertrages oder der gesetzlichen Regelung oder Verbesserungen des Mietobjekts dem zu Gute kommen, der sie geschaffen hat, z. B. wenn der Vermieter auf seine Kosten die Räume während der Vertragsdauer in besseren Zustand hat versetzen lassen, so wird der gegenwärtige Zustand zu berücksichtigen sein, anders wenn der Mieter die Aufwendungen bestritten hat. Grundsätzlich aber dürfen Änderungen der Verkehrslage und damit des Verkehrswertes nicht berücksichtigt werden, der ursprüngliche Zustand gilt als fortdauernd. Wegen der für die Umwertung maßgebenden Grundsätze vgl. das Urteil des RG. v. 17. Okt. 1927

MietG. 1927, 171; hiernach soll die vereinbarte Miete in Beziehung zu der zur Zeit der Vereinbarung angemessenen Miete gesetzt, und das Verhältnis der damals angemessenen zur damals vereinbarten Miete auf das Verhältnis der jetzt angemessenen Miete zur jetzt als vereinbart anzusehende Miete übertragen werden.

3. Mit der Wiederherstellung der Vertragsmiete durch die Erklärung nach Abs. 2 werden auch die übrigen Bestimmungen des Mietvertrages, insbes. über die Tragung der Betriebs- und Instandsetzungskosten, über Nebenverpflichtungen eines Vertragsteiles, soweit sie z. B. durch § 20 RMG. ausgeschaltet waren, wieder hergestellt.

5. Der Landesbehörde ist dadurch die Möglichkeit gegeben, trotz Aufhebung des RMG., wie im Falle des § 6 RMG. Maßnahmen zur Sicherung der notwendigen laufenden Instandsetzungsarbeiten durch eine öffentliche Stelle treffen zu lassen.

§ 23.

Ein Vermieter, der eine ihm nach § 1 Abs. 4 oder § 18 obliegende Anzeige vorsätzlich nicht oder nicht rechtzeitig erstattet oder wissentlich unrichtige oder unvollständige Angaben macht, wird mit Geldstrafe oder mit Haft bestraft.

§ 24.

I Dieses Gesetz tritt zu dem von der obersten Landesbehörde bestimmten Tage, spätestens am 1. Juli 1922 in Kraft; gleichzeitig tritt die Verordnung über Sammelheizung und Warmwasserversorgungsanlagen in Mieträumen vom $\frac{\text{22. Juni 1919 (Reichsgesetzbl S. 595)}}{\text{29. Oktober 1920 (Reichsgesetzbl. S. 1846)}}$ außer Kraft. Ein auf Grund der bisherigen Vorschriften festgesetzter Mietzins gilt als vereinbart.

II Das Gesetz tritt mit dem 31. März 1930 außer Kraft.

2. Gesetz über den Geldentwertungsausgleich bei bebauten Grundstücken.

In der Fassung der Bekanntmachung vom 1. Juni 1926 (RGBl. I S. 251)

§ 1.

I Die Länder und nach näherer Bestimmung des Landesrechts die Gemeinden (Gemeindeverbände) erheben von dem bebauten Grundbesitz eine Steuer. Zu dem bebauten

Grundbesitz im Sinne dieser Vorschrift gehören auch gewerblich genutzte sowie landwirtschaftliche Gebäude. Die Länder treffen Bestimmungen darüber, ob und inwieweit landwirtschaftliche Gebäude von der Besteuerung auszunehmen sind.

II Das Aufkommen der Steuer soll zur Deckung des allgemeinen Finanzbedarfs der Länder und Gemeinden (Gemeindeverbände) einschließlich des Aufwandes, der ihnen durch die Erfüllung der gemäß § 42 Abs. 1 der Dritten Steuernotverordnung vom 14. Februar 1924 (Reichsgesetzbl. I S. 74) zu selbständiger Regelung überlassenen Aufgaben erwächst, sowie zur Förderung der Bautätigkeit auf dem Gebiete des Wohnungswesens dienen.

III Der Deckung des allgemeinen Finanzbedarfs dürfen bis zur Erreichung der vollen Friedensmiete nicht weniger als 20 vom Hundert und nicht mehr als 30 vom Hundert der Friedensmiete vorbehalten werden. Erhöht sich die Miete über die Friedensmiete hinaus, so darf von dem Mehrbetrage der Miete höchstens ein Fünftel für den allgemeinen Finanzbedarf beansprucht werden.

IV Soweit die Steuer nicht gemäß Abs. 3 der Deckung des allgemeinen Finanzbedarfs vorbehalten ist, ist sie zur Förderung der Bautätigkeit auf dem Gebiete des Wohnungswesens zu verwenden. Für diese Zwecke müssen zunächst in den zwei Jahren vom 1. April 1926 bis 31. März 1928 vor Inanspruchnahme gemäß Abs. 3 Satz 2 jährlich mindestens 15 bis 20 vom Hundert der Friedensmiete — unbeschadet der Vorschrift des § 5 — zur Verfügung gestellt werden; für die spätere Zeit wird der Mindestsatz für diese Zwecke von der Reichsregierung mit Zustimmung des Reichsrats festgesetzt. Die Reichsregierung kann mit Zustimmung des Reichsrats den Mindestsatz allgemein oder für einzelne Länder ermäßigen, wenn es die allgemeinen wirtschaftlichen Verhältnisse oder die besonderen Verhältnisse eines Landes dringend erfordern. Die Länder können bestimmen, daß dieser Teil der Steuer gesondert festzustellen und zu erheben ist; zu diesem Teile der Steuer können auch Gebäude, die auf Grund des Abs.1 Satz 3 von der Besteuerung ausgenommen sind, herangezogen werden. An Stelle des Teiles der Steuer, der für die Bautätigkeit zu verwenden ist, können die Länder auch eine andere von der Steuer nach diesem Gesetz unabhängige Steuer erheben.

V Das Aufkommen für den Wohnungsbau ist insbesondere zum Bau von Kleinwohnungen für die minderbemittelte Bevölkerung und kinderreiche Familien sowie zur Erhaltung dieser Art Altwohnungen zu verwenden. Desgleichen sind solche Gläubiger und Sparer zu berücksichtigen, welche durch die Inflation ihr Vermögen verloren haben.

VI Aus dem für den Wohnungsbau zu verwendenden Teile der Steuer können die Länder Darlehen an unbemittelte kinderreiche Familien und an Schwerkriegsbeschädigte, insbesondere auch an Kriegsblinde, bis zur vollen Höhe der Baukosten gewähren.

§ 2.

I Die Länder werden ermächtigt, die Mietzinsbildung abweichend von den Vorschriften des Reichsmietengesetzes vom 24. März 1922 (Reichsgesetzbl. I S. 273) zu regeln.

II Wollen die Länder bei einer solchen Regelung vom bürgerlichen Rechte in anderer Weise abweichen, als dies im Reichsmietengesetze vorgesehen ist, so bedarf es der Zustimmung der Reichsregierung; die Reichsregierung kann insoweit mit Zustimmung des Reichsrats Grundsätze aufstellen.

III Die Länder haben von der ihnen durch Abs. 1 erteilten Ermächtigung in der Weise Gebrauch zu machen, daß die Mieten allmählich gemäß der Entwicklung der allgemeinen Wirtschaftslage erhöht werden. Dabei sind neben den steuerlichen Bedürfnissen der Länder und Gemeinden auch die allgemeinen Interessen, insbesondere an der ordnungsgemäßen Unterhaltung und Instandsetzung der Häuser und die Leistungsfähigkeit der als Mieter in Betracht kommenden Bevölkerungskreise zu berücksichtigen. Durch die Mieten müssen außer der Steuer (§ 1 Abs. 2 bis 4) mindestens die Betriebs- und Instandsetzungskosten, die nach den bestehenden Verhältnissen zur Erhaltung des Gebäudes erforderlich sind, einschließlich der Verwaltungskosten gedeckt werden. Den Eigentümern ist ferner in der Miete zur Verzinsung aufgewerteter Hypotheken und des Eigenkapitals der Betrag zu belassen, mit dem eine vor dem 1. Januar 1918 eingetragene, nach dem Grundsatz des § 4 des Aufwertungsgesetzes vom 16. Juli 1925 (Reichsgesetzbl. I S. 117) aufgewertete Papiermarkhypothek zu verzinsen wäre, deren Nennbetrag dem Friedenswerte des Grundstücks entspricht; für die Höhe der Verzinsung gilt der im § 28 des Aufwertungsgesetzes vorgeschriebene Zinssatz; die Länder setzen für diesen Betrag einen bestimmten Hundertsatz der Friedensmiete in der Miete fest.

§ 3.

I Die Reichsregierung setzt mit Zustimmung des Reichsrats die Mindesthöhe der gesetzlichen Miete im Reiche einheitlich fest. Am 1. Juli 1926 müssen die Mieten 100 vom Hundert der Friedensmiete erreicht haben. Die Miete von 100 vom Hundert der Friedensmiete darf bis zum 31. März 1927 nicht überschritten werden. Ausnahmen sind nur zulässig, soweit die Festsetzung einer höheren Miete erforderlich ist, um die in dem § 1 Abs. 3, 4 vorgesehenen Zuweisungsbeträge sicherzustellen. Soweit die Miete für die Zeit nach dem 1. April 1926 bereits höher festgesetzt ist oder die im § 1 Abs. 3, 4 vorgesehenen Zuweisungsbeträge bereits überschritten sind, bleiben die getroffenen Bestimmungen unberührt.

II Als Friedensmiete gilt der Goldmarkbetrag des Mietzinses, der für die mit dem 1. Juli 1914 beginnende Mietzeit vereinbart war. Die Länder treffen über die Festsetzung der Friedensmiete für besondere Fälle Bestimmung; als besonderer Fall im Sinne dieser Vorschrift gilt auch die Erhebung des Geldentwertungsausgleichs in der Form einer Steuer vom Grundvermögen.

§ 4.

I Die Besteuerung kann in Form einer besonderen Aufwertungssteuer oder einer Steuer vom Grundvermögen erfolgen; im zweiten Falle muß eine getrennte Berechnung der auf Grund dieses Gesetzes erhobenen Grundsteuer und der allgemeinen Grundsteuer vorgesehen sein; dabei sind insbesondere auch die Bestimmungen des § 2 Abs. 3 Satz 3 und 4 zu beachten.

II Soweit vor dem Inkrafttreten der Dritten Steuernotverordnung auf einem Grundstück eine privatrechtliche wertbeständige Last gemäß der Verordnung über die Eintragung von Hypotheken in ausländischer Währung vom 13. Februar 1920 (Reichsgesetzbl. S. 231) oder dem Gesetz über wertbeständige Hypotheken vom 23. Juni 1923 (Reichsgesetzbl. I S. 407) eingetragen ist, ist der dem Werte der aus der Last sich ergebenden laufenden Geldverpflichtung entsprechende Geldbetrag dem Grundstückseigentümer auf seinen Antrag zu erstatten. Das gleiche gilt für die auf Grund des Gesetzes über das Zusatzabkommen zum Abkommen vom 6. Dezember 1920 zwischen dem Deutschen Reiche und der Schweizerischen Eidgenossenschaft, betreffend schweizerische Goldhypotheken in Deutschland und gewisse Arten von Frankenforderungen an deutsche Schuldner, vom 23. Juni 1923 (Reichsgesetzbl. II S. 284) aus der Umwandlung einer schweizerischen Goldhypothek entstandenen Frankengrundschulden sowie für solche Hypotheken in in- oder ausländischer Währung, die der Grundstückseigentümer zur Ablösung dieser Frankengrundschuld aufnimmt. Zu den laufenden Geldverpflichtungen gehören in diesem Falle auch Tilgungsbeträge, die zur Abtragung der Frankengrundschuld angesammelt werden. Die näheren Bestimmungen darüber, in welcher Höhe Tilgungen als angemessen anzusehen sind, treffen die Landesregierungen.

III Bei Grundstücken, die am 31. Dezember 1918 entweder unbelastet waren oder deren dingliche privatrechtliche Belastung nicht mehr als 30 vom Hundert des Friedenswerts betrug, ist der Betrag der Steuer auf Antrag des Eigentümers so weit herabzusetzen, daß er

bei unbelasteten Grundstücken nicht mehr als 10 vom Hundert der Friedensmiete,

bei einer Belastung bis zu 10 vom Hundert des Friedenswerts nicht mehr als 15 vom Hundert der Friedensmiete,

bei einer Belastung bis zu 20 vom Hundert des Friedenswerts nicht mehr als 20 vom Hundert der Friedensmiete,

bei einer Belastung bis zu 30 vom Hundert des Friedenswerts nicht mehr als 25 vom Hundert der Friedensmiete

ausmacht. Die Länder können diese Sätze zum Zwecke der Angleichung aneinander oder an die allgemeinen Sätze erhöhen oder herabsetzen; sie können im Interesse einer angemessenen Verteilung der Steuerlast weitere Belastungsstufen mit besonderen Steuersätzen belegen sowie bestimmen, daß die Vergünstigung des Satzes 1 insoweit nicht eintritt, als die Steuer auf den Teil der Miete entfällt, der 100 vom Hundert der Friedensmiete übersteigt. Wird die Steuer nicht von der Friedensmiete berechnet, so tritt an die Stelle des Hundertsatzes der Friedensmiete ein entsprechender, von dem Lande zu bestimmender Teil des nach dem Landesgesetze für die Besteuerung maßgebenden Wertes. Hypotheken der in den §§ 1187, 1190 BGB. bezeichneten Art gelten nicht als dingliche privatrechtliche Belastung im Sinne dieser Vorschrift.

IV Soweit es sich in den Fällen des Abs. 3 um Wohngebäude (Eigenhäuser) handelt, die nicht oder nur auf Grund behördlicher Maßnahmen vermietet sind, können die Länder eine weitere Minderung der Steuer eintreten lassen.

V Die Länder können Bestimmungen darüber treffen, inwieweit die Vergünstigung der Abs. 3 und 4 sich auf Grundstücke erstreckt, die in der Zeit vom 1. August 1914 bis zum 31. Dezember 1918 belastet worden sind.

VI Soweit nach den Bestimmungen eines Landes über die Mietzinsbildung die Steuer nicht in der gesetzlichen Miete enthalten, der Vermieter aber berechtigt ist, sie auf die Mieter umzulegen, bleibt der Vermieter auch im Falle der Befreiung oder Minderung der Steuer gemäß Abs. 2, 3 und 4 zur Umlegung eines der vollen Steuer entsprechenden Betrags berechtigt.

§ 5.

I Von der Besteuerung sind auszuschließen Neubauten oder durch Um- oder Einbauten neugeschaffene Gebäudeteile, wenn der Bau erst nach dem 1. Juli 1918 bezugsfertig geworden ist, es sei denn, daß die Neubauten, Um- oder Einbauten mit Beihilfen aus öffentlichen Mitteln ausgeführt worden sind. Die aus der Besteuerung dieser Neubauten aufkommenden Steuerbeträge sind ausschließlich zur Förderung des Wohnungsbaues zu verwenden. An Stelle dieser Steuer können die Landesregierungen Grundstücke mit Gebäuden, die mit Beihilfen aus öffentlichen Mitteln errichtet worden sind, zur Förderung des Wohnungsbaues mit einer Grundschuld bis zu 25 vom Hundert des in Goldmark umgerechneten Wertes der Beihilfe oder bis zu einem entsprechenden Hundertsatze des Friedenswerts des Grundstücks belasten. Diese Belastung geht allen bisherigen Belastungen vor, mit Ausnahme der Belastung zugunsten der Deutschen Rentenbank. Soweit auf dem Grundstück wertbeständige Beihilfehypotheken eingetragen oder soweit Beihilfebeträge zurückgezahlt worden sind, vermindert sich die Grundschuld um den entsprechenden Goldmarkwert. Die näheren Bestimmungen über die Berechnung des Goldmarkwerts der Beihilfen aus öffentlichen Mitteln oder über die Berechnung des Friedenswerts der Grundstücke, ferner über die Verzinsung und Ablösung der Last, über die Anrechnung eingetragener wertbeständiger Beihilfehypotheken und zurückgezahlter Beihilfebeträge und über die Verwendung der Gelder werden von der obersten Landesbehörde erlassen. Der Goldmarkwert darf auf keinen höheren Betrag festgesetzt werden, als er sich bei entsprechender Anwendung des § 2 des Aufwertungsgesetzes vom 16. Juli 1925 (Reichsgesetzbl. I S. 117) errechnet.*)

II Als Neubauten im Sinne des Abs. 1 gelten nicht Bauten, die als Ersatz für kriegsbeschädigte oder kriegszerstörte Gebäude ganz oder größtenteils aus öffentlichen

---

*) Zu § 5 Abs 1 zu vergleichen das Gesetz zur Änderung der Dritten Steuernotverordnung vom 27. Mai 1926 (Reichsgesetzblatt I S. 249).

Mitteln nach Maßgabe des Gesetzes über die Feststellung von Kriegsschäden im Reichsgebiete vom 3. Juli 1916 (Reichsgesetzbl. S. 675) errichtet worden sind.

§ 6.

Einfamilienhäuser, die vor dem 1. Juli 1918 bezugsfertig hergestellt und zu diesem Zeitpunkt mit nicht mehr als 20 vom Hundert des Friedenswerts belastet waren, sind auf Antrag von der Steuer freizustellen, sofern sie ausschließlich vom Eigentümer und seiner Familie bewohnt werden und die Wohnfläche nicht mehr als 70 Quadratmeter beträgt. Die Freistellung wird nicht dadurch ausgeschlossen, daß das Einfamilienwohnhaus zum geringen Teile auf Grund behördlicher Maßnahmen vermietet worden ist. Die näheren Bestimmungen, insbesondere über die Grundsätze, nach denen die Wohnfläche zu berechnen ist, trifft die Reichsregierung mit Zustimmung des Reichsrats. Dabei ist den besonderen Verhältnissen kinderreicher Familien Rechnung zu tragen.

§ 7.

Erfolgt die Erfassung in Form einer besonderen Aufwertungssteuer, so gelten folgende Grundsätze:

1. Die Steuer ist in einem von den Ländern zu bestimmenden Hundertsatze der Friedensmiete zu erheben. Sie ist bei der den Ländern vorbehaltenen Regelung der Mietzinsbildung auf den Mieter zu überwälzen. Die von den Mietern gezahlten Beträge sind vom Eigentümer in voller Höhe abzuführen. Die Friedensmiete für die vom Eigentümer selbst benutzten Räume ist erforderlichenfalls vom Mieteinigungsamte festzustellen.
2. Die Überlassung des Gebrauchs eines Gebäudes (Gebäudeteils) auf andere Weise als durch Mietvertrag (Pacht, Nießbrauch usw.) steht der Miete gleich.
3. Folgende Befreiungen sind vorzusehen:
   a) öffentliche Körperschaften für die in ihrem Eigentume stehenden und von ihnen für öffentliche Zwecke benutzten Gebäude;

b) inländische Personenvereinigungen und Vermögensmassen, die nach der Satzung, Stiftung oder sonstigen Verfassung ausschließlich gemeinnützigen, mildtätigen, ethischen oder religiösen Zwecken dienen, für die in ihrem Eigentume stehenden und von ihnen für diese Zwecke benützten Gebäude;

c) Botschaften, Gesandschaften und Konsulate für die im Eigentume des Entsendestaats stehenden und von ihnen für ihre Zwecke benutzten Gebäude, sofern Gegenseitigkeit gewährt wird.

Liegen nur für einen Teil des Gebäudes die vorstehenden Voraussetzungen vor, so bezieht sich die Befreiung nur auf diesen Teil.

§ 8.

I Die nach §§ 1 bis 7 erforderlichen Bestimmungen erlassen die Landesregierungen; sie stellen Grundsätze über die Berechnung des Friedenswerts der Grundstücke auf.

II Sie können für Fälle, in denen die getroffene Regelung zu besonderen Härten oder zu besonderen Begünstigungen führt, eine von den Vorschriften dieses Gesetzes abweichende Regelung treffen.

III Die Länder bestimmen, in welcher Weise und in welchem Umfang hilfsbedürftige Personen, die dauernd oder vorübergehend eine Mieterhöhung nicht tragen können und eine entsprechende Wohnungsänderung vorzunehmen nicht in der Lage sind, unter Mitwirkung der Fürsorgeverbände zu unterstützen und entsprechende Mittel den Fürsorgeverbänden sicherzustellen sind.

§ 9.

Vor dem 1. April 1928 ist rechtzeitig zu prüfen, ob die Steuer von diesem Zeitpunkt ab weiter zu erheben ist. Bei der Prüfung ist dem allgemeinen Finanzbedarfe der Länder und Gemeinden (Gemeindeverbände) einschließlich des Aufwandes, der ihnen durch die Erfüllung der gemäß § 42 Abs. 1 der Dritten Steuernotverordnung zu selbständiger Regelung überlassenen Aufgaben erwächst, sowie den Bedürfnissen der Wohnungswirtschaft, insbesondere des Wohnungsneubaues, ebenso der Wertsteigerung der Grundstücke sowie dem daraus entstandenen Vermögenszuwachse Rechnung zu tragen. Rechtzeitig vor diesem Zeitpunkt ist Reichstag und Reichsrat eine Vorlage zu machen.

3. Reichsverordnung über die Festsetzung einer Mindesthöhe der gesetzlichen Miete.

Vom 11. März 1927 (RGBl. I S. 72).

Auf Grund des § 3 Abs. 1 Satz 1 des Gesetzes über den Geldentwertungsausgleich bei bebauten Grundstücken in der Fassung der Bekanntmachung vom 1. Juni 1926 wird hiermit nach Zustimmung des Reichsrats verordnet:

Die gesetzliche Miete beträgt vom 1. April 1927 ab mindestens 110 vom Hundert und vom 1. Oktober 1927 ab mindestens 120 vom Hundert der Friedensmiete.

II. Bayerisches Landesrecht.

1. Verordnung über die Mietzinsbildung in Bayern.

Vom 29. März 1928 (GVBl. S. 175).

Vorbemerkung.

Die VO. faßt im wesentlichen den bisherigen Rechtszustand neu zusammen, jedoch unter Anpassung an das veränderte Reichsrecht, vgl. §§ 17, 21 VO. Soweit eine materielle Rechtsänderung nicht erfolgt ist, bleiben auch die zur früheren VO. vom 28. März 1924 (Kiefersauer, Grundstücksmiete II, 103) ergangenen Ausführungsanordnungen in Kraft. RE.BayObLG. 9. Juni 1928 Reg. VII 3/28 BayZ. 1928, 261 = BayGemVZ. 1928, 545. Dies ist hier für die die Umlegung der Betriebskosten nach Ziff. 2 Satz 2 der VO. v. 28. März 1924 anordnenden MinEntschl. anerkannt, da die alten und neuen Bestimmungen sich sachlich decken.

Auf Grund der § 1 Abs. 4, § 2 Abs. 1, § 5, § 6 Abs. 2 und 4, § 10 Abs. 2, § 11, § 12 Abs. 2, § 13a, § 14, § 17 Abs. 2, § 21 und § 22 des Reichsmietengesetzes in der Fassung der Bekanntmachung vom 20. Februar 1928

(RGBl. I S. 38), ferner auf Grund der § 2, § 3 Abs. 2, § 8 Abs. 1 des Gesetzes über den Geldentwertungsausgleich bei bebauten Grundstücken in der Fassung der Bekanntmachung vom 1. Juni 1926 (RGBl. I S. 251) wird folgendes verordnet:

I. Vereinbarter Mietzins.

§ 1.

Das Mieteinigungsamt*) kann Mietzinsvereinbarungen über Gebäude oder Gebäudeteile von Amts wegen nachprüfen und an Stelle des vereinbarten Mietzinses die gesetzliche Miete festsetzen, wenn der vereinbarte Mietzins im Vergleiche zu der gesetzlichen Miete für einen Vertragsteil eine schwere Unbilligkeit darstellt.

II. Gesetzliche Miete.

§ 2.

Die gesetzliche Miete wird nach einem bestimmten Hundertsatze der Friedensmiete berechnet; 1 Mark entspricht dabei einer Reichsmark.

§ 3.

Als Friedensmiete gilt der Goldmarkbetrag des Mietzinses, der für die mit dem 1. Juli 1914 beginnende Mietzeit vereinbart war oder auf Grund des § 2 Abs. 4 oder 5 RMG. festgesetzt worden ist.

§ 4.

I Vergütungen, die in der Friedensmiete für die Heizstoffe einer Sammelheizung oder Warmwasserversorgung oder für Nebenleistungen enthalten sind, sind abzurechnen. Als Nebenleistungen sind anzusehen:

a) besondere, nicht allgemein übliche Leistungen, die der Vermieter nach dem Mietvertrage neben der Überlassung der Raumnutzung ohne besondere Vergütung zu gewähren hat (z. B. Überlassung von

*) In Gemeinden ohne Mieteinigungsamt das Amtsgericht (§ 5 der Verordnung vom 5. August 1927, GVBl. S. 273).

Dampf- oder Wasserkraft, von Elektrizität, Preßluft u. dgl.),

b) Leistungen des Vermieters, welche nur bei einzelnen Mietverhältnissen vorkommen oder nur einzelnen Mietern zugutekommen (z. B. Spiegelglasversicherung, Aufzug, Bedienung einer Sammelheizungs- oder Warmwasserversorgungsanlage u. dgl.).

II Der Betrag, der bei Sammelheizung abzurechnen ist, wird auf 10. v. H. der Friedensmiete und der Betrag, der bei Warmwasserversorgung abzurechnen ist, auf 3. v. H. der Friedensmiete festgesetzt; bei hochwertigen Geschäftsräumen kann das Mieteinigungsamt im Einzelfalle den Abzug für Sammelheizung und Warmwasserversorgung niedriger festsetzen.

III Die Festsetzung der Beträge, die für Nebenleistungen von der Friedensmiete abzurechnen sind, bleibt der Vereinbarung der Beteiligten überlassen; im Streitfall entscheidet das Mieteinigungsamt.

§ 5.

I Hatten Vermieter oder Mieter für die mit dem 1. Juli 1914 beginnende Mietzeit vertraglich Sonderleistungen übernommen, die ihnen nach dem Bürgerlichen Gesetzbuch nicht obliegen (z. B. Wassergeld, Kaminkehrergebühren) und war diese Übernahme auf die damalige Festsetzung der Höhe des Geldmietzinses von Einfluß, so ist um den in Geld veranschlagten Betrag dieser Sonderleistungen die Geldfriedensmiete zu mindern oder zu erhöhen. Im Streitfall entscheidet das Mieteinigungsamt.

II Bei der Veranschlagung in Geld sind die Sonderleistungen in dem am 1. Juli 1914 vereinbarten Umfang und mit ihrem damaligen Wert zu berücksichtigen.

§ 6.

I Der Hundertsatz der Friedensmiete wird einschließlich des zur Abgeltung der Verzinsung der aufgewerteten Hypotheken und des eigenen Kapitals bestimmten Teilhundertsatzes vom Staatsministerium für Soziale Fürsorge, soweit veranlaßt nach Anhörung von Vertretern der Vermieter und Mieter, festgesetzt und bekanntgegeben.

II Bei der Festsetzung des Hundertsatzes ist der zur Verzinsung aufgewerteter Hypotheken und des eigenen Kapitals bestimmte Teilhundertsatz besonders zu bezeichnen; im übrigen können im Rahmen des ganzen Hundertsatzes auch sonstige Teile der gesetzlichen Miete, z. B. der zur Deckung der Kosten der großen und der laufenden Instandsetzungsarbeiten bestimmte Teil, besonders bezeichnet werden.

III Für gewerblich oder geschäftlich benützte Räume kann vom Staatsministerium für Soziale Fürsorge, soweit veranlaßt nach Anhörung von Vertretern der Vermieter und Mieter, ein Zuschlag zur gesetzlichen Miete — ausgedrückt in einem Hundertsatze der Friedensmiete — festgesetzt werden.

§ 7.

I Der Hundertsatz der Friedensmiete (§ 6 Abs. I) sowie der Zuschlag für gewerblich oder geschäftlich benützte Räume (§ 6 Abs. III) können für einzelne Gemeinden oder Arten von Gemeinden verschieden festgesetzt und nach Gruppen und Klassen von Mieträumen abgestuft werden.

II Auch kann für alle oder einzelne Gemeinden des Landes die Umlegung der Betriebskosten oder von Teilen der Betriebskosten, soweit nötig unter entsprechender Minderung des Hundertsatzes der Friedensmiete, ganz oder zum Teil angeordnet oder zugelassen werden; im Streitfall entscheidet dann das Mieteinigungsamt.

§ 8.

Als Betriebskosten im Sinne des § 4 Abs. 1 RMG. gelten:

Für das Haus zu entrichtende Steuern nebst Zuschlägen, außerdem gemeindliche und sonstige Umlagen, Gebühren für die Benützung gemeindlicher Anstalten, Unternehmungen und Einrichtungen, z. B. Wasserzins, Gebühren für Kanalbenützung, Hausunratabfuhr, Straßenreinigung, Kaminreinigung usw., Beiträge zur Brandversicherung, zur Baunot-, Haftpflicht-, Wasserschadenversicherung, Verwaltungskosten und ähnliche Unkosten.

§ 9.

Außer den in § 5 RMG. bezeichneten Arbeiten gelten als große Instandsetzungsarbeiten:

1. Erdarbeiten, die zur Erhaltung des Gebäudes notwendig sind, sowie die Beseitigung von Hausschwamm,
2. die Beseitigung von Rohrbrüchen,
3. die Erneuerung der über das Dach hinausragenden Teile von Kaminen, Entlüftungsschächten und Brandmauern sowie Blitzableitern,
4. die Erneuerung von Balkenlagen und Treppen,
5. umfangreiche Instandsetzungsarbeiten an Sammelheizungs-, Warmwasserversorgungs- und Entlüftungs-, an Wasserleitungs- und Klosettanlagen sowie an Waschkücheneinrichtungen; hierunter fallen nicht Arbeiten, die zur Behebung von Mängeln innerhalb einer Einzelwohnung notwendig sind.

§ 10.

Der für die laufenden Instandsetzungsarbeiten bestimmte Anteil der gesetzlichen Miete ist von dem Vermieter für die erforderlichen laufenden Instandsetzungsarbeiten sachgemäß zu verwenden.

§ 11.

I Der Vermieter hat der Mietervertretung (§ 18) die Verwendung des für laufende Instandsetzungsarbeiten bestimmten Anteils der gesetzlichen Miete auf Verlangen jährlich zweimal nachzuweisen, nämlich in der ersten April- und in der ersten Oktoberhälfte jeden Jahres. Der Nachweis ist in der Weise zu führen, daß der Vermieter der Mietervertretung eine Zusammenstellung über die im abgelaufenen Halbjahre zur Deckung der Kosten laufender Instandsetzungsarbeiten eingenommenen Mietbeträge sowie über die in diesem Zeitraum ausgeführten laufenden Instandsetzungsarbeiten und die hiefür erwachsenen Kosten mitteilt. Soweit die Belege nicht schon dieser Mitteilung beigefügt werden, ist der Mietervertretung auf Verlangen Einsicht in die Belege zu gewähren; die Mitteilung hat in diesem Falle darauf hinzuweisen, wann und wo die Belege zur Einsichtnahme aufliegen.

II Besteht in einem Anwesen keine Mietervertretung so hat der Vermieter auf Verlangen den einzelnen Mietern oder ihren Bevollmächtigten über die Verwendung des für die laufenden Instandsetzungsarbeiten bestimmten Anteils der gesetzlichen Miete zu den in Abs. I genannten Zeiten genügende Auskunft zu erteilen.

III Vermieter, die den Verpflichtungen nach Abs. I und II nicht nachkommen, können von der Ortspolizeibehörde zur Vorlage des Verwendungsnachweises angehalten werden (Art. 21 PolStGB.).

§ 12.[1]

I Hat der Vermieter die Ausführung notwendiger laufender Instandsetzungsarbeiten unterlassen oder die Gelder nicht sachgemäß verwendet, so hat das Mieteinigungsamt, in Gemeinden ohne Mieteinigungsamt die Bezirkspolizeibehörde, auf Antrag der Mietervertretung (§ 18) oder eines Mieters oder von Amts wegen die sachgemäße Ausführung der Instandsetzungsarbeiten durch geeignete Anordnungen zu sichern. Das gleiche gilt, wenn der Vermieter die Ausführung solcher Arbeiten verweigert oder wenn Tatsachen vorliegen, welche die nichtsachgemäße Verwendung der Gelder befürchten lassen.

II Welche Anordnungen zur Ausführung laufender Instandsetzungsarbeiten im Einzelfalle zu treffen sind, bleibt dem Ermessen des Mieteinigungsamtes (der Bezirkspolizeibehörde) überlassen. Das Mieteinigungsamt (die Bezirkspolizeibehörde) kann insbesondere dem Vermieter eine Frist zur Ausführung der Instandsetzungsarbeiten setzen und nach dem ergebnislosen Ablauf der Frist die Arbeiten selbst in Auftrag geben. Zur Sicherung der Kostendeckung kann dabei angeordnet werden, daß die Mieter einen entsprechenden Teil des Mietzinses — jedoch nicht mehr als den für laufende Instandsetzungsarbeiten bestimmten Anteil der gesetzlichen Miete — nicht an den Vermieter, sondern an eine bestimmte gemeindliche Stelle oder an einen sonstigen

Empfangsberechtigten (z. B. an das mit der Ausführung der Instandsetzungsarbeiten betraute Geschäft, an eine Bank zur Gutschrift der Beträge auf das Konto des die Arbeiten ausführenden Geschäfts usw.) zu zahlen haben. Soweit die Zahlung von Teilbeträgen des Mietzinses an eine gemeindliche Stelle angeordnet ist, können rückständige Beträge der Mieter vom Stadt- oder Gemeinderate wie Gemeindeabgaben beigetrieben werden.

III Das Mieteinigungsamt (die Bezirkspolizeibehörde) entscheidet auch darüber, ob die Vornahme einer laufenden Instandsetzungsarbeit „erforderlich" im Sinne des § 28 des Gesetzes über Mieterschutz und Mieteinigungsämter in der Fassung der Bekanntmachung vom 17. Februar 1928 (RGBl. I S. 25) ist. Bei der Auslegung des Begriffs „erforderlich" ist auch zu berücksichtigen, inwieweit der für die laufenden Instandsetzungsarbeiten bestimmte Teil der Miete aufgebraucht ist.

IV Das Mieteinigungsamt (die Bezirkspolizeibehörde) kann vom Vermieter alle benötigten Auskünfte, insbesondere über die Höhe der zur Deckung der Kosten für laufende Instandsetzungsarbeiten eingenommenen Mietbeträge und über deren Verwendung verlangen und die Vorlage der Belege anordnen.

V Die Entscheidung des Mieteinigungsamtes (der Bezirkspolizeibehörde) ist endgültig.

1. Vgl. § 6 Abs. 2. Für die nach der Dritten LockerungsVO. freigegebenen Räume gilt die Bestimmung nicht, weil Bayern von der Ermächtigung nach § 22a Ziff. 2 RMG. bisher noch keinen Gebrauch gemacht hat.

Wegen der Erfüllung der Instandsetzungspflicht des Vermieters vgl. die ME. vom 15. Juli 1924 (StAnz. Nr. 164) unten S. 210 —.

III. Sammelheizung und Warmwasserversorgung. Nebenleistungen.

§ 13.

I Die Verteilung der Kosten der Heizstoffe für Sammelheizung und Warmwasserversorgung auf die Hausbewohner bleibt der Vereinbarung der Beteiligten überlassen.

II Kommt ein Einverständnis hierüber nicht zustande,

so entscheidet das Mieteinigungsamt; es verteilt den Gesamtaufwand für Heizstoffe auf die Beteiligten in der Regel nach dem Verhältnisse der beheizten Räume (Kubikraum); dabei sind alle Räume des Anwesens, insbesondere auch die vom Vermieter selbst benützten Räume sowie Räume, für welche nicht die gesetzliche Miete zu zahlen ist, zu berücksichtigen.

§ 14.

I Die Feststellung des Betrages, der von den Nebenleistungen (§ 4 Abs. I) auf die Mieter mit gesetzlicher Miete trifft, sowie dessen Verteilung auf diese bleibt der Vereinbarung der Beteiligten überlassen.

II Kommt ein Einverständnis hierüber nicht zustande, so entscheidet das Mieteinigungsamt. Es hat hierbei für den Regelfall von folgenden Grundsätzen auszugehen:

1. Die Kosten für solche Nebenleistungen, die nur einzelnen Mietern mit gesetzlicher Miete zugutekommen, fallen diesen zur Last;
2. die Kosten für solche Nebenleistungen, an welchen mehrere Mieter teilnehmen, werden auf die Mieter mit gesetzlicher Miete nach dem Verhältnis ihrer Anteilnahme am Genusse der Nebenleistungen umgelegt; dabei sind alle Räume des Anwesens, insbesondere auch die vom Vermieter selbst benützten Räume sowie Räume, für welche nicht die gesetzliche Miete zu zahlen ist, zu berücksichtigen.

§ 15.

Der Vermieter hat dem Mieter auf Verlangen Auskunft über die Höhe der Kosten der Heizstoffe oder der Nebenleistungen zu geben und die erforderlichen Belege vorzulegen.

IV. Untermiete.

§ 16.

I Bei der Berechnung der gesetzlichen Untermiete (§ 14 RMG.) ist festzustellen, welcher Teil der gesetzlichen Hauptmiete auf den leeren untervermieteten Raum unter Berücksichtigung seiner Lage und baulichen Ausstattung entfällt.

Steht die gesetzliche Miete für das Hauptmietverhältnis nicht fest, so ist sie zu errechnen.

II Zu diesem Betrage treten Zuschläge für Nebenleistungen, wie für Überlassung von Einrichtungsgegenständen und für Leistung von Diensten.

III Das Mieteinigungsamt, in Gemeinden ohne Mieteinigungsamt der Stadt- oder Gemeinderat, kann für die Bemessung der Zuschläge nach Abs. II Richtlinien aufstellen.

V. Zusatzmiete.

§ 17.[1]

Zuständig zur Festsetzung der behördlichen Zusatzmiete (§ 13a Abs. 3 RMG.) sind die Regierungen, Kammern des Innern; vor Festsetzung ist dabei in der Regel das örtlich zuständige Mieteinigungsamt, in Gemeinden ohne Mieteinigungsamt der Stadt- oder Gemeinderat anzuhören. Die Festsetzung ist endgültig.

1. Vgl. die Erl. zu § 13a RMG.

VI. Mietervertretung.

§ 18.

Dem freien Ermessen der Mieter eines Hauses ist es überlassen, ob und in welcher Weise sie eine Mietervertretung bestellen wollen.

§ 19.

In Anwesen mit Sammelheizung und Warmwasserversorgung können die hieran beteiligten Mieter — auch durch Mehrheitsbeschluß — eine besondere Mietervertretung bestellen. Ist eine solche Mietervertretung gebildet, so steht ihr ein Mitwirkungs- und Aufsichtsrecht bei Beschaffung, Lagerung und Verwendung der Heizstoffe zu. Der Vermieter hat ihr die Kosten der Heizstoffe nachzuweisen.

VII. Zuständigkeit.

§ 20.

I Gemeindebehörde im Sinne des § 1 Abs. 3 RMG. ist in Städten der Stadtrat, in den übrigen Gemeinden der Gemeinderat.

II Gemeindebehörde im Sinne des § 8 Satz 1 RMG. ist die Bezirkspolizeibehörde, in München, Nürnberg und Fürth i. B. der Stadtrat.

III Die Bescheinigungen nach dem letzten Halbsatz des § 16 Abs. 1 Satz 3 RMG. werden von den Regierungen, Kammern des Innern, erteilt.

VIII. Übergangs- und Schlußbestimmungen.

§ 21.

Diese Verordnung findet nur auf Mietverhältnisse über Gebäude und Gebäudeteile Anwendung, die dem Reichsmietengesetz unterliegen. Sie gilt insbesondere nicht[1] für Mietverträge, die über frei gewordene oder frei werdende Räume nach dem 31. März 1928 auf mehr als zwei Jahre neu abgeschlossen werden und sich entweder ausschließlich auf Geschäftsräume oder auf solche Wohnungen beziehen, die, abgesehen von Küche, Nebengelaß und Mädchenkammer, mindestens sechs Wohnräume mit mindestens hundert Quadratmeter Wohnfläche haben; dies gilt nicht im Falle des Tausches, wenn die Mieter in die beiderseitigen Mietverträge eintreten.

1. Vgl. § 1 Abs. 1 S. 4 RMG. und die Erl. hierzu; ferner die Dritte LockerungsVO. vom 29. März 1928 und Erl. hierzu.

§ 22.

Hat sich ein Vertragsteil nach § 1 Abs. 1 RMG. auf die gesetzliche Miete berufen und kommt über deren Höhe ein Einverständnis nicht zustande, so hat der Mieter bis zu dem Zeitpunkte, für den die Kündigung nach § 565 BGB. zulässig sein würde, den vereinbarten Mietzins fortzuentrichten. Ist bis zu diesem Zeitpunkt keine Einigung erzielt und keine Entscheidung des Mieteinigungsamtes ergangen, so ist mangels einer abweichenden Abrede der Mietparteien der bisher vereinbarte Mietzins bis zur Entscheidung des Mieteinigungsamts vorläufig weiter zu zahlen, falls nicht das Mieteinigungsamt eine anderweitige einstweilige Regelung getroffen hat.[1]

1. Einstweilige Anordnung des MEA. ist nach § 40 Abs. 5 MSchG. möglich. Unterbleibt diese, so gilt mangels Rechtsände-

rung der bisherige Mietzins weiter. Die Feststellung oder Festsetzung der Friedensmiete schafft Recht für den Zeitpunkt der Einführung der gesetzlichen Miete in das Mietverhältnis und zwar auch dann, wenn ein früherer Entscheid des MEA. ergangen war und eine spätere Entscheidung eine andere Festsetzung vorgenommen hat RG. III 128/27 JW. 1928, 2520, das die Frage unerörtert läßt, ob das MEA. befugt ist, für die Geltung der von ihm neu festgesetzten Friedensmiete einen späteren Zeitpunkt festzusetzen als den, von dem an die gesetzliche Miete geschuldet wird.

§ 23.

I Vorstehende Anordnung tritt am 1. April 1928 in Kraft.

II Gleichzeitig werden aufgehoben:

a) Die Bekanntmachung zur Ausführung des Reichsmietengesetzes vom 14. Juni 1922 (StAnz. Nr. 137) mit den Änderungen durch die Bekanntmachungen vom 19. April 1923 (StAnz. Nr. 90), vom 12. Juni 1923 (StAnz. Nr. 133), vom 15. Juli 1924 (GVBl. S. 187, StAnz. Nr. 164) und vom 18. Juli 1924 (GVBl. S. 188, StAnz. Nr. 172),

b) die Verordnung des Gesamtstaatsministeriums über die gesetzliche Miete vom 28. März 1924 (GVBl. S. 139, StAnz. Nr. 75).

III In Kraft bleiben auch weiterhin:

a) die Dritte Verordnung zur Lockerung des Mieterschutzes und der Mietzinsbildung in Bayern vom 29. März 1928 (GVBl. S. 174),

b) die Bekanntmachung über die gesetzliche Miete vom 9. Dezember 1927 (StAnz. Nr. 288) und die Bekanntmachung über die gesetzliche Miete 1928 vom 16. Dezember 1927 (StAnz. Nr. 291).[1]

1. S. unten S. 202.

2. Verordnung über die gesetzliche Miete im Jahre 1929 vom 20. Dezember 1928 StAnz. Nr. 296.

Auf Grund der §§ 2, 6 und 7 der Verordnung über die Mietzinsbildung in Bayern vom 29. März 1928 (GVBl. S. 175, StAnz. Nr. 75) wird verordnet[1,2], was folgt:

1. Die VO. gilt für das Jahr 1929, also ab 1. Januar 1929. Hiernach gilt folgendes:

a) Die gesetzliche Miete beträgt grundsätzlich — wie seit dem 1. Okt. 1927 — 120 % der Friedensmiete.

b) Zu diesem allgemeinen Hundertsatz treten hinzu

α) kraft Gesetzes

bei geschäftlich oder gewerblich benutzten Räumen ein Zuschlag (§ 6 Abs. III, § 7 Abs. I der VO. vom 29. März 1928) in Höhe von 10 % der Friedensmiete bei einer Jahresfriedensmiete bis zu 600 *RM* einschließlich und von 20 % der Friedensmiete bei einer höheren Jahresmiete (Ziff. 4 der VO. und S. 209 oben);

bei Wohn- und Nichtwohnräumen aller Art der Umlagenausgleichszuschlag nach Ziff. 2 der VO.

β) Die Zusatzmiete nach § 13a RMG. für bestimmte bauliche Veränderungen nach dem 1. Juli 1926; soweit diese auf Grund behördlicher Anordnung im öffentlichen Interesse vorgenommen worden sind, kann die Zusatzmiete von der obersten Landesbehörde (§ 17 der VO. vom 29. März 1928 oben S. 199) festgesetzt werden. Wegen der Voraussetzungen der Zusatzmiete im einzelnen vgl. die Erl. zu § 13a RMG. oben S. 171.

γ) Die Beträge des Umlegungsverfahrens nach Ziff. 3 der VO. Das Umlegungsverfahren ist nur zulässig für bestimmte Betriebskosten im Sinne des § 4 Abs. 1 RMG., §§ 7 Abs. II, 8 der VO. vom 29. März 1928; es ist aber abweichend von der bisherigen Praxis, die auf Grund der Ziff. 2 der VO. vom 28. März 1924 (Kiefersauer, Grundstücksmiete II 108) nur für einzelne Gemeinden die Umlegung kraft Anordnung (vgl. die Vorbem. oben S. 191) zugelassen hat, ab 1. Januar 1929 für alle Gemeinden eröffnet, soweit es sich um den Mehraufwand an Betriebskosten für gemeindliche Gebühren und Abgaben gegenüber dem Stand vom 31. Dez. 1928 handelt.

2. Die Höhe der gesetzlichen Miete für die Jahre 1927, 1928 bestimmen die MinBek. vom 30. März 1927 StAnz. Nr. 73 und vom 16. Dez. 1927 StAnz. Nr. 291; hiernach galt folgendes:

a) Die gesetzliche Miete beträgt bis auf weiteres 120 v. H. der Friedensmiete.

b) Die gesetzliche Miete gilt in dieser Höhe auch für Gemeinden, in denen die Gemeindeumlagen niedriger als auf 400 % festgesetzt sind.

c) Für Instandsetzungsarbeiten sind 23 v. H. der Friedensmiete zu verwenden und zwar 7 % für große und 16 % für laufende Instandsetzungsarbeiten.

d) Erhöhung der gesetzlichen Miete um 10 v. H. bei gewerblichen Räumen mit einer Jahresfriedensmiete von mehr als 600 Mk. Wegfall dieses Zuschlages bei Räumen, die vor dem 1. August 1914 zu Wohnzwecken bestimmt oder benützt waren, gegenwärtig aber zu gewerblichen Zwecken verwendet werden.

1. Die gesetzliche Miete beträgt im Jahre 1929 bis auf weiteres 120 v. H. der Friedensmiete. Hiervon sind[3] 19 v. H. der Friedensmiete zur Abgeltung der Verzinsung der aufgewerteten Hypotheken und des eigenen Kapitals, 23 v. H. der Friedensmiete zur Deckung der Kosten für Instandsetzungsarbeiten[4] bestimmt, nämlich 16 v. H. der Friedensmiete für laufende, 7 v. H. der Friedensmiete für große Instandsetzungsarbeiten.

2.[5] In Gemeinden, für deren Bezirk im Rechnungsjahr 1927 oder im Rechnungsjahr 1928 oder in den beiden genannten Rechnungsjahren die Gemeinde-, Bezirks- und Kreisumlagen zur Haussteuer über den für diese Umlagen in der gesetzlichen Miete rechnerisch vorgesehenen Betrag von jährlich 450 v. H. der Haussteuer (9 v. H. der Friedensmiete) erhöht worden sind (Art. 8 Abs. IV des Gesetzes zum Vollzuge des Finanzausgleichsgesetzes in der Fassung der Bekanntmachung vom 5. Sept. 1927, GVBl. S. 283), erhöht sich ab 1. Januar 1929 bis auf weiteres die gesetzliche Miete, soweit die Sätze der genannten Umlagen zur Haussteuer in den Rechnungsjahren 1927 und 1928 zusammen den Betrag von 900 v. H. um je volle 50 v. H. übersteigen, um je 1 v. H. der Friedensmiete; sind die Umlagensätze nur für Teile der Rechnungsjahre 1927 und 1928 erhöht worden, so dürfen bei dieser Berechnung nur die auf diese Jahresteile entfallenden Teilbeträge eingerechnet werden.

Die Gemeindebehörden haben den sich hiernach für ihre Gemeinden errechnenden Hundertsatz der Friedensmiete (gesetzliche Miete) noch vor dem 1. Januar 1929 ortsüblich bekanntzugeben[6] (VO. vom 17. Dez. 1928, StAnz. Nr. 292 mit Entschl.[7] vom gleichen Tage, StAnz. Nr. 292).

3.[8] Die Vermieter sind berechtigt, Mehraufwendungen, die ihnen durch eine nach dem 1. Januar 1929 erfolgte

Einführung neuer gemeindlicher Gebühren und Abgaben, soferne sie als Betriebskosten im Sinne des § 4 RMG. anzusehen sind, oder durch eine nach dem gleichen Zeitpunkt vorgenommene Erhöhung bereits bestehender Gebühren oder Abgaben der genannten Art entstehen, auf die Mieter nach dem Verhältnis der Friedensmieten umzulegen; bei Streit entscheidet das Mieteinigungsamt.

4.[9] Bei gewerblich oder geschäftlich benützten Räumen mit einer Jahresfriedensmiete bis zu 600 *RM* einschließlich erhöht sich die nach Ziffer 1 und 2 festgesetzte gesetzliche Miete bis auf weiteres um 10 v. H. der Friedensmiete, bei gewerblich oder geschäftlich benützten Räumen mit einer höheren Jahresfriedensmiete um 20 v. H. der Friedensmiete. Wird für gewerblich oder geschäftlich benützte Räume und für Wohnräume eine einheitliche Friedensmiete geschuldet, so wird im Streitfalle der auf den gewerblich oder geschäftlich benützten Raum entfallende Teilbetrag der Friedensmiete vom Mieteinigungsamt festgestellt. Der Zuschlag entfällt bei Räumen, die vor dem 1. August 1914 zu Wohnzwecken bestimmt oder benützt waren, gegenwärtig aber zu gewerblichen Zwecken verwendet werden.

3. Die Ausscheidung des für den Zinsendienst der aufgewerteten Hypotheken und des Eigenkapitals bestimmten Teilhundertsatzes ist in § 6 Abs. II der VO. vom 29. März 1928 zwingend vorgeschrieben. Bis zum 1. Januar 1929 galt die Bek. vom 9. Dez. 1927 StAnz. Nr. 288, die den Pauschbetrag für die Aufwertungsverzinsung wie folgt festsetzte:

Zur Abgleichung der Aufwertungsverzinsung sind enthalten in der gesetzlichen Miete für die Monate August 1925 mit Januar 1926 je 10 v. H. (Bek. vom 29. Juli 1925, StAnz. Nr. 173), für die Monate Februar mit Mai 1926 je 12 v. H. (Bek. vom 26. Januar 1926, StAnz. Nr. 21), für die Monate Juni 1926 mit März 1927 je 13 v. H., für die Monate April mit September 1927 je 14 v. H. und für die Zeit vom 1. Oktober 1927 an je 19 v. H. der Friedensmiete.

4. Der Teilhundertsatz für die Deckung der Kosten für Instandsetzungsarbeiten war bereits bisher in dieser Höhe durch die Bek. vom 30. März 1927, StAnz. Nr. 73, und vom 16. Dez. 1927, StAnz. Nr. 291 festgesetzt worden. Wegen des Begriffes der laufenden und großen Instandsetzungsarbeiten vgl. § 5 RMG., § 9 der VO. vom 29. März 1928, wegen der Verwendung der Instandsetzungszuschläge vgl. §§ 10 ff. der VO. oben S. 195 und die Bek. vom 15. Juli 1924 unten S. 216.

5. Ziff. 2 dieser VO. wurde bereits in gleichem Wortlaut am 17. Dez. 1928, StAnz. Nr. 292 als selbständige VO. veröffentlicht. Sie bringt eine weitere Erhöhung der gesetzlichen Miete, den sog. Umlagenausgleichszuschlag, aber nur für einzelne Gemeinden. Die Erhöhung tritt in diesen Gemeinden mit Wirkung vom 1. Januar 1929 an kraft Gesetzes, nämlich kraft der VO. vom 17./20. Dez. 1928 ein, gleichviel, ob eine nach Abs. 2 der VO. vorgeschriebene Beschlußfassung des Gemeinderats oder deren öffentliche ortsübliche Bekanntgabe vor oder nach dem 1. Januar 1929 oder überhaupt nicht erfolgt ist. Dem Beschluß des Gemeinderats, der den auf Grund der VO. sich ergebenden erhöhten Hundertsatz der Friedensmiete festzustellen hat, kann nur eine deklaratorische, nicht etwa eine konstitutive Bedeutung beigemessen werden. Sein Fehlen oder seine Mängel bewirken keine Änderung der durch die VO. auf Grund der in den Rechnungsjahren 1927 und 1928 erhobenen Umlagen für Kreis, Bezirk und Gemeinde erhobenen Umlagenhundertsätze getroffenen Rechtslage.

Die Erhöhung der gesetzlichen Miete gilt unabänderlich ab 1. Januar 1929, gleichviel wann der Beschluß des Gemeinderats gefaßt ist. Der Gemeinderat ist weder befugt einen früheren Zeitpunkt zu bestimmen, noch etwa einen späteren Termin des Inkrafttretens festzusetzen; eine abweichende Regelung wäre ungültig. Die Erhöhung gilt — ohne Einschränkung — bis auf weiteres, d. h. bis zu einer neuen verordnungsmäßigen Regelung.

Die Höhe der Steigerung der gesetzlichen Miete ist eindeutig bestimmt: für je volle 50 v. H. des den jährlichen Normalsatz (450%) für die zusammengerechneten Rechnungsjahre 1927 u. 1928 übersteigenden Hundertsatzes wird die gesetzliche Miete um 1 v. H. der Friedensmiete erhöht. Erhöhungen der Rechnungsjahre 1929 und folgende bleiben zunächst unberücksichtigt. Die Ziff. 2 der VO. will nur bisher eingetretene Mehrbelastungen des Hausbesitzers ausgleichen. Auch Umlagenminderungen nach dem 1. Januar 1929 berühren die Erhöhung nicht: nur eine ausdrückliche Verordnung kann die neu eingeführte Rechtslage ändern. Die Fortdauer erhöhter Umlagenbelastung über das Rechnungsjahr 1928 hinaus würde den Vermieter keinesfalls zur Umlegung des Mehraufwandes nach Ziff. 3 der VO. berechtigen.

6. Die Bekanntmachung entfällt in allen Gemeinden, in denen in den Rechnungsjahren 1927 und 1928 der Normalsatz von 400 % Gemeinde- (und Bezirks-) umlagen und 50% Kreisumlagen nicht erreicht oder nicht überschritten worden ist. Hier tritt eine Erhöhung der gesetzlichen Miete ab 1. Januar 1929 nicht ein.

7. Diese VollzBek. lautet:

1. Nach Art. 8 Abs. IV des Gesetzes zum Vollzuge des Finanzausgleichsgesetzes i. d. F. der Bek. vom 5. Sept. 1927 (GVBl. S. 283) dürfen in den Rechnungsjahren 1927 und 1928 mit Genehmigung der Staatsaufsichtsbehörde die Gemeinden ihre Umlagen zur Haussteuer um höchstens 90 v. H., die Bezirke um

höchstens 30 v. H. und die Kreise um höchstens 10 v. H. dieser Steuer erhöhen, wenn sie trotz Ausschöpfung aller sonstigen zur Verfügung stehenden steuerlichen Einnahmequellen nicht in der Lage sind, ihren Haushalt abzugleichen. Die Umlagen der Gemeinden und Bezirke zur Haussteuer dürfen 490 v. H. dieser Steuer nicht übersteigen.

In der gesetzlichen Miete (120 v. H. der Friedensmiete) sind gegenwärtig an Umlagen zur Haussteuer jährlich nur 450 v. H. der staatlichen Haussteuer (9 v. H. der Friedensmiete) rechnerisch berücksichtigt, so daß sich in den Gemeinden, für deren Bezirk nach der vorgenannten Vorschrift die Umlagen zur Haussteuer für die Rechnungsjahre 1927 und 1928 über die normalen Sätze erhöht worden sind, für den Hausbesitz ein durch die gesetzliche Miete nicht gedeckter Mehraufwand ergibt. Den Ausgleich dieses Mehraufwandes soll die Verordnung über die Mietzinsbildung in Bayern vom 17. Dez. 1928 Nr. 1844 a 39 herbeiführen.

2. Nach dieser Verordnung haben die Gemeindebehörden den Hundertsatz der Friedensmiete, der nach der Verordnung in ihren Gemeinden nunmehr als gesetzliche Miete zu gelten hat, festzusetzen und noch vor dem 1. Januar 1929 ortsüblich bekanntzugeben. Hiebei ist in folgender Weise zu verfahren:

Die Gemeindebehörden stellen fest, welche Sätze für Gemeinde-, Bezirks- und Kreisumlagen in ihren Gemeinden für die Rechnungsjahre 1927 und 1928 erhoben worden sind; Umlagensätze, welche nur für einen Teil eines Rechnungsjahres gelten, sind dabei auf das ganze Rechnungsjahr umzurechnen. Von der Summe dieser Sätze, ausgedrückt in Hundertsätzen der Haussteuer, ist der Betrag von 900 v. H. der Haussteuer abzuziehen. Der Restbetrag durch 50 geteilt ergibt die Mieterhöhung, in Hundertteilen der Friedensmiete ausgedrückt, da je 50 v. H. der Haussteuer 1 v. H. der Friedensmiete entsprechen.

Erstes Beispiel: In einer Gemeinde wurden im ganzen Rechnungsjahr 1927 400 v. H. der Haussteuer an Gemeinde- und Bezirksumlagen erhoben sowie 50 v. H. der Haussteuer für die Kreisumlagen. Im ganzen Rechnungsjahr 1928 waren die entsprechenden Beträge: 490 v. H. der Haussteuer an Gemeinde- und Bezirksumlagen, 60 v. H. der Haussteuer an Kreisumlagen. Der Gesamtbetrag der Sätze ist deshalb (450 + 550) v. H. der Haussteuer. In der gesetzlichen Miete der beiden Jahre waren nur 900 v. H. der Haussteuer für die genannten Umlagen berücksichtigt. Es ergibt sich somit ein Mehrbetrag von (1000—900) v. H. = 100 v. H. der Haussteuer, von welchem je 50 v. H. der Haussteuer 1 v. H. der Friedensmiete entsprechen; die Mieterhöhung beträgt also 2 v. H. der Friedensmiete, die gesetzliche Miete also vom 1. Januar 1929 ab 122 v. H. der Friedensmiete.

Ergeben sich bei dieser Berechnungsweise Bruchteile eines Hundertteiles der Friedensmiete, so müssen diese unberücksichtigt gelassen werden.

Zweites Beispiel: In einer Gemeinde wurden im ganzen Rechnungsjahr 1927 400 v. H. der Haussteuer an Gemeinde- und Bezirksumlagen erhoben, sowie 50 v. H. der Haussteuer für die Kreisumlagen. Im ganzen Rechnungsjahr 1928 betragen die Gemeinde- und Bezirksumlagen 400 v. H. der Haussteuer, die Kreisumlagen 60 v. H., Gesamtbetrag 910 v. H. der Haussteuer. Mehrbelastung 10 v. H., also unter 50 v. H. der Haussteuer oder unter 1 v. H. der Friedensmiete, daher unberücksichtigt zu lassen.

Gelten Umlagensätze nur für Teile eines Rechnungsjahres, so ist wie folgt zu verfahren:

Drittes Beispiel: In einer Gemeinde betragen die Gemeinde- und Bezirksumlagen für die Zeit vom 1. April bis 1. Oktober 1927 400 v. H., die Kreisumlagen 50 v. H. der Haussteuer: ab 1. Oktober 1927 — vor diesem Zeitpunkt konnte nach der ME. vom 29. Juli 1927 Nr. 355 I 217 eine Umlagenerhöhung nicht erfolgen — betragen die Sätze für die Gemeinde- und Bezirksumlagen 490 v. H., für Kreisumlagen 60 v. H. Für das ganze Rechnungsjahr 1928 waren in der gleichen Gemeinde die Gemeinde- und Bezirksumlagen auf 490 v. H., die Kreisumlagen auf 60 v. H. festgesetzt. Die ab Oktober 1927 vorgenommene Umlagenerhöhung um 100 v. H. galt also im Rechnungsjahr 1927 nur für die Zeit vom 1. Oktober 1927 bis 1. Apil 1928, also für ein halbes Jahr, so daß sie, auf das ganze Rechnungsjahr 1927 umgerechnet, nur eine Umlagenerhöhung von 50 v. H. bedeutet; für das ganze Rechnungsjahr 1927 ergibt sich daher ein Gesamtumlagensatz von (450 + 50) v. H. = 500 v. H. der Haussteuer, für die beiden ganzen Rechnungsjahre 1927 und 1928 zusammen von (500 + 550) v. H. = 1050 v. H. Mehrbelastung 150 v. H. der Haussteuer = 3 v. H. der Friedensmiete.

3. Die gemeindlichen Aufsichtsbehörden werden angewiesen, den Gemeindebehörden bei der Festsetzung des Hundertsatzes der Friedensmiete nach Möglichkeit an die Hand zu gehen. Ein Abdruck der Bekanntmachung über die örtliche Mietfestsetzung ist dem Staatsministerium für Landwirtschaft und Arbeit (Abt. Arbeit) vorzulegen.

8. Das neu eingeführte Umlegungsverfahren (s. Vorbem.) gilt nur für den Mehraufwand des Vermieters für gemeindliche Gebühren und Abgaben, soweit solche als Betriebskosten nach § 4 Abs. 1 RMG., § 8 der VO. vom 29. März 1928 anzusehen sind. Hiernach kommen in Betracht: Gebühren für die Benützung gemeindlicher Anstalten, Unternehmungen und Einrichtungen, z. B. Wasserzins, Gebühren für Kanalbenützung, Hausunratabfuhr, Straßenreinigung, Kanalreinigung. Da die Aufzählung des § 8 keine erschöpfende ist, wie schon aus dem Worte z. B. hervorgeht, können auch noch andere Gebühren und Abgaben in Frage kommen, z. B. die in manchen Gemeinden eingeführte Feuerschutzabgabe. In allen Fällen aber muß es sich um Beitragsleistungen für die Benutzung oder Bereithaltung gemeindlicher Ein-

richtungen handeln. Nur gemeindliche Gebühren und Abgaben kommen hier in Betracht. Beiträge für staatliche oder private Unternehmungen gehören nicht hieher; eine Erhöhung der Beiträge zur Brandversicherung oder zur Haftpflicht- oder Wasserschadenversicherung berechtigt den Vermieter nicht zur Umlegung des Mehraufwandes.

Nur der Mehraufwand an Betriebskosten kommt in Betracht. Maßgebend für die Ermittlung des Mehraufwandes ist immer der Stand der als Betriebskosten anzusehenden gemeindlichen Gebühren und Abgaben am 31. Dez. 1928. Die an diesem Stichtag vorhandene Belastung ist durch die gesetzliche Miete in Höhe von 120 % abgegolten; besondere Anordnungen der Umlegung der Betriebskosten überhaupt auf Grund der Ziff. 2 der VO. vom 28. März 1924 (Kiefersauer, Grundstücksmiete II, 108) bleiben aufrechterhalten und werden durch Ziff. 3 dieser VO. nicht berührt (s. Vorbem.). Unerheblich ist, ob der umzulegende Mehraufwand auf der Neueinführung oder auf einer Erhöhung der bezeichneten gemeindlichen Gebühren und Abgaben beruht; gleichgültig ist auch, ob die Neueinführung oder Erhöhung vor oder nach dem 1. Januar 1929 erfolgt ist: trotz des scheinbar entgegenstehenden Wortlautes ist entscheidend, daß der Mehraufwand nach dem 1. Januar 1929 notwendig geworden war, mag der Beschluß der Neueinführung der Erhöhung mit Wirkung vom 1. Januar 1929 auch vorher erfolgt sein.

Die Umlegung des Mehraufwandes erfolgt nach dem Verhältnis der Friedensmieten des Hauses; die vom Vermieter selbst benutzten Räume sind mit ihrer Friedensmiete in Ansatz zu bringen. Bei Streitigkeiten entscheidet das MEA.; dessen Entscheidung ist nach § 41 MSchG. binnen einer Notfrist von zwei Wochen mit der Rechtsbeschwerde anfechtbar.

9. Gewerblich oder geschäftlich benutzte Räume. Für sie gilt ab 1. Januar 1929 eine erhöhte gesetzliche Miete. Bisher waren zuschlagspflichtig nur solche Räume, für die eine Jahresfriedensmiete von mehr als 600 Reichsmark galt (Anm. 2). Nunmehr ist ein Zuschlag von 10 % für Räume mit einer Jahresfriedensmiete bis zu 600 Reichsmark und ein Zuschlag von 20 % für alle übrigen gewerblich oder geschäftlich benutzten Räume zu entrichten. In Betracht kommen Räume, in denen ein Gewerbe oder ein Geschäft betrieben wird; gemeint sind Geschäftsräume aller Art. Zu beachten ist indes, daß die berufliche Verwendung eines Raumes durch einen Nichtgeschäftsmann, z. B. eines Arztes, eines Rechtsanwalts, den Raum noch nicht zu einem geschäftlich benutzten Raum macht; denn der Begriff „beruflich" ist weitergehend als „geschäftlich", § 4 MSchG. Anm. 1 oben S. 27. Nicht zuschlagspflichtig sind wie bisher solche Räume, wenn sie vor dem 1. August 1914 zu Wohnzwecken bestimmt oder benutzt waren, gegenwärtig aber zu gewerblichen oder geschäftlichen Zwecken verwendet werden.

Der Zuschlag von 10 bzw. 20% wird grundsätzlich berechnet von 120% der Friedensmiete; in Gemeinden, in denen der Umlagenausgleichszuschlag nach Ziff. 2 der VO. erhoben wird, müssen diese Zuschläge dem Normalbetrag der gesetzlichen Miete (120%) hinzugerechnet und von der Gesamtsumme der gesetzlichen Miete der gewerbliche Zuschlag von 10 bzw. 20% erhoben werden.

3. Lockerungsverordnungen — s. oben S. 94.

4. Verordnung über die Entrichtung einer Abgabe zum Ausgleich der Geldentwertung bei bebauten Grundstücken.

Vom 23. Juni 1926 (GVBl. S. 329).

Auf Grund des § 31 der 3. Steuernotverordnung vom 14. Februar 1924 (RGBl. I S. 74) wird Abschnitt F der Verordnung vom 31. März 1924 über die Entrichtung der Haussteuer und einer Abgabe zum Ausgleich der Geldentwertung bei bebauten Grundstücken in der Fassung der Verordnungen vom 19. Mai 1925 (GVBl. S. 152) und vom 29. Juli 1925 (GVBl. 1926 S. 205) mit Wirkung vom 1. Juli 1926 durch folgende Bestimmungen ersetzt:[1]

F.

I An Stelle der in §§ 26 ff. der 3. Steuernotverordnung vorgesehenen Abgabe zum Ausgleich der Geldentwertung bei bebauten Grundstücken werden Zuschläge zur Haussteuer erhoben. Dabei ist bei arealsteuerpflichtigen Gebäuden der Zuschlag nur aus der Hälfte der Arealsteuer zu berechnen, wenn die überbaute und zu Hofräumen verwendete Fläche 10 Ar nicht übersteigt.

Ausgenommen von der Abgabe zum Ausgleich der Geldentwertung sind Grundstücke, die dauernd landwirtschaftlichen, forstwirtschaftlichen oder gärtnerischen Zwecken zu dienen bestimmt sind. Dienen die zu einer wirtschaftlichen Einheit gehörenden bebauten Grundstücke zum Teil landwirtschaftlichen, forstwirtschaftlichen oder gärtnerischen Zwecken, zum Teil gewerblichen oder anderen Zwecken, so sind die Grundstücke nur dann befreit, wenn die ersteren

Zwecke überwiegen. Die Wohnung des Landwirts selbst und seines Gesindes gilt zu landwirtschaftlichen Zwecken bestimmt. Die Zuschläge werden vom Staatsministerium der Finanzen im Benehmen mit dem Staatsministerium für Soziale Fürsorge monatlich festgesetzt und sind mit der Haussteuer einzubezahlen. Die für die Entrichtung der Haussteuer maßgebenden Vorschriften gelten auch für diese Zuschläge.

1. Vgl. Kiefersauer Grundstücksmiete Bd. II S. 151.

II Von diesen Zuschlägen sind auf Antrag befreit:

1. Neubauten oder durch Um- oder Einbauten neugeschaffene Gebäudeteile, wenn der Bau erst nach dem 1. Juli 1918 bezugsfertig geworden ist. Die Belastung solcher Neubauten, die mit Beihilfen aus öffentlichen Mitteln ausgeführt worden sind, ist in der Verordnung vom 15. Oktober 1924 über den Vollzug des § 29 der Dritten Steuernotverordnung (GVBl. S. 207) geregelt;
2. öffentliche Körperschaften für die in ihrem Eigentume stehenden und von ihnen für öffentliche Zwecke benutzten Gebäude;
3. inländische Personenvereinigungen und Vermögensmassen, die nach der Satzung, Stiftung oder sonstigen Verfassung ausschließlich gemeinnützigen, mildtätigen, ethischen oder religiösen Zwecken dienen, für die in ihrem Eigentum stehenden und von ihnen für diese Zwecke benutzten Gebäude;
4. Botschaften, Gesandtschaften und Konsulate für die im Eigentum des Entsendestaates stehenden und von ihnen für ihre Zwecke benutzten Gebäude, sofern Gegenseitigkeit gewährt wird;
5. Einfamilienhäuser, die vor dem 1. Juli 1918 bezugsfertig hergestellt und zu diesem Zeitpunkt mit nicht mehr als 20 vom Hundert des Friedenswertes belastet waren, sofern sie ausschließlich vom Eigentümer und seiner Familie bewohnt werden und die Wohnfläche nicht mehr als 70 Quadratmeter beträgt. Die Freistellung wird nicht dadurch ausgeschlossen,

daß das Einfamilienhaus zum geringen Teil auf Grund behördlicher Maßnahmen vermietet worden ist.

Liegen die Voraussetzungen in Ziff. 1—4 nur für einen Teil des Gebäudes vor, so bezieht sich die Befreiung nur auf diesen Teil.

III Soweit vor dem 14. Februar 1924 auf einem Grundstücke eine privatrechtliche wertbeständige Last gemäß der Verordnung über die Eintragung von Hypotheken in ausländischer Währung vom 13. Februar 1920 (RGBl. S. 231) oder dem Gesetze über wertbeständige Hypotheken vom 23. Juni 1923 (RGBl. I S. 407) eingetragen ist, ist der dem Werte der aus der Last sich ergebenden laufenden Geldverpflichtung entsprechende Geldbetrag dem Grundstückseigentümer auf seinen Antrag aus der auf das Grundstück treffenden Abgabe zu erstatten. Das gleiche gilt für die auf Grund des Gesetzes über das Zusatzabkommen zum Abkommen vom 6. Dezember 1920 zwischen dem Deutschen Reich und der Schweizerischen Eidgenossenschaft, betreffend schweizerische Goldhypotheken in Deutschland und gewisse Arten von Frankenforderungen an deutsche Schuldner, vom 23. Juni 1923 (RGBl. II S. 284) aus der Umwandlung einer schweizerischen Goldhypothek entstandenen Frankengrundschulden sowie für solche Hypotheken in in- oder ausländischer Währung, die der Grundstückseigentümer zur Ablösung dieser Frankengrundschuld aufnimmt. Zu den laufenden Geldverpflichtungen gehören in diesem Falle auch Tilgungsbeträge, die zur Abtragung der Frankengrundschuld angesammelt werden. Die näheren Bestimmungen darüber, in welcher Höhe Tilgungen als angemessen anzusehen sind, trifft das Staatsministerium der Finanzen.

IV Grundstücke, die am 31. Dezember 1918 unbelastet waren, sind auf Antrag von der Abgabe befreit. Hat am 31. Dezember 1918 die dingliche privatrechtliche Belastung nicht mehr als 40 vom Hundert des Friedenswertes betragen, so wird die Abgabe auf Antrag ermäßigt. Sie beträgt:

bei einer Belastung bis zu 20 vom Hundert des Friedenswertes nicht mehr als 8 vom Hundert der Friedensmiete, bei einer Belastung bis zu 30 vom Hundert des Friedenswertes nicht mehr als 15 vom Hundert der Friedensmiete,

bei einer Belastung bis zu 40 vom Hundert des Friedenswertes nicht mehr als 25 vom Hundert der Friedensmiete.

Beträgt die Belastung über 40 vom Hundert des Friedenswertes, so ist die Abgabe im vollen Betrage zu entrichten.

Als dingliche privatrechtliche Lasten gelten nicht Hypotheken, die gemäß den §§ 1187, 1190 BGB. zur Sicherung von Schuldverschreibungen auf den Inhaber eingetragen worden sind, und Hypotheken, die nachweislich zum Zwecke der Zeichnung von Kriegsanleihe aufgenommen worden sind.

Bei der Berechnung der Belastung ist von dem Nennbetrage der eingetragenen dinglichen privatrechtlichen Lasten auf Antrag der Nennbetrag der bis zum 31. Dezember 1918 erfolgten Tilgung abzusetzen. Als Tilgung gilt insbesondere die Zahlung des Kapitals oder Ablösungsbetrags, die Vereinigung von Schuld und Forderung in einer Person, die Zahlung von Tilgungsraten.

Das Staatsministerium der Finanzen ist, wenn die Miete 100 vom Hundert der Friedensmiete übersteigt, im Einvernehmen mit dem Staatsministerium für Soziale Fürsorge ermächtigt, die Vergünstigungen nach Abs. 1 dieser Ziffer soweit auszuschließen, als die Steuer auf den Teil der Miete entfällt, der 100 vom Hundert der Friedensmiete übersteigt.

V Als Friedenswert im Sinne dieser Vorschriften gilt der Wehrbeitragswert oder wo ein solcher nicht festgestellt wurde, der 20fache Betrag der Friedensmiete. Soweit der Wehrbeitragswert für die Berechnung der Vermögenssteuer 1924 berichtigt wurde, ist der berichtigte Wert maßgebend.

VI Die Befreiungen nach Abschn. II—IV treten, soweit den Anträgen stattgegeben wird, mit Beginn des Rechnungsvierteljahres, in dem der Antrag gestellt wird, in

Wirksamkeit. Aus besonderen Billigkeitsgründen kann eine Befreiung auch für die vorangegangene Zeit, jedoch nicht über das laufende Rechnungsjahr zurück zugestanden werden.

VII Der Ertrag dieser Zuschläge (Abschn. F) wird zu einem Drittel den Gemeinden nach Maßgabe des örtlichen Aufkommens überwiesen. Die Auszahlung erfolgt unmittelbar durch das Finanzamt. Die Gemeinden können für das einzelne Rechnungsjahr spätestens ein Monat vor Beginn des Rechnungsjahrs beschließen, daß der ihnen zugewiesene Anteil ganz oder teilweise unerhoben bleibt.

VIII Die Vorschrift in Art. 10 Ziff. 26 VGG. wird auf die Abgabe zum Ausgleich der Geldentwertung nicht ausgedehnt.

Die erforderlichen Vollzugsvorschriften erläßt das Staatsministerium der Finanzen. Die Bekanntmachung vom 18. November 1924 über die Abgabe zum Ausgleich der Geldentwertung bei bebauten Grundstücken, GVBl. S. 234, wird aufgehoben.

5. Verordnung über die Erhebung einer Abgabe zur Förderung des Wohnungsbaues und für Kulturzwecke und über die Entrichtung einer Abgabe zum Ausgleich der Geldentwertung bei bebauten Grundstücken.

Vom 4. April 1927 (GVBl. S. 116).

Auf Grund des § 8 des Gesetzes vom 1. Juni 1926 über den Geldentwertungsausgleich bei bebauten Grundstücken (RGBl. I S. 251) werden

die Abgabe zur Förderung des Wohnungsbaues und für Kulturzwecke für die Zeit ab 1. April 1927 auf 700 v. H., für die Zeit ab 1. Oktober 1927 auf 850 v. H. der Haussteuer,

die Abgabe zum Ausgleich der Geldentwertung bei bebauten Grundstücken für die Zeit ab 1. April 1927 auf 1550 v. H., für die Zeit ab 1. Oktober 1927 auf 1650 v. H. der Haussteuer festgesetzt.

Soweit die Abgabe zum Ausgleich der Geldentwertung 1450 v. H. der Haussteuer übersteigt, sind die in Abschn. IV Abs. 1 der Verordnung vom 23. Juni 1926 über die Entrichtung einer Abgabe zum Ausgleich der Geldentwertung bei bebauten Grundstücken (GVBl. S. 329) vorgesehenen Vergünstigungen ausgeschlossen. Hiernach haben als Abgabe zum Ausgleich der Geldentwertung zu entrichten:

Grundstücke, die am 31. Dezember 1918 unbelastet waren, ab 1. April 1927 100 v. H., ab 1. Oktober 1927 200 v. H. der Haussteuer. Hat am 31. Dezember 1918 die dingliche privatrechtliche Belastung nicht mehr als 40 v. H. des Friedenswertes betragen, so beträgt die Abgabe

- bei einer Belastung bis zu 20 v. H. des Friedenswertes ab 1. April 1927 500 v. H., ab 1. Oktober 1927 600 v. H. der Haussteuer,
- bei einer Belastung bis zu 30 v. H. des Friedenswertes ab 1. April 1927 850 v. H., ab 1. Oktober 1927 950 v. H. der Haussteuer,
- bei einer Belastung bis zu 40 v. H. des Friedenswertes ab 1. April 1927 1350 v. H., ab 1. Oktober 1927 1450 v. H. der Haussteuer;
- beträgt die Belastung über 40 v. H. des Friedenswertes, so ist die Abgabe ab 1. April 1927 im vollen Betrage mit 1550 v. H., ab 1. Oktober 1927 mit 1650 v. H. der Haussteuer zu entrichten.

Im übrigen gilt die Verordnung vom 23. Juni 1926 über die Entrichtung einer Abgabe zum Ausgleich der Geldentwertung bei bebauten Grundstücken.[1]

1. Dazu die Vollzugsbek. vom gleichen Tage.

1. Während bisher die Einhebung der Zuschläge zum Ausgleich der Geldentwertung nach der Bekanntmachung vom 18. Nov. 1924 (GVBl. S. 234) für arealsteuerpflichtige Gebäude allgemein ohne Rücksicht auf die Art und die Verwendung des Gebäudes ausgesetzt war, sind ab 1. Juli 1926 von der Abgabe nur noch solche Grundstücke ausgenommen, die dauernd landwirtschaftlichen, forstwirtschaftlichen oder gärtnerischen Zwecken zu dienen bestimmt sind. Gebäude, die anderen, insbesondere gewerblichen Zwecken dienen, z. B. Landhäuser, Gastwirtschaften, Wohngebäude, unterliegen

künftighin der Abgabe in Arealsteuergemeinden ebenso wie in Mietsteuergemeinden. Die Arealsteuer kommt jedoch für die Berechnung der Abgabe, wenn die überbaute und zu Hofräumen verwendete Fläche 10 Ar nicht übersteigt, nur mit der Hälfte in Ansatz, d. h. die Abgabe ist in diesen Fällen nur mit der Hälfte zu erheben.

Die Befreiung der landwirtschaftlichen, forstwirtschaftlichen und gärtnerischen Grundstücke ist an keinen Antrag gebunden, sie ist von Amts wegen zu berücksichtigen. Ob die Voraussetzungen für die Befreiung gegeben sind, ist zunächst, vorbehaltlich der Entscheidung des Finanzamts, von der Gemeindebehörde festzustellen. Diese hat dem Finanzamt entweder ein Verzeichnis der steuerpflichtigen oder ein Verzeichnis der steuerfreien Gebäude unverzüglich vorzulegen.

2. Die Abgabe zum Ausgleich der Geldentwertung wird mit der Haussteuer fällig und ist mit dieser einzubezahlen. Soweit die Haussteuer in vierteljährlichen Raten zu entrichten ist, ist auch die Abgabe vierteljährlich zu entrichten.

3. Die in Abschn. F Ziff. II—IV der Verordnung erwähnten Befreiungen und Vergünstigungen treten nur auf Antrag ein. Auf die Möglichkeit solcher Befreiungen oder Vergünstigungen ist von den Finanzämtern nicht nur nach Erlaß dieser Bekanntmachung, sondern auch jeweils bei Bekanntgabe der Einzahlungstermine öffentlich hinzuweisen.

4. Nach der Verordnung vom 31. März 1924 konnte der Eigentümer eines Grundstückes, das am 1. Juli 1914 entweder unbelastet war oder dessen dingliche privatrechtliche Belastung nicht mehr als 20 vom Hundert des Wehrbeitragswertes betrug, beantragen, daß die Abgabe soweit herabgesetzt wird, daß Haussteuer mit Umlagen und Zuschlägen 20 vom Hundert der Friedensmiete nicht übersteigen. Stichtag ist nunmehr der 31. Dezember 1918. Die Grundstücke, die am 31. Dezember 1918 unbelastet waren, sind auf Antrag von der Abgabe befreit. War das Grundstück am 31. Dezember 1918 zwar belastet, aber nicht höher als 40 vom Hundert des Friedenswertes belastet, so ermäßigt sich die Abgabe nach näherer Vorschrift des Abs. IV der Verordnung. Die für das Grundstück zu entrichtende Haussteuer samt Umlagen sowie die Zuschläge zur Förderung des Wohnungsbaues werden hiedurch nicht berührt. Die erforderlichen Nachweise über die Höhe der Belastung hat der Antragsteller selbst zu beschaffen.

5. Nach Ziff. IV Abs. 2 der Verordnung gelten als dingliche privatrechtliche Lasten nicht Hypotheken, die gem. den §§ 1187, 1190 BGB. zur Sicherung von Schuldverschreibungen auf den Inhaber eingetragen worden sind. Sonstige Sicherungshypotheken einschließlich der Höchstbetragshypotheken (BGB. § 1190) sind wie gewöhnliche Hypotheken zu behandeln. Bei

ihnen gilt als Belastung des Grundstücks der Betrag der Forderung am 31. Dezember 1918.

6. Die bisher zum Vollzuge der Abgabe zum Ausgleich der Geldentwertung erlassenen Vorschriften gelten unverändert fort, soweit sie nicht mit der Verordnung vom 23. Juni 1926 und dieser Bekanntmachung in Widerspruch stehen. Hiernach bleiben insbesondere aufrechterhalten die Vorschriften über die Berücksichtigung wirtschaftlicher Not des steuerpflichtigen Hausbesitzers und des Mieters, über die Ermäßigung der Abgabe bei höherer als gesetzlicher Aufwertung und über Ermäßigung der Abgabe für Saisonbetriebe und unbenützte Geschäftsräume.

6. Bekanntmachung zur Ausführung des § 6 des Reichsmietengesetzes.

Vom 15. Juli 1924 (StAnz. Nr. 164).

Zur Ausführung des § 6 des Reichsmietengesetzes wird auf Grund des § 21 dieses Gesetzes, sowie auf Grund des § 27 der 3. Steuernotverordnung unter Aufhebung der §§ 17 und 18 der Ausführungsbekanntmachung zum Reichsmietengesetz vom 14. Juni 1922 (StAnz. Nr. 137) angeordnet:

I. Zu § 6 Abs. 1 S. 2 RMG.

Der Vermieter hat der Mietervertretung den Nachweis über die Verwendung des für laufende Instandsetzungsarbeiten bestimmten Anteils der gesetzlichen Miete auf Verlangen jährlich zweimal zu erbringen, nämlich in der ersten April- und in der ersten Oktoberhälfte jeden Jahres. Der Nachweis ist in der Weise zu führen, daß der Vermieter der Mietervertretung eine Zusammenstellung über die im abgelaufenen Halbjahre zur Deckung der Kosten laufender Instandsetzungsarbeiten eingenommenen Mietbeträge sowie über die in diesem Zeitraum ausgeführten laufenden Instandsetzungsarbeiten und die hiefür erwachsenen Kosten mitzuteilen hat. Soweit die Belege nicht schon dieser Mitteilung beigefügt werden, ist der Mietervertretung auf Verlangen Einsicht in die Belege zu gewähren; die Mitteilung hat in diesem Falle darauf hinzuweisen, wann und wo die Belege zur Einsichtnahme aufliegen.

Besteht in einem Anwesen keine Mietervertretung, so hat der Vermieter auf Verlangen den einzelnen Mietern oder ihren Bevollmächtigten über die Verwendung des für laufende Instandsetzungsarbeiten bestimmten Anteiles der gesetzlichen Miete zu den in Abs. 1 genannten Zeiten genügende Auskunft zu erteilen.

Vermieter, die diesen Verpflichtungen nicht nachkommen, können von der Ortspolizeibehörde zur Vorlage des Verwendungsnachweises angehalten werden (Art. 21 des Polizeistrafgesetzbuches); übrigens machen sich solche Vermieter auch strafbar nach der noch in Geltung befindlichen Anordnung des Generalstaatskommissars über Mietzinszahlung vom 26. Oktober 1923 (StAnz. Nr. 251).

II. Zu § 6 Abs. 2 RMG.

1. Hat der Vermieter die Ausführung notwendiger laufender Instandsetzungsarbeiten unterlassen oder die Gelder nicht sachgemäß verwendet, so hat das Mieteinigungsamt, in Gemeinden ohne Mieteinigungsamt die Bezirkspolizeibehörde, auf Antrag der Mietervertretung oder auf Antrag eines Mieters oder von Amts wegen die sachgemäße Ausführung der Instandsetzungsarbeiten durch geeignete Anordnungen zu sichern. Das gleiche gilt, wenn der Vermieter die Ausführung solcher Arbeiten verweigert oder wenn Tatsachen vorliegen, welche die nichtsachgemäße Verwendung der Gelder befürchten lassen.

Welche Anordnungen zur Ausführung laufender Instandsetzungsarbeiten im Einzelfalle zu treffen sind, bleibt dem Ermessen des Mieteinigungsamtes bzw. der Bezirkspolizeibehörde überlassen. Das Mieteinigungsamt (die Bezirkspolizeibehörde) kann insbesondere dem Vermieter eine Frist zur Ausführung der Instandsetzungsarbeiten setzen und nach dem ergebnislosen Ablauf der Frist die Arbeiten selbst in Auftrag geben. Zur Sicherung der Kostendeckung kann dabei angeordnet werden, daß die Mieter einen entsprechenden Teil des Mietzinses — jedoch nicht mehr als den für laufende Instandsetzungsarbeiten bestimmten Anteil der gesetzlichen Miete — nicht an den Vermieter, sondern an eine bestimmte gemeindliche Stelle oder an einen sonstigen Empfangsberechtigten (z. B. an das mit der Ausführung der Instandsetzungsarbeiten betraute Geschäft, an eine Bank zur Gutschrift der Beträge auf das Konto des die Arbeiten ausführenden Geschäftes usw.) zu zahlen haben. Soweit die Zahlung von Teilbeträgen des Mietzinses an eine gemeindliche Stelle angeordnet ist, können rückständige Beträge der Mieter vom Stadt- oder Gemeinderate wie Gemeindeabgaben beigetrieben werden.

2. Das Mieteinigungsamt (die Bezirkspolizeibehörde) entscheidet auch darüber, ob die Vornahme einer laufenden Instandsetzungsarbeit „erforderlich" im Sinne des § 28 des Gesetzes über Mieterschutz und Mieteinigungsämter vom 1. Juni 1923 (RGBl. S. 353) ist. Bei der Auslegung des Begriffes: „erforderlich" ist kein zu strenger Maßstab anzulegen, insbesondere dann nicht, wenn der zur Deckung der Kosten laufender Instandsetzungsarbeiten bestimmte Teil der Miete noch nicht aufgebraucht ist.

3. Das Mieteinigungsamt (die Bezirkspolizeibehörde) hat die Entscheidung unter Vermeidung aller Umständlichkeiten auf die rascheste und einfachste Weise zu treffen. Mieteinigungsamt und Bezirkspolizeibehörde können vom Vermieter alle benötigten Auskünfte, insbesondere über die Höhe der zur Deckung der Kosten für laufende Instandsetzungsarbeiten eingenommenen Mietbeträge und über deren Verwendung verlangen und die Vorlage der Belege anordnen.

Die Entscheidungen sind endgültig.[1]

1. Dazu die Vollz.Bek. vom gleichen Tage (über die Erfüllung der Instandsetzungspflicht des Vermieters).

Mit Bekanntgabe vom Heutigen sind neue Anordnungen zur Durchführung des § 6 Abs 2 RMG. getroffen worden. Es erscheint veranlaßt, über den Vollzug dieser Bekanntmachung, sowie über die Rechtslage im allgemeinen folgendes zu bemerken:

Die Klagen darüber, daß manche Vermieter ihrer Instandsetzungspflicht überhaupt nicht oder nicht im erforderlichen Maße nachkommen, wollen nicht verstummen. Die Erfüllung dieser Verpflichtung ist aber auch im öffentlichen Interesse dringend notwendig — einmal, um die Wohnungen wieder in einen entsprechenden Zustand zu versetzen und dann, um Arbeit für das Bauhandwerk zu beschaffen. Die Nichterfüllung der Instandsetzungspflicht ist bei manchen Vermietern nicht auf Böswilligkeit, sondern auf Unkenntnis der Rechtslage zurückzuführen; gleiche Unkenntnis herrscht vielfach auch bei den Mietern über die ihnen zu Gebote stehenden Möglichkeiten, um ein nach den Vorschriften berechtigtes Verlangen auf Ausführung notwendiger laufender Instandsetzungsarbeiten gegenüber säumigen Vermietern durchzusetzen.

In ersterer Beziehung ist darauf hinzuweisen, daß dem Vermieter, sobald die gesetzliche Miete gezahlt wird, die Unterhaltung des Mietraumes nach den Vorschriften des Bürgerlichen Gesetzbuches obliegt und daß entgegenstehende Vereinbarungen des Mietvertrages erlöschen (§ 20 RMG.; § 536 BGB.). Der Vermieter muß also von diesem Zeitpunkt ab — ohne Rücksicht darauf, was im Mietvertrage seinerzeit ausbedungen worden ist — alle Instandsetzungsarbeiten, die durch den vertragsmäßigen Gebrauch des Mietraumes notwendig werden, vornehmen lassen. Diese Verpflichtung erstreckt sich in gleicher Weise auf die sog. „großen", wie auf die „laufenden" Instandsetzungsarbeiten, auf die Arbeiten am Hause wie auf Arbeiten innerhalb der einzelnen Wohnungen. Nur für die Beseitigung solcher Schäden hat der Vermieter nicht aufzukommen, die durch eigenes Verschulden des Mieters oder durch das Verschulden solcher Personen entstanden sind, für die der Mieter einzustehen hat.

Um die Ausführung der notwendigen laufenden Instandsetzungsarbeiten durch den säumigen Vermieter zu erreichen, stehen dem Mieter drei Möglichkeiten zu Gebote:

1. die Klage auf Erfüllung der gesetzlichen Instandsetzungspflicht des Vermieters einschließlich der Erwirkung einer einstweiligen Verfügung beim ordentlichen Gerichte;
2. das Recht der Selbsthilfe nach § 538 Abs. 2 BGB. in Verbindung mit § 28 des Gesetzes über Mieterschutz und Mieteinigungsämter vom 1. Juni 1923 (RGBl. S. 353);
3. die Anrufung des Mieteinigungsamtes oder (in Gemeinden ohne Mieteinigungsamt) der Bezirkspolizeibehörde nach § 6 Abs. 2 RMG.

Praktisch am wichtigsten und einfachsten sind die unter 2. und 3. bezeichneten Wege.

Was zunächst das Recht der Selbsthilfe anbelangt, so kann der Mieter einen Vermieter, der eine notwendige laufende Instandsetzungsarbeit nicht ausführen lassen will, unter Bestimmung einer angemessenen Frist zur Vornahme der Arbeit auffordern. Mit dem ergebnislosen Ablauf der Frist gerät der Vermieter in Verzug. Der Mieter kann die unterlassene Instandsetzungsarbeit selbst vornehmen lassen und vom Vermieter Ersatz der erforderlichen Aufwendungen verlangen (§ 538 Abs. 2 BGB.). Diese Ersatzforderung kann der Mieter wie jede andere Forderung — nötigenfalls also auch im Wege der Klage — gegen den Vermieter geltend machen; er kann auch mit ihr gegen die Mietzinsforderung des Vermieters aufrechnen, soweit nicht dieses Aufrechnungsrecht im Mietvertrag ausdrücklich ausgeschlossen ist. Nun ist aber in vielen Mietverträgen die Aufrechnung von Ersatzforderungen der genannten Art gegen die Mietzinsforderung des Vermieters ausgeschlossen. Für solche Fälle hat § 28 des Ges. über Mieterschutz und Mieteinigungsämter Abhilfe geschaffen. Nach dieser Bestimmung kann nämlich der Mieter, der die gesetzliche Miete zu bezahlen hat, seine Ersatzforderung auch dann gegen die Mietzinsforderung des Vermieters aufrechnen, wenn die Aufrechnung im Mietvertrag ausgeschlossen ist; der Mieter muß jedoch, um aufrechnen zu können, vor der Vornahme der Arbeit eine Entscheidung des Mieteinigungsamtes, in Gemeinden ohne Mieteinigungsamt der Bezirkspolizeibehörde erwirken, daß die Vornahme der in Frage kommenden laufenden Instandsetzungsarbeit „erforderlich" ist. Die Ersatzforderung kann dann gegen die ganze Mietzinsforderung des Vermieters aufgerechnet werden, also nicht nur gegen jenen Teil der Mietzinsforderung, der zur Deckung der Kosten laufender Instandsetzungsarbeiten bestimmt ist.

Die Tätigkeit, welche den Mieteinigungsämtern bzw. den Bezirkspolizeibehörden in diesem Verfahren zugewiesen ist, beschränkt sich auf die Entscheidung der Frage, ob die vorzunehmende laufende Instandsetzungsarbeit als „erforderlich" anzusehen ist oder nicht. Die eingangs genannte Bekanntmachung bestimmt, daß bei der Auslegung des Begriffs „erforderlich" kein zu strenger Maßstab anzulegen ist, insbesondere dann nicht, wenn der zur Deckung der Kosten für die laufenden Instandsetzungsarbeiten bestimmte Teil der Miete noch nicht aufgebraucht ist. Das Mieteinigungsamt (die Bezirkspolizeibehörde) wird sich deshalb ein Bild darüber verschaffen müssen, in welchem Umfange der Vermieter in der letzten Zeit in der gesetzlichen Miete Mittel zur Vornahme laufender Instandsetzungsarbeiten erhalten hat, sowie in welcher Weise er sie verwendet hat. Je nach der Höhe der hienach dem Vermieter für laufende Instandsetzungsarbeiten zu Gebote stehenden Mittel wird bei der Auslegung des Begriffs „erforderlich" weiter oder weniger weit gegangen werden können. Ist eine Instandsetzungsarbeit als „erforderlich" erklärt worden, so bleibt bei Verzug des Vermieters alles weitere dem betreffenden Mieter überlassen, so die Vergebung der Arbeit, die Bestreitung der durch die Arbeit entstandenen Kosten, die Aufrechnung der Ersatzforderung gegen die Mietzinsforderung des Vermieters; das Mieteinigungsamt (die Bezirksbezirkspolizeibehörde) hat sich mit den Einzelheiten der Durchführung nicht mehr zu befassen.

In besonders gelagerten Fällen kann es veranlaßt sein, daß Mieteinigungsamt oder Bezirkspolizeibehörde auf Grund des § 6 Abs. 2 des Reichsmietengesetzes selbst eingreifen und geeignete Anordnungen zur Sicherung der Vornahme laufender Instandsetzungsarbeiten unter Berücksichtigung der Dringlichkeit dieser Arbeiten treffen müssen. Die Auswahl der im Einzelfalle zu treffenden Anordnungen muß wegen der Vielgestaltigkeit der Fälle dem Mieteinigungsamt (Bezirkspolizeibehörde) überlassen bleiben. Bei entsprechender Belehrung, technischer und finanzieller Aufklärung der Vermieter über die vorzunehmenden Arbeiten wird es vielfach gelingen, die Durchführung der unterlassenen Arbeiten auf gütlichem Wege zu erreichen. Nötigenfalls kann auch dem Vermieter eine Frist zur Ausführung der Instandsetzungsarbeit gesetzt werden. Nach ergebnislosem Ablauf der Frist kann die Behörde die Arbeit selbst vergeben und zur Sicherung der Kostendeckung anordnen, daß die Mieter einen entsprechenden Teil des Mietzinses, jedoch nicht mehr als den für laufende Instandsetzungsarbeiten bestimmten Anteil der Miete an eine gemeindliche Stelle oder unmittelbar an das mit der Ausführung der Arbeiten betraute Geschäft oder an eine Bank zur Gutschrift der Zahlungen auf das Konto eines solchen Geschäfts zu entrichten haben. Gerade die letztgenannte Möglichkeit wird es den Mieteinigungsämtern und Bezirkspolizeibehörden in manchen Fällen erleichtern, laufende Instandsetzungsarbeiten, die keinen zu großen Kostenaufwand erfordern, zur Behebung von Mängeln aber dringend notwendig sind, auch dann sofort in Auftrag zu geben, wenn ihnen besondere Mittel zur vorschußweisen Bezahlung der Kosten für laufende Instandsetzungsarbeiten nicht zur Verfügung stehen.

Bei dem Vollzug der einschlägigen Bestimmungen haben die Mieteinigungsämter und Bezirkspolizeibehörden es insbesondere als ihre Pflicht zu erachten, Vermieter und Mieter durch entsprechende Veröffentlichungen auf die Rechtslage hinzuweisen, wodurch am besten Streitigkeiten vorgebeugt werden kann. Weiterhin werden sie angewiesen, ihre Entscheidungen in möglichst einfacher und rascher Weise zu treffen, um die Durchführung der Vorschriften nach Möglichkeit zu erleichtern.

Zu den Vermietern muß vertraut werden, daß sie ihrer Instandsetzungspflicht, soweit immer möglich, genügen. Zu den Mietern muß vertraut werden, daß sie keine unberechtigten Forderungen erheben und in ihren Ansprüchen das Maß zu halten verstehen, das durch die Zeitverhältnisse geboten erscheint. Den Vermieter- und Mieterorganisationen wird dringend nahegelegt, im dargelegten Sinne auf eine Verständigung der Beteiligten hinzuwirken.

Anhang.

I. Die gesetzliche Miete in den Ländern seit 1924.

Entnommen aus der Denkschrift des Reichsarbeitsministers über die Wohnungsnot und ihre Bekämpfung (Reichstagsdrucksache Nr. 3777 vom 10. Dez. 1927).

Land	1924											
	Januar	Februar	März	April	Mai	Juni	Juli	August	September	Oktober	November	Dezember
Preußen	—	30	32	51	51	51	62	62	62	66	66	66
Bayern	27	36	36	50	53	60	60	68	68	68	68	68
Sachsen	—	—	29	50	50	50	65	65	65	67	67	67
Württemberg . .	45	50	55	60	60	70	70	70	70	70	70	70
Baden	35	35	35	35	35	40	65	65	65	65	75	75
Thüringen . . .	—	25	26	55	55	55	55	60	60	70	70	70
Hessen	—	—	32	56	59	62	65	65	65	68	68	70
Hamburg . . .	33	33	38	45	45	50	50	50	50	50	50	50
Mecklenburg-Schwerin	—	22	25	47	51	51	51	57	57	67	67	67
Oldenburg . . .	—	—	40	50	50	50	65	65	65	65	65	65
Braunschweig . .	15	15	20	30	30	60	60	60	60	60	60	60
Anhalt	—	20	25	50	50	50	55	55	55	55	55	55
Bremen	—	30	30	45	50	55	60	65	65	70	70	70
Lippe-Detmold . .	—	40	40	50	56	56	65	65	65	65	70	70
Lübeck	40	40	40	50	50	50	70	70	70	85	85	85
Mecklenburg-Strelitz	—	40	40	40	40	55	65	65	65	65	75	75
Waldeck	—	30	32	51	51	51	60	60	60	64	64	64
Schaumburg-Lippe	—	—	32	51	51	51	60	60	60	65	65	65

Land	Januar	Februar	März	April	Mai	Juni	Juli	August	September	Oktober	November	Dezember
	1925											
Preußen	66	66	66	76	76	76	76	82	82	82	82	82
Bayern	75	75	75	80	80	80	85	95	95	95	95	95
Sachsen	67	70	70	70	75	75	75	80	85	85	85	85
Württemberg	75	75	75	80	80	80	90	90	95	95	95	95
Baden	75	75	75	75	75	75	75	84	84	84	84	84
Thüringen	70	80	80	80	80	80	90	90	90	90	90	90
Hessen	70	70	70	80	80	80	80	84	88	88	88	88
Hamburg	50	60	60	70	70	70	85	85	85	85	85	85
Mecklenburg-Schwerin	67	67	67	73	75	75	75	83	83	83	83	83
Oldenburg	65	65	65	65	65	65	80	80	80	80	80	85
Braunschweig	60	60	75	75	75	75	75	75	75	75	85	85
Anhalt	55	55	55	85	85	85	85	91	91	91	91	91
Bremen	70	70	70	70	80	80	85	85	85	85	85	85
Lippe-Detmold	70	70	70	70	70	70	80	85	85	85	90	90
Lübeck	85	85	85	85	85	85	85	85	100	100	100	100
Mecklenburg-Strelitz	75	75	75	75	75	75	75	80	85	85	85	85
Waldeck	64	64	64	72	72	72	72	78	78	78	78	78
Schaumburg-Lippe	65	65	65	76	76	76	76	84	84	84	84	84
	1926											
Preußen	84	84	84	94	94	94	100	100	100	100	100	100
Bayern	95	97	97	97	97	100	100	100	100	100	100	100
Sachsen	87	87	87	87	92	97	100	100	100	100	100	100
Württemberg	95	95	95	100	100	100	100	100	100	100	100	100
Baden	86	86	86	86	93	93	100	100	100	100	100	100
Thüringen	90	90	90	96	96	100	100	100	100	100	100	100
Hessen	88	88	88	95	95	95	100	100	100	100	100	100
Hamburg	85	85	85	93	93	93	100	100	100	100	100	100
Mecklenburg-Schwerin	92	92	92	92	93	93	101	101	101	101	101	101
Oldenburg	85	85	85	85	90	95	100	100	100	100	100	100
Braunschweig	87	87	87	89	102	102	102	102	102	102	102	102
Anhalt	93	93	93	100	100	100	100	100	100	100	100	100
Bremen	87	87	87	95	95	95	100	100	100	100	100	100
Lippe-Detmold	97	97	97	102	102	102	102	102	102	102	102	102
Lübeck	100	100	100	100	100	100	100	100	100	100	100	100
Mecklenburg-Strelitz	85	85	85	100	100	100	100	100	100	100	100	100
Waldeck	80	80	80	90	90	90	100	100	100	100	100	100
Schaumburg-Lippe	88	88	88	92	92	92	100	100	100	100	100	100

Land	Januar	Februar	März	April bis September	Oktober 1927 mit Dezember 1927	Januar mit Dezember 1928
	1927					1928
Preußen	100	100	100	110	120	120
Bayern	100	100	100	110	120	120
Sachsen	100	100	100	110	120	120
Württemberg . . .	100	100	100	110	120	120
Baden	100	100	100	110	120	120
Thüringen	100	100	100	110	120	120
Hessen	100	100	100	110	120	120
Hamburg	100	100	100	110	120	120
Mecklenburg-Schwerin	101	101	101	110	120	120
Oldenburg	100	100	100	110	120	120
Braunschweig . . .	102	102	102	110	120	120
Anhalt	100	100	100	110	120	120
Bremen	100	100	100	110	120	120
Lippe-Detmold . .	102	102	102	110	120	120
Lübeck	100	100	100	110	120	120
Mecklenburg-Strelitz .	100	100	100	110	120	120
Waldeck	100	100	100	110	120	120
Schaumburg-Lippe .	100	100	100	110	120	120

II. Entwicklung der gesetzlichen Miete in Bayern.*)

1. Übersichten über die Mietpreisbildung vom **Mai 1923 bis März 1924** bei Kiefersauer, Grundstücksmiete II Mietzinsbildung und Mietzinssteuer S. 111, 112.

2. Fundstellen der bayer. Min.-Bekanntmachungen

a) für Jahr **1924**

(4) Monat **April** Bekm. v. 29. März StAnz. Nr. 75
(5) „ **Mai** „ „ 29. April „ „ 99
(6) „ **Juni** „ „ 27. Mai „ „ 123
} abgedruckt bei Kiefersauer, Grundstücksmiete II S. 113 ff.
(7) „ **Juli** Bekm. v. 28. Juni StAnz. Nr. 148
(8) „ **August** „ „ 25. Juli „ „ 172
(9) „ **September** „ „ 29. August „ „ 200
(10) „ **Oktober** „ „ 26. Sept. „ „ 225
(11) „ **November** „ „ 28. Oktober „ „ 251
(12) „ **Dezember** „ „ 26. Nov. „ „ 275

*) Vgl. dazu oben S. 191.

b) für die Jahre 1925, 1926, 1927 u. 1928

Nr.	Monat	1925
1	Januar	Bekm. v. 24. Dez. 1924 StAnz. Nr. 301
2	Februar	„ „ 26. Januar 1925 „ „ 21
3	März	„ „ 26. Februar 1925 „ „ 47
4	April	„ „ 30. März 1925 „ „ 73
5	Mai	„ „ 20. April 1925 „ „ 91
6	Juni	„ „ 23. Mai 1925 „ „ 118
7	Juli	„ „ 26. Juni 1925 „ „ 145
8	August	„ „ 29. Juli 1925 „ „ 173
9	September	„ „ 19. August 1925 „ „ 191
10	Oktober	„ „ 21. Sept. 1925 „ „ 218
11	November	„ „ 19. Okt. 1925 „ „ 245
12	Dezember	„ „ 20. Nov. 1925 „ „ 271

Nr.	Monat	1926	1927
1	Januar	Bekm. v. 30. Dez. 1925 StAnz. Nr. 301	
2	Februar	„ „ 26. Jan. 1926 „ „ 21	
3	März	„ „ 23. Febr. 1926 „ „ 46	
4	April	„ „ 26. März 1926 „ „ 70	Bekm. v. 30. März 1927 Nr. 73
5	Mai	„ „ 27. April 1926 „ „ 96	
6	Juni	„ „ **26. Mai 1926** „ „ 119	
7	Juli	„ „ 17. Juni 1926 „ „ 137	
8	August	„ „ 16. Juli 1926 „ „ 163	
9	Septemb.	„ „ **17. Aug. 1926** „ „ 190	
10	Oktober	(bis auf weiteres)	
11	Novemb.		
12	Dezember		Bekm. v. 9. Dez. 1927 Nr. 288

III. Rechtsentscheide der landgerichtlichen Beschwerdestellen und des Obersten Landesgerichts in Bayern.

Nr.	Gericht	Aktenzeichen	Datum	BayZ.	BayGemVZ.	Hertel
						Buchstabe B
1	LG. I München	11/1924	20. Febr. 1924	1924, 127	1924, 381	
2	„	8/1924	20. Febr. 1924	„ , 127	„ , 381	
3	„	30/1923	20. Febr. 1924	„ , 128	„ , 382	
4	„	?	10. Mai 1924	„ , 144	„ , 405	
5	ObLG.	VII 1/1924	21. Juni 1924	„ , 175	„ , 483	Nr. 1
6	„	VII 2/1924	28. Juni 1924	„ , 248	„ , 633	Nr. 2
7	LG. I München	48/1924	14. Juli 1924	„ , 248	„ , 666	
8	LG. II Münch.	128/1924 I	29. Juli 1924	„ , 248	„ , 667	
9	ObLG.	VII 3/1924	11. Okt. 1924	„ , 296	„ , 803	Nr. 3
10	LG. I München	79/1924	10. Nov. 1924	„ , 327	„ , 859	
11	„	80/1924	10. Nov. 1924	„ , 328	„ , 860	
12	ObLG.	VII 4/1924	28 Nov. 1924	1925, 15	1925, 26	Nr. 4
13	LG. I München	87/1924	24. Nov. 1924	„ , 32	„ , 133	
14	LG. II „	?	30. Dez. 1924	„ , 54	„ , 156	
15	ObLG.	VII 5, 7/24	10. Jan. 1925	„ , 86	„ , 275	Nr. 5
16	„	VII 6/1924	20. Dez. 1924	„ , 87	„ , 205	Nr. 6
17	„	VII 7/1924	10. Jan. 1925	„ , 88	„ , 253	Nr. 7
18	„	VII 8/1924	2 Jan. 1925	„ , 88	„ , 204	Nr. 8
19	LG. II Münch.	194/1924 I	30. Dez. 1924	„ , 104	„ , 300	
20	LG. I München	15/1925	31. März 1925	„ , 171	„ , 421	
21	„	106/1924	9. Febr. 1925	„ , 188	„ , 326	
22	ObLG.	VII 1/1925	14. Febr. 1925	„ , 188	„ , 326	Nr. 9
23	„	VII 3/1925	8. April 1925	„ , 188	—	Nr. 11
24	„	VII 4/1925	28. April 1925	„ , 203	„ , 521	Nr. 12
25	„	VII 2/1925	21. März 1925	„ , 235	„ , 522	Nr. 10
26	„	VII 5/1925	22. Mai 1925	„ , 235	„ , 523	Nr. 13
27	LG. I München	3825	18. Juli 1925	„ , 314	„ , 839	
28	ObLG.	VII 6/1925	24. Juli 1925	„ , 314	„ , 710	Nr. 14
29	LG. I München	48/1925	15. Sept. 1925	„ , 363	„ , 922	
30	ObLG.	VII 8/1925	10. Okt. 1925	„ , 399	„ , 922	Nr. 15
31	LG. II Münch.	188/1925	28. Okt. 1925	„ , 399	1926, 290	
32	ObLG.	VII 9/1925	27. Nov. 1925	1926, 32	„ , 337	Nr. 16
33	„	V 3/1925	5. Dez. 1925	„ , 64	„ , 345	
34	LG. I Müuchen	15/1926	6. Febr. 1926	„ , 115	„ , 442	
35	ObLG.	VII 1/1926	9. April 1926	„ , 160	„ , 636	Nr. 17
36	„	VII 2/1926	9. April 1926	„ , 326	„ , 874	Nr. 18

Nr.	Gericht	Aktenzeichen	Datum	BayZ.	BayGemBZ.	Hertel
37	ObLG.	VII 3/1926	25. Sept. 1926	1926, 362	1926, 933	Nr. 19
38	"	VII 1/1927	8. März 1927	1927, 131	1927, 328	Nr. 20
39	"	VII 2/1927	27. April 1927	—	—	Nr. 21
40	LG. II Münch.	193/1927	30. Sept. 1927	" , 347	" , 769	—
41	LG. Nürnberg	492/1927	26. Aug. 1927	" , 347	—	—
42	ObLG.	VII 3/1927	7. Jan. 1928	1928, 98	1928, 203	Nr. 22
43	"	VII 1/1928	21. Jan. 1928	" , 146	" , 338	Nr. 23
44	"	VII 2/1928	10. Mai 1928	" , 230	" , 577	Nr. 24
45	"	VII 3/1928	9. Juni 1928	" , 261	" , 545	Nr. 25

IV. Rechtsentscheide des Preußischen Kammergerichts.

Sie sind von hoher Bedeutung für die Ausgestaltung des Wohnungsnotrechts im allgemeinen. Außer den fortlaufenden Sammlungen bei Hertel, Gut-Stümper-Zormaier vgl. insbes. Ebel-Lilienthal, Mieterschutz und Mieteinigungsämter, 3. Aufl. S. 441—465 (Tabellarische Übersicht über die Rechtsentscheide des Kammergerichts der Jahre 1924—1928).

Sachregister.

Die Zahlen verweisen auf die Seiten; **B** bedeutet, daß es sich um eine Regelung in Bayern handelt.

A.

B.

Z.

FSC
www.fsc.org
MIX
Papier | Fördert gute Waldnutzung
FSC® C083411

Kolibri 360 GmbH
Ferdinand-Jühlke-Straße 7
99095 Erfurt, Deutschland
produktsicherheit@kolibri360.de